回望峥嵘岁月，再现英雄史诗

捷报

1927–1949

主　编：关　泠
副主编：王雁鹰

土地革命战争时期　全民族抗日战争时期　解放战争时期

CNS PUBLISHING & MEDIA 中南出版传媒
湖南电子音像出版社·长沙
Hunan Electronic And Audio-visual Publishing House

序

十分高兴能为《捷报 1927—1949》（以下简称《捷报》）作序。主编关泠、副主编王雁鹰是我熟悉的战友。当年，为编纂大型军事类工具书、军事辞书、军史资料丛书、军语等，我们曾携手并肩，知难而进，孜孜以求，完成了所承担的任务。工作中，两位战友沉得下心，扎实做事，勤学勤思，给我留下深刻印象。这次，两位战友又以饱满的政治热情、强烈的使命担当、独到的选题视角、精心的内容设计，合作主编了《捷报》发表并出版，让我欣喜，赞叹。

捷报，即胜利的消息。用《捷报》作书名，给人耳目一新的感觉。1927 年至 1949 年，在中国共产党领导的 22 年武装革命斗争中，人民军队矢志不渝坚持崇高理想信念，历经硝烟战火，以鲜血和生命，披荆斩棘、攻坚克难、英勇决绝，捷报频传，从胜利走向胜利，为党和人民建立了卓著功勋。

土地革命战争时期，张张捷报，传递着人民军队南昌创建、逐渐壮大、连续击败国民党军进攻和“围剿”的佳音；全民族抗日战争时期，张张捷报，传递着人民军队初战告捷、以弱胜强、战胜日本侵略者的佳音；解放战争时期，张张捷报，传递着人民军队摧枯拉朽、势如破竹、解放全中国的佳音。《捷报》印证了这一壮阔历史，聚焦了这一壮阔历史，回望了这一壮阔历史。《捷报》的主要特点在于：

新颖别致的主题提要，意蕴深刻。如“反第一次大‘围剿’：前头捉了张辉瓒”；“反第二次大‘围剿’：飞将军自重霄入”；“七城战役：截断水源迫使敌人弃城”；“渡江战役：小船划出来的胜利”；“开国大典：我们是一支不可战胜的力量”；等等。点明主题，内涵丰富，突出捷报，一目了然。彰显了毛泽东和中共中央、中央军委英明正确的战略决策和灵活机动的战略战术。可谓立题用心，提要用心，角度用心，编写者在“新”字上下了一番功夫。

珍贵的原始历史资料，真实可靠。收录有中华苏维埃共和国临时中央政府机关报《红色中华》创刊号；有中央红军第一军团政治部的《红星》报（长征专号）；有陕甘宁边区政府机关报《新中华报》；有中共中央机关报《解放日报》；等等。一些报刊还设有 “捷报”专栏。穿越时空，散发着胜利消息的油墨香扑面而来，历史感极强，史料价值极大。用史实说话，更具有真实性，增强了表现力、说服力、影响力。

精彩传奇的战斗故事，扣人心弦。被毛泽东称为“边界名战”的黄洋界保卫战；刘伯承赞扬的“吸敌打援”的神头岭伏击战；延安保卫战，展现毛泽东的大智慧、大气魄、大远见；陈列在淮海战役纪念馆的镇馆之宝“支前小竹竿”的故事；等等。文笔细腻，绘声绘色，有人物，有情节，有氛围，画面感、镜头感、代入感很强，让读者仿佛身临其境。

规范合理的体例结构，脉络清晰。大部分捷报内容的编排基本上分为四个层次：一是原始历史资料影印件；二是对历史资料影印件的勘校摘录；三是重大历史事件、著名战役战斗的背景简述；四是采撷作战中的小故事。少部分捷报还在小故事后面作了概括或评论。这样的布局安排和记叙方式阅读起来通顺流畅，明朗清晰。

《捷报》一书中的故事虽小，但选题重大，史料权威，且篇篇精致，颇有分量，是一本难得的学术性强、史实性强、教育功能性强的好书。习近平总书记指出：“要讲好党的故事、革命的故事、英雄的故事，把红色基因传承下去，确保红色江山后继有人、代代相传。”关冷、王雁鹰战友带领的作者团队，用《捷报》的红色资源，讲述红色故事，传承红色基因，赓续红色血脉。引领读者深切感悟苦难而辉煌的历史；深切感悟人民军队的血性胆魄、钢铁意志和精神品质；深切感悟毛泽东等老一辈革命家、军事家的雄才大略和浪漫情怀。《捷报》是雄浑史诗，是战斗号角，是高扬战旗，鼓舞人心，激励斗志，催人奋进！

慕岩

2024 年 12 月 6 日

编写说明

1927 年 8 月 1 日，南昌起义打响了武装反抗国民党反动派的第一枪，标志着中国共产党领导的新型人民军队的诞生。人民军队在炮火硝烟中发展壮大，以一次次胜利铸就光辉战史。《捷报 1927—1949》，以反映人民军队在 80 余次著名战役战斗中取得胜利的战事捷报为主题，通过讲述作战过程中的动人故事，回望峥嵘岁月，再现英雄史诗，彰显革命情怀，传承红色基因。

所选战役战斗，是人民军队在土地革命战争、全民族抗日战争、解放战争中具有代表性的作战，有的是出奇制胜，有的是连奏凯歌，有的是反败为胜。所选反映胜利战果的捷报，多出自我党我军正式出版物对战役战斗的报道，包括各种报刊专刊、专号、快报、战讯、号外等。对于缺乏原始报刊报道的战役战斗，选取相应文献史料加以印证。全书参考资料，主要包括报刊、电报、命令、指示、总结、讲话，权威的回忆文章、战地报道，指挥员传记、回忆录、年谱等。

其中很多原始资料，是经作者团队发掘梳理，首次呈现在读者面前，具有较高的史料价值。这些战事捷报，从不同侧面反映了人民军队成长壮大的发展脉络，彰显了中国军民为解放事业浴血奋战、不怕牺牲的革命精神。

为真实展现捷报内容，文字表述、地名等均保持原文原貌，仅对原文中个别错别字进行订正。需要说明的是，不同时期可发掘的人民军队捷报数量并不均衡，各时期各地区各部队事迹难以全面反映；不论大小战役战斗，仅采撷战时小故事加以记述。对于参考资料、故事内容中的疏漏，恳请读者予以指正。

关洽

目　录

Contents

扫描二维码
听书中故事

解放战争时期 216

土地革命

战争时期

纪念“八一”南昌起义：开着火车加入起义队伍

赶快准备着纪念“八一”！

中央局关于“八一”国际反战争斗争日及中国工农红军成立纪念的决定

1933.7.2

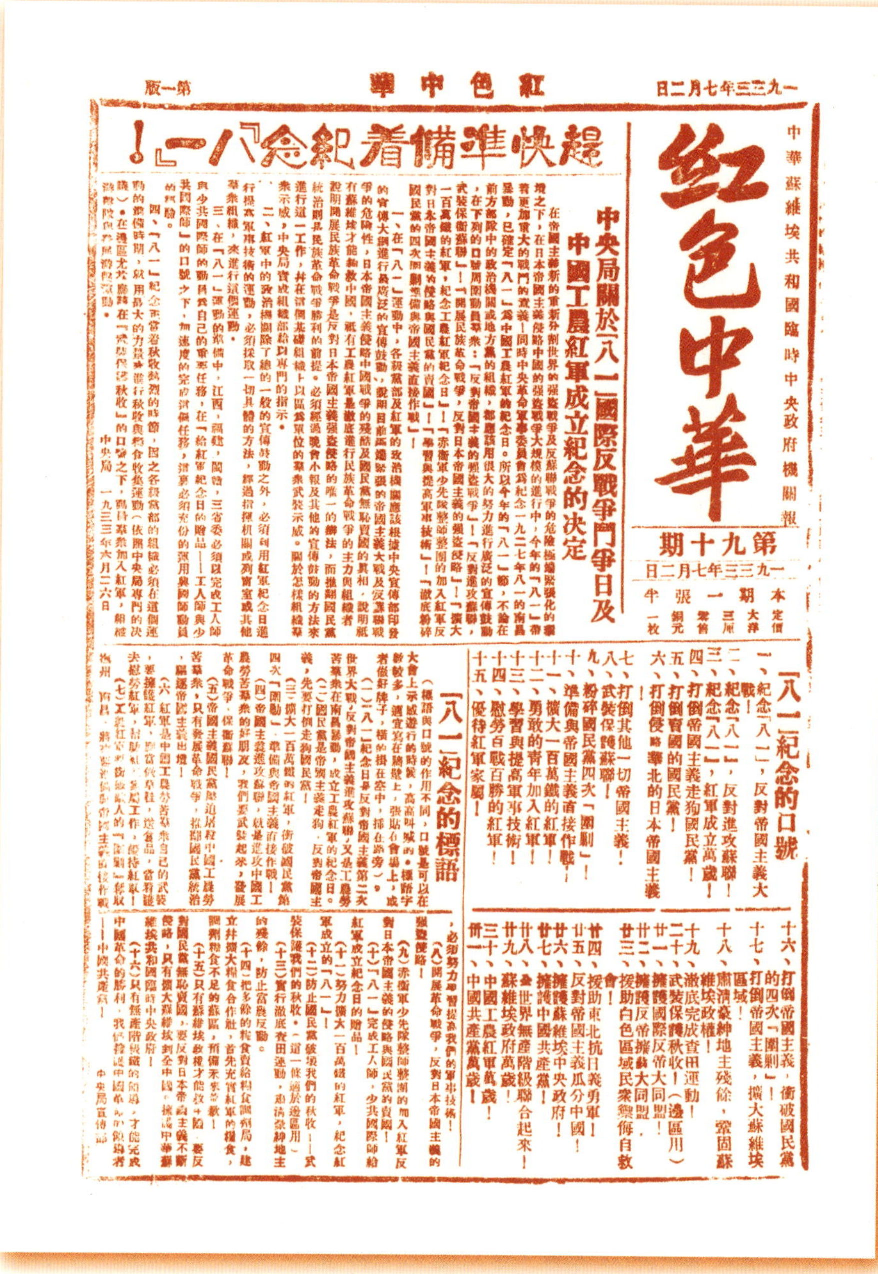

一九三三年七月二日　紅色中華　第一版

紅色中華

中華蘇維埃共和國臨時中央政府機關報

第九十期

一九三三年七月二日

本期一張半

定價　大洋三厘　零售銅元一枚

趕快準備着紀念『八一』！

中央局關於「八一」國際反戰爭鬥爭日及中國工農紅軍成立紀念的決定

在帝國主義新的重新分割世界的強盜戰爭及反蘇聯戰爭的危險極端緊張化的環境之下，在日本帝國主義侵略中國的強盜戰爭大規模的進行中，今年的「八一」帝着更加重大的戰鬥的意義！同時中央革命軍事委員會為紀念一九二七年八一的南昌暴動，已確定「八一」為中國工農紅軍的紀念日。所以今年的「八一」節，不論在前方部隊中的政治機關或地方黨的組織，都應該用很大的努力進行廣泛的宣傳鼓動，在下列的口號周圍動員群衆：「反對帝國主義的強盜戰爭」！「反對進攻蘇聯，武裝保衛蘇聯」！「開展民族革命戰爭，反對日本帝國主義的強盜侵略」！「擴大一百萬鐵的紅軍，紀念工農紅軍紀念日」！「赤衛軍少先隊整師整團的加入紅軍反對日本帝國主義的侵略與國民黨的賣國」！「學習與提高軍事技術」！「徹底粉碎國民黨的四次『圍剿』準備與帝國主義直接作戰」！

一、在「八一」運動中，各級黨部及紅軍的政治機關應該根據中央宣傳部印發的宣傳大綱進行最廣泛的宣傳鼓動，說明目前正在緊張的帝國主義大戰及反蘇聯戰爭的危險性，日本帝國主義侵略中國戰爭的殘酷及國民黨無恥賣國的真相，說明祇有蘇維埃才能拯救中國，祇有工農紅軍是徹底進行民族革命戰爭的主力與組織者，說明開展民族革命戰爭是反對日本帝國主義強盜侵略的唯一的辦法，而推翻國民黨統治則是民族革命戰爭勝利的前提。必須經過晚會小報及其他的宣傳鼓動的方法來進行這一工作，并在這個基礎上以區為單位的群衆武裝示威。關於怎樣組織群衆示威，中央局責成組織部給以專門的指示。

二、紅軍中的政治機關除了總的一般的宣傳鼓動之外，必須利用紅軍紀念日進行提高軍事技術的運動，必須採取一切具體的方法，經過俱樂部列寧室或其他群衆組織，來進行這個運動。

三、在「八一」運動的準備中，江西，福建，閩贛，三省委必須以完成工人師與少共國際師的動員為自己的重要任務，在「給紅軍紀念日的贈品——工人師與少共國際師」的口號之下，加速度的完成這個任務，這要必須充份的運用與鼓動員的經驗。

四、「八一」紀念正當着秋收熱烈的時節，因之各級黨部的組織必須在這個運動的準備時期，就用最大的力量來進行秋收與糧食收集運動（依照中央局專門的決議）。在邊區尤其應該在「武裝保護秋收」的口號之下，動員群衆加入紅軍，組織游擊隊向白區游擊。

中央局　一九三三年六月二十六日

「八一」紀念的口號

一、紀念「八一」，反對帝國主義大戰！
二、紀念「八一」，反對進攻蘇聯！
三、紀念「八一」，紅軍成立萬歲！
四、打倒帝國主義走狗國民黨！
五、打倒賣國的國民黨！
六、打倒侵略華北的日本帝國主義！
七、打倒其他一切帝國主義！
八、武裝保護蘇聯！
九、粉碎國民黨四次「圍剿」！
十、準備與帝國主義直接作戰！
十一、擴大一百萬鐵的紅軍！
十二、勇敢的青年加入紅軍！
十三、學習與提高軍事技術！
十四、慰勞百戰百勝的紅軍！
十五、優待紅軍家屬！
十六、打倒帝國主義，衝破國民黨的四次「圍剿」！
十七、打倒帝國主義，擴大蘇維埃區域！
十八、肅清豪紳地主殘餘，鞏固蘇維埃政權！
十九、徹底完成查田運動！
二十、武裝保護秋收！（邊區用）
廿一、擁護國際反帝大同盟！
廿二、擁護反帝擁蘇大同盟，
廿三、援助白色區域民衆禦侮自救會！
廿四、援助東北抗日義勇軍！
廿五、反對帝國主義瓜分中國！
廿六、擁護蘇維埃中央政府！
廿七、擁護中國共產黨！
廿八、全世界無產階級聯合起來！
廿九、蘇維埃政府萬歲！
三十、中國工農紅軍萬歲！
卅一、中國共產黨萬歲！

「八一」紀念的標語

（標語與口號的作用不同，口號是可以在大會上示威遊行的時候，高高叫喊的。標語字數較多，適宜寫在牆壁上，張貼在會場上，或者做好牌子，橫的掛在空中，插在路旁）。

（一）「八一」紀念日是反對帝國主義第二次世界大戰，反對帝國主義進攻蘇聯，又是工農勞苦群衆在南昌暴動，成立工農紅軍的紀念日。

（二）國民黨是帝國主義走狗，反對帝國主義，先要打倒走狗國民黨！

（三）擴大一百萬鐵的紅軍，衝破國民黨第四次「圍剿」，準備與帝國主義直接作戰！

（四）帝國主義進攻蘇聯，就是進攻中國工農勞苦群衆的好朋友，我們要武裝起來，發展革命戰爭，保衛蘇聯！

（五）帝國主義國民黨壓迫屠殺中國工農勞苦群衆，只有發展革命戰爭，推翻國民黨統治，驅逐帝國主義出境！

（六）紅軍是中國工農勞苦群衆自己的武裝，要擁護紅軍，踴躍送禮品，當紅軍去慰勞紅軍，幫助紅軍家屬工作，優待紅軍！

（七）工農紅軍打破敵人的「圍剿」，奪取撫州，南昌，將要與帝國主義直接作戰！

（八）開展革命戰爭，反對日本帝國主義的強盜侵略，必須努力學習提高我們的軍事技術！

（九）赤衛軍少先隊整師整團的加入紅軍反對日本帝國主義的侵略與國民黨的賣國！

（十）「八一」完成工人師，少共國際師給紅軍成立紀念日的贈品！

（十一）努力擴大一百萬鐵的紅軍，紀念紅軍成立的「八一」！

（十二）防止國民黨破壞我們的秋收，——武裝保護我們的秋收。（這一條適於邊區用）

（十三）實行徹底查田運動，肅清豪紳地主的殘餘，防止富農反動。

（十四）把多餘的糧食賣給糧食調劑局，建立并擴大糧食合作社，首先充實紅軍的糧食，調劑糧食不足的蘇區，預備荒歉！

（十五）只有蘇維埃政權才能救中國，要反對國民黨無恥賣國，要反對日本帝國主義不斷侵略，只有擴大蘇維埃到全中國，擁護中華蘇維埃共和國臨時中央政府！

（十六）只有無產階級鐵的領導，才能完成中國革命的勝利，我們擁護中國革命的領導者——中國共產黨！

中央局宣傳部

《红色中华》第 90 期，1933 年 7 月 2 日第 1 版在帝国主义新的重新分割世界的强盗战争及反苏联战争的危险极端紧张化的环境之下，在日本帝国主义侵略中国的强盗战争大规模的（地）进行中，今年的“八一”带着更加重大的战斗的意义！同时中央革命军事委员会为纪念一九二七年八一的南昌暴动，已确定“八一”为中国工农红军的纪念日。所以今年的“八一”节，不论在前方部队中的政治机关或地方党的组织，都应该用很大的努力进行广泛的宣传鼓动，在下列的口号周围动员群众：“反对帝国主义的强盗战争！”“开展民族革命战争，反对日本帝国主义的强盗侵略！”“扩大一百万铁的红军，纪念工农红军纪念日！”“赤卫军少先队整师整团的（地）加入红军反对日本帝国主义的侵略与国民党的卖国！”“学习与提高军事技术！”“彻底粉碎国民党的四次‘围剿’，准备与帝国主义直接作战！”

一、在“八一”运动中，各级党部及红军的政治机关应该根据中央宣传部印发的宣传大纲进行最广泛的宣传鼓动，说明目前极端紧张的帝国主义大战及反苏联战争的危险性，日本帝国主义侵略中国战争的残酷及国民党无耻卖国的真相，说明只有苏维埃才能够救中国，只有工农红军是彻底进行民族革命战争的主力与组织者，说明开展民族革命战争是反对日本帝国主义强盗侵略的唯一的办法，而推翻国民党统治则是民族革命战争胜利的前提。必须经过晚会（、）小报及其他的宣传鼓动的方法来进行这一工作，并在这个基础组织上（应为“在这个基础上组织”，编者注）以区为单位的群众武装示威。关于怎样组织群众示威，中央局责成组织部给以专门的指示。

二、红军中的政治机关除了总的一般的宣传鼓动之外，必须利用红军纪念日进行提高军事技术的运动，必须采取一切具体的方法，经过指挥机关或列宁室或其他群众组织，来进行这个运动。

三、在“八一”运动的准备中，江西，福建，闽赣，三省委必须以完成工人师与少共国际师的动员为自己的重要任务，在“给红军纪念日的赠品——工人师与少共国际师”的口号之下，加速度的（地）完成这个任务，这里必须充份（分）的（地）运用兴国师动员的经验。

四、“八一”纪念正当着秋收热烈的时节，因之各级党部的组织必须在这个运动的准备时期，就用最大的力量来进行秋收与粮食收集运动（依照中央局专门的决议）。在边区尤其应该在“武装保护秋收”的口号之下，动员群众加入红军，组织游击队与发展游击运动。

中央局

一九三三年六月二（十）六日

1927年8月1日，中国共产党在南昌领导武装起义，打响了武装反抗国民党反动派的第一枪，标志着中国共产党独立领导革命战争，创建人民军队和武装夺取政权的开端。

起义发起前的7月26日，聂荣臻接到周恩来交代的任务：到马回岭把第4军的第25师拉到南昌，参加起义。他们约定了信号：起义如果举行了，就从南昌放一列火车开到马回岭。马回岭是九江到南昌间的一个火车站。

聂荣臻担负的动员第25师起义的任务，是异常艰巨的。第25师师长李汉魂是张发奎的亲信。该师辖3个团，第73团团长周士第是共产党员，第74团团长是张发奎的人，第75团副营长孙一中担任第75团中共支部书记，实际上掌握着这个团的领导权。根据这种局面，聂荣臻判断，是无法一下子把整个第25师拉走的。

聂荣臻首先拉第73团。他与周士第商定，先把辎重装上火车运走，部队接着向德安集中。他随后到第75团。第75团与师部驻扎在一起，行动不便。他和孙一中商定，以野外演习的名义，只拿武器弹药，把该团3个营的部队拉出来，在第73团后面跟进。至于第74团，只带出一个侦察连，这个连的连长是共产党员。

8月1日，南昌起义的枪声打响了！一列火车来到了马回岭。

聂荣臻率领起义队伍由九江经德安向南昌开进。行至德安一座铁路桥旁，张发奎带着卫队营乘火车从后面赶来。火车停下，队伍也停下了。双方形成僵持局面。聂荣臻当机立断，“往回开车！”聂荣臻命令身边的一个排长，“你让张发奎往回开车，他不开车就朝天鸣枪。”这个排长喊了几声，火车还是不开，聂荣臻就下令：“放！”只听一阵排枪，把张发奎吓坏了，他急忙跳下车，丢下卫队营就跑了。

德安至南昌的火车不通，聂荣臻率领起义部队连夜行军，赶向南昌。虽然任务紧急，兼以又饿又渴，但部队情绪很高，精力旺盛。8月2日拂晓时，聂荣臻看到了飘扬在南昌城头上的鲜艳红旗。

聂荣臻到起义军指挥部向周恩来作了汇报。第25师的2个团又1个连，计3000人，汇入南昌起义的队伍，编为起义军第11军的第25师。

七溪岭战斗：打败江西“两只羊”

不费红军三分力
打败江西两只羊
真好真好
快畅快畅

1928.6.23

红军第四军宣传科写在江西永新乡一面墙上的标语

不费红军三分力

打败江西两只羊

真好真好

快畅快畅

七溪岭战斗，又称龙源口战斗，是工农红军第四军1928年6月23日在江西省永新县七溪岭进行的一次战斗。这次战斗共歼灭敌人1个团，击溃敌人2个团，缴获步枪400多支、重机枪1挺。这次胜利，我军彻底打破了赣敌的第四次“进剿”，并乘胜进占永新城。

“进剿”我军的主力，是江西的“两只羊”——国民党军第9师师长杨池生和第27师师长杨如轩以及他们的部队，这两个反动头子率领的队伍装备好、战斗力强，他们口出狂言：要把井冈山踏平；石头要过刀，茅草要过火，人要换种（把群众杀光）。

新、老七溪岭耸立在永新、宁冈之间，仿佛两扇大门，拱卫着井冈山，敌人妄想抢占新、老七溪岭之后，再依托居高临下的有利地形，趁红军不备，插到龙冈、宁冈之间，直袭红军根据地中心。

敌人抢先占领了新、老七溪岭的制高点，这种情况对于当时装备低劣、人数不多的红军来说，非常不利。红四军29团在朱德军长率领下，迎击新七溪岭的敌人；28团由团长王尔琢等同志率领迎击由老七溪岭进犯的敌人。敌人凭依险要地形、密集的火力，向由山下冲上来的29团战士们猛打。29团的战士们虽然用的武器是长矛、梭镖，但是他们斗志旺盛，打起仗来勇猛顽强，敌人的火力阻挡不住英雄们的进攻。

28团的战士们发挥了北伐时叶挺独立团“铁军”的战斗作风，所向披靡、杀声震天。前面的战士倒下了，后面的人又猛冲上来。敌人慌忙组织抵抗，一阵乱打。一位红军班长九处负伤，仍用绑带攀上陡壁，用身体挡住敌人的机枪。短兵火器和梭镖发挥了极大的威力，敌人逐渐支持不住，死伤众多，活着的纷纷沿着山路溃退下去。只听见一片喊声：“红军来了，赶快跑呀！”人又多，路又窄，许多敌人滚跌下两侧的山崖。而红军战士则好像疾风横扫落叶，转眼工夫就将这3个团的敌人冲得五零四散，在追击途中消灭了敌人一个团。剩下一部分敌人逃回了永新。

根据地的军民唱起了这样的歌谣——“不费红军三分力，打败江西两只羊”，来赞扬红军的战果。

黄洋界保卫战：边界名战

西江月·井冈山

一九二八年秋

1928.8.30

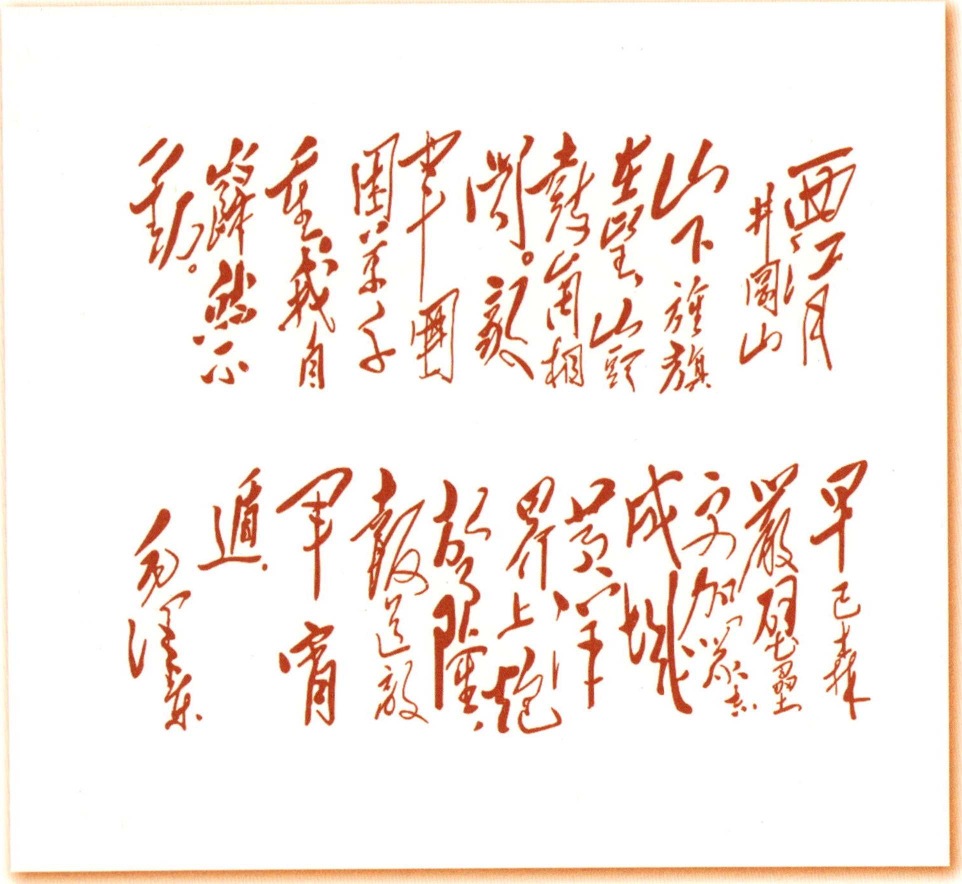

毛泽东词《西江月·井冈山》

山下旌旗在望，
山头鼓角相闻。
敌军围困万千重，
我自岿然不动。

早已森严壁垒，
更加众志成城。
黄洋界上炮声隆，
报道敌军宵遁。

黄洋界保卫战发生于1928年8月30日。当时，湘赣两省敌人纠集4个团的兵力，利用我军“八月失败”的困难局面，趁红四军主力在湖南桂东尚未归来之机，对井冈山根据地发动了第二次“会剿”。留守在根据地的红军以不足1个营的兵力，在人民群众及地方武装的支援配合下，凭借黄洋界天险，英勇奋战。经过一天的激战，击溃了敌人的进攻，保住了井冈山根据地。黄洋界保卫战被毛泽东称为“边界名战”。

黄洋界是湘敌来袭的必经之路。第31团团长朱云卿认真观察地形地貌后，立即组织军民构筑起坚固的防御工事。人民群众和红军官兵一起插竹钉、抬石头、扛木头、挖壕沟，用一个晚上把哨口工事全部加固修筑完。在哨口通往大陇方向的小路上，以及通往茅坪的小路上，分别筑起5道工事：第1道是竹钉阵，分别在两条小路旁的草丛里布下几里路长的竹钉防线；第2道是竹篱笆障碍和铁丝网；第3道是滚木礌石；第4道是5尺多深的壕沟，并在沟底安置了竹钉；第5道是堑壕和用石头筑成的射击掩体，掩体前沿的草丛里也插满了竹钉，使敌人很难接近。

8月30日清晨，湘敌2个团进抵黄洋界哨口。待敌人进入有效射程后，朱云卿一声令下，红军各种火器齐射，滚木礌石如山洪暴发，滚滚泻下。敌人躲闪不及，被砸得头破血流，折腿断臂。后面的敌人见状，急忙撤退。敌兵慌乱中又陷入“竹钉阵”，一个个被戳得皮开肉绽，喊爹叫妈，在一片哀号声中败退下去。

下午敌人再次发起进攻，集中全部火力轰击红军阵地，敌兵黑压压一片扑来。朱云卿把一门迫击炮调来哨口，向敌人发射了仅有的3发炮弹。敌人听到炮响，以为红军主力已返回井冈山，顿时军心大乱。

朱云卿趁机命令山上红军木石齐发，火枪齐鸣，点燃铁桶中的爆竹，如机枪连发。他又令东西两山红军挥动红旗，吹响军号，摆出主力红军回来的架势，高呼“杀啊，毛委员回来啦！”“冲啊，朱军长回来啦！”，敌军官兵见山头上草木皆兵，杀声震天，又见滚木礌石轰然而下，吓得魂飞魄散，纷纷扔掉枪支逃命去了。

反第一次大“围剿”：前头捉了张辉瓒

渔家傲·反第一次大“围剿”

一九三一年春

1931

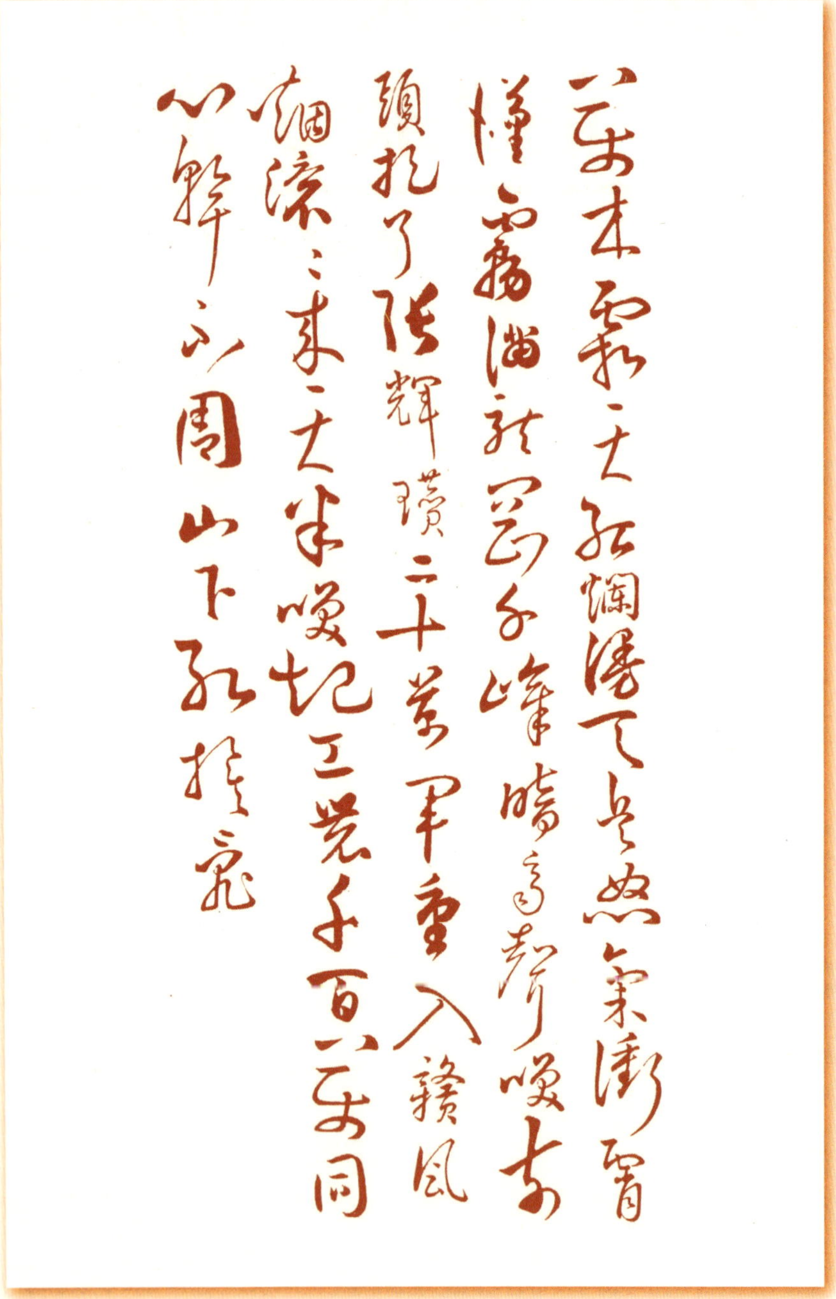

毛泽东词《渔家傲·反第一次大“围剿”》

（荣宝斋出版社《毛泽东诗词草书集字帖》）

万木霜天红烂漫，
天兵怒气冲霄汉。
雾满龙冈千嶂暗，
齐声唤，
前头捉了张辉瓒。

二十万军重入赣，
风烟滚滚来天半。
唤起工农千百万，
同心干，
不周山下红旗乱。

1930年10月，蒋介石调集10万大军，命令号称“铁军”的国民党军第十八师中将师长张辉瓒，发动对中央革命根据地的第一次“围剿”。

12月30日，在毛泽东的指挥下，经过一番激战，红军在龙冈全歼国民党军第十八师师部和两个旅9000余人。

战斗结束后，红军战士和赤卫队员，押着一群群俘虏向龙冈镇集中。敌人整师被歼灭了，可是师长张辉瓒却没有下落。恰好有两个战士互相打闹着玩，跑到一片树林里，忽然听到沙沙的响声。战士一想，无风树怎么会动，便厉声喊：“什么人？快出来！”只见几个敌人抖抖索索地走了出来。

战士们继续向树林深处搜查，果然，发现了一个肥头大耳的家伙，上身紧裹着一件士兵的棉衣，下身的黄哔叽裤还没有来得及换。他自称“书记官”。战士们不晓得书记官有多大，叫个俘虏一认，原来就是张辉瓒。

胜利的消息传来，毛泽东一气呵成写下了《渔家傲·反第一次大“围剿”》。

张辉瓒此前在江西杀人如麻，当地人民群众对他深恶痛绝，称其为“张屠夫”。红军部队中众多宣传员争先恐后地想把活捉张辉瓒、取得龙冈战役胜利的特大喜讯迅速传播出去，让更多红军官兵及根据地人民群众先睹为快、先闻为快，以解对“张屠夫”的心头之恨。

然而，当时物资紧缺，缺少纸和印刷机，这一振奋人心的捷报又该如何传递出去呢？红四军一位名叫郭小才的宣传员灵机一动，产生了用树叶代替纸做载体，创办“战地快报”来宣传红军战绩的念头。他很快从房东家中的柴堆里挑选出许多片又大又厚的油桐树叶，用毛笔在上面写下“活捉张辉瓒”这一特大新闻，然后以“战地快报”的形式发送到周围部队官兵及根据地人民群众手中。这种选用特殊材料做载体的“战地快报”，被红军官兵及革命根据地群众亲切地称为“叶报”。

在此之后，红军一些部队在特殊环境下也仿效郭小才的做法发行过“叶报”，遗憾的是这些珍贵的“叶报”因不好保存，加之红军战事频繁、不断转战，未能保存下来。“叶报”的创办人郭小才也在抗日战争中英勇牺牲。

为了更全面地开展宣传工作，除了“叶报”，红军宣传员们还巧妙地采用了歌谣、标语的形式，来传递胜利的喜悦、鼓舞斗志。

1931 年后，中国工农红军在取得一次或数次战役重大胜利后，都要印刷出版单张传单式的捷报，以最快捷的方式广为散发，传播到红军部队和广大民众中，报道红军取得胜利的消息，以鼓舞红军指战员争取胜利的勇气和决心。中央苏区各县、区苏维埃政府和军事部门，常翻印红军的这种捷报，以扩大宣传鼓动的影响，同时对本地赤卫队、游击队的战绩也会印发捷报，鼓舞人心。

反第二次大“围剿”：飞将军自重霄入

渔家傲·反第二次大“围剿”

一九三一年夏

1931.5.9

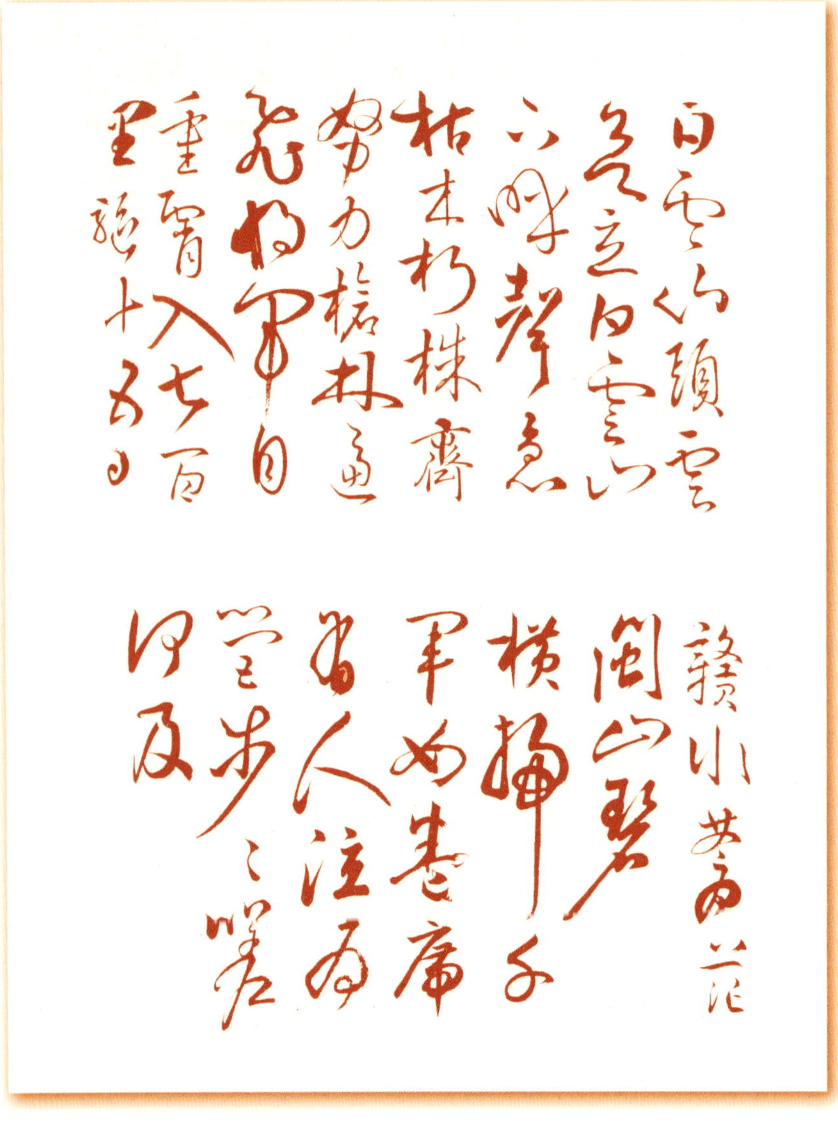

毛泽东词《渔家傲·反第二次大“围剿”》
（荣宝斋出版社《毛泽东诗词草书集字帖》）

白云山头云欲立，
白云山下呼声急，
枯木朽株齐努力。
枪林逼，
飞将军自重霄入。

七百里驱十五日，
赣水苍茫闽山碧，
横扫千军如卷席。
有人泣，
为营步步嗟何及！

蒋介石组织的第一次大规模“围剿”失败后，1931年3月又调集20万大军，对中央革命根据地开始了新一轮“围剿”。红一方面军在毛泽东、朱德指挥下，继续采取“诱敌深入”的方针，集中优势兵力各个歼灭敌人，在15天时间里连打5个胜仗，歼敌3万余人，取得了比第一次反“围剿”更加辉煌的战果，也粉碎了敌人的又一次“围剿”。

在第二次反“围剿”中，红三军军长黄公略，指挥红三军独当一面，如“飞将军自重霄入”，一举击败敌第28师，捣毁了敌指挥机关。接着与兄弟部队一起，向东横扫过去，“七百里驱十五日”，“横扫千军如卷席”，五战五胜，痛快淋漓地粉碎了敌人的第二次“围剿”。

其实，在敌人第一次“围剿”被粉碎后，蒋介石就想尽办法，妄图“策反”黄公略。蒋介石煞费苦心地先将黄公略的母亲和妻子押到长沙，大造黄公略“投诚心切”的舆论，进行要挟；同时，委任黄公略的堂叔黄汉湘为中将宣抚使进驻南昌，妄图“招抚”黄公略；又委任黄公略的大哥黄梅庄为少将参议，携带1500元银洋和蒋介石及黄汉湘的亲笔信，用4人小轿将黄梅庄送至苏区，劝诱黄公略“归正”，并言明事成之后再赏银洋10万元。

更为阴险的是，黄梅庄不是进入红三军的防区，而是进入红五军的防区，敌人企图离间彭德怀与黄公略的关系。结果，黄梅庄一进入苏区，即被红五军扣押。当红一方面军总部写信征求黄公略对其兄的处理意见时，黄公略不顾母亲、妻子尚在敌手，复信中斩钉截铁地回答“一刀两断，义无反顾”，表现了大义灭亲的坚定立场，不仅粉碎了蒋介石的诱降和离间阴谋，而且教育了全军，极大地激励了全体指战员反“围剿”斗争的信心。

五战大捷，毛泽东兴奋之余挥笔疾书，用凌云妙笔写下了雄伟诗篇《渔家傲·反第二次大“围剿”》，描绘出第二次反“围剿”的伟大胜利。

中央苏区第三次反“围剿”：爆破会昌城

会昌攻下

活捉县长史承汉

1931.12.11

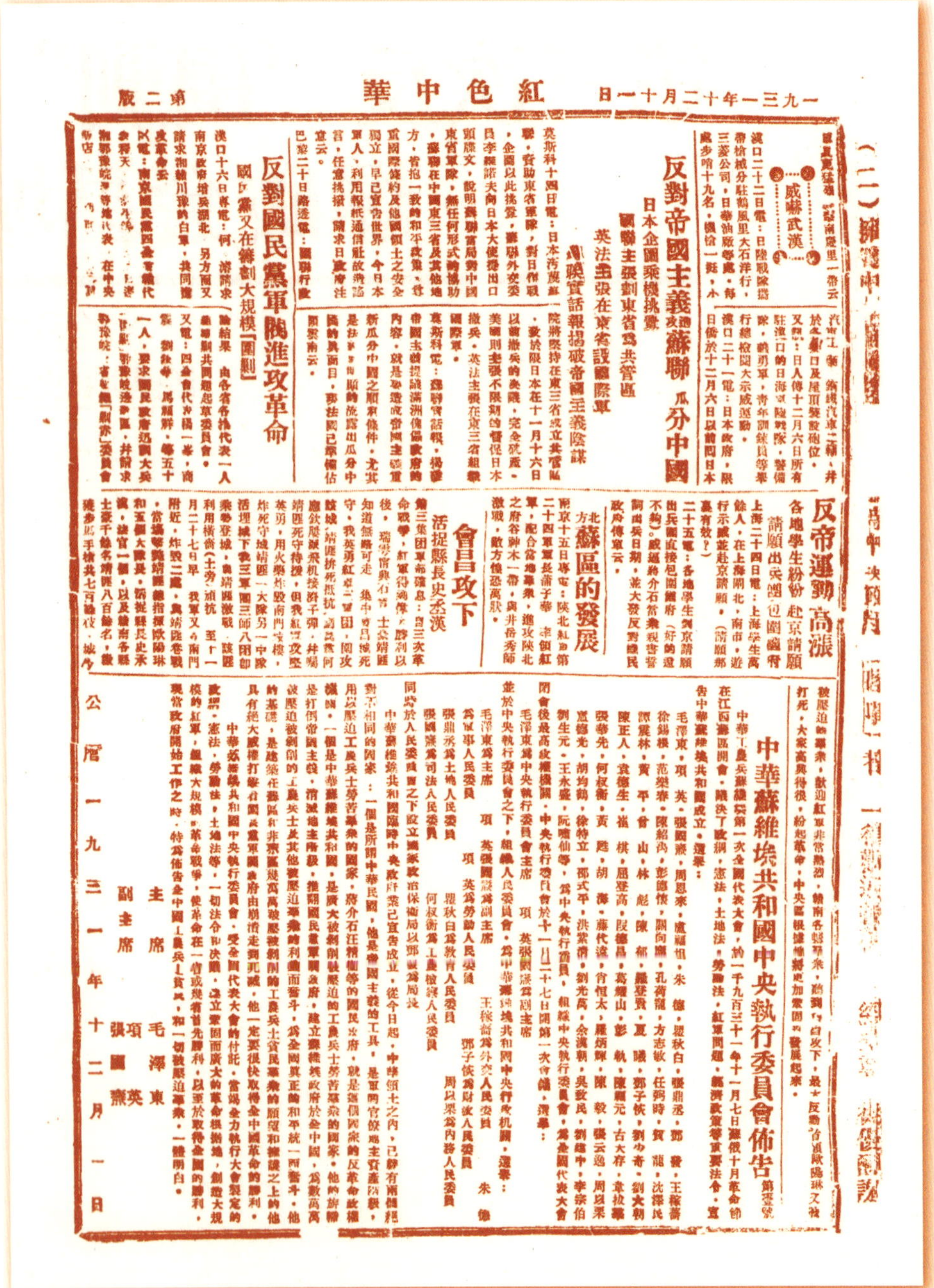

一九三一年十二月十一日　紅色中華　第二版

威嚇武漢

反對帝國主義及蘇聯瓜分中國

反帝運動高漲

北方蘇區的發展

會昌攻下　活捉縣長史丞漢

反對國民黨軍閥進攻革命

中華蘇維埃共和國中央執行委員會佈告　第壹號

中華工農兵蘇維埃第一次全國代表大會，於一千九百三十一年十一月七日蘇俄十月革命節在江西蘇區開會，議決了政綱，憲法，土地法，勞動法，紅軍問題，經濟政策等重要法令，宣告中華蘇維埃共和國成立，選舉：

毛澤東，項英，張國燾，周恩來，盧福坦，朱德，瞿秋白，張鼎丞，鄧發，王稼薔，徐錫根，范樂春，陳紹禹，彭德懷，關向應，孔荷寵，方志敏，任弼時，賀龍，沈澤民，譚震林，黃平，曾山，林彪，陳郁，羅登賢，夏曦，鄧子恢，劉少奇，劉大朝，陳正人，袁德生，崔琪，屈登高，段德昌，葛耀山，彭軌，陳福元，古大存，韋拔群，張華先，何叔衡，黃甦，胡海，滕代遠，肖恒太，羅炳輝，陳毅，張云逸，周以栗，盧德光，胡均鶴，徐特立，鄧式平，洪紫清，劉光萬，余漢朝，吳致民，劉建中，李宗伯，劉生元，王永盛，阮嘯仙等，為中央執行委員，組織中央執行委員會，為全國代表大會閉會後最高政權機關。中央執行委員會於十一月二十七日開第一次會議，選舉：

毛澤東為中央執行委員會主席　項英　張國燾為副主席

並於中央執行委員會之下，組織人民委員會，為中華蘇維埃共和國中央行政機關，選舉：

毛澤東為主席　項英　張國燾為副主席　王稼薔為外交人民委員　朱德為軍事人民委員　項英為勞動人民委員　鄧子恢為財政人民委員　張鼎丞為土地人民委員　瞿秋白為教育人民委員　周以栗為內務人民委員　張國燾為司法人民委員　何叔衡為工農檢察人民委員

同時於人民委員會之下設立國家政治保衛局以鄧發為局長

中華蘇維埃共和國臨時中央政府業已宣告成立，從今日起，中華領土之內，已經有兩個絕對不相同的國家：一個是所謂中華民國，他是帝國主義的工具，是軍閥官僚地主資產階級用以壓迫工農兵士勞苦群眾的國家，蔣介石汪精衛等的國民黨政府，就是這個國家的反革命政權機關。一個是中華蘇維埃共和國，是廣大被剝削被壓迫的工農兵士勞苦群眾的國家。他的旗幟是打倒帝國主義，消滅地主階級，推翻國民黨軍閥政府，建立蘇維埃政府於全中國，為數萬萬被壓迫被剝削的工農兵士及其他被壓迫群眾的利益而奮斗，為全國真正的和平統一而奮斗。他的基礎，是建築在蘇區和非蘇區幾萬萬被壓迫被剝削的工農兵士貧民群眾的願望和擁護之上的。他具有絕大威權打擊帝國主義國民黨軍閥政府由崩潰走到死滅。他一定要很快取得全中國革命的勝利。

中華蘇維埃共和國中央執行委員會，受全國代表大會的付託，當竭全力執行大會製定的政綱，憲法，勞動法，土地法等，一切法令和決議，建立鞏固而廣大的革命根據地，創造大規模的紅軍，組織大規模的革命戰爭，使革命在一省或幾省首先勝利，以至於取得全國的勝利。現當政府開始工作之時，特為佈告全中國工農兵士貧民，和一切被壓迫群眾，一體明白。

主席　毛澤東

副主席　項英　張國燾

公曆一九三一年十二月一日

《红色中华》创刊号，1931年12月11日第2版

第三集团军部确息：自三次革命战争，红军得到伟大胜利以后，瑞（金）、雩（都）、宁（都）、兴（国）、石（城）、会（昌）士（土）豪靖匪知道无路可走，集中会昌城死守。我英勇红军三军团围攻该城，靖匪拼死抵抗，国民党何应钦派飞机接济子弹，并嘱靖匪死守待援。但我红军攻坚英勇，用火药炸毁南门城楼，炸死守城靖匪一大队（，）另一中队活埋城下（，）我三军团三师八团即乘势登城，与靖匪激战，该匪利用横啬（土旁）顽抗，至十一月二十七日早，我军又在南门附近炸毁二（两）处，与靖匪巷战，当场击毙靖匪总指挥欧阳琳和五个大队长，活捉县长史承汉，法官一个，以及赣南各县土豪千余名、靖匪八百余名，缴获步马手枪共七百余枝（支）。城内被压迫的群众，欢迎红军非常热烈，赣南各县群众，听到会昌攻下，最大反动首领欧阳琳又被打死，大家高兴得很，纷起革命，中央区根据地将更加坚固的（地）发展起来。

1931年9月下旬，红军粉碎国民党军第三次“围剿”后乘胜出击，攻占苏区内被顽固势力占据的城池。“爆破会昌城”的行动就是在这样的背景下发起的。

会昌城东、西、北三面江河环护，地控赣、闽、粤“三省通衢”之要，敌人在此集中了数千守军，企图据城固守。会昌城墙始建于北宋年间，历经元、明、清三朝扩建、加固，可谓固若金汤。欲破会昌城，唯有坑道爆破可行。

10月下旬，红军在会昌城南集结了4个工兵连，向着城墙方向掘进。坑道口距离城墙约150米，大量渣土堆积在坑道出口附近，没过多久就被敌人发现了。敌人一面向土堆处射击骚扰试探，一面虚张声势，在城墙上对着红军喊：“别再挖洞子啦，你们的计划我们全知道啦！”还在城墙上摆了很多水缸，有的口朝上盛满水，地下一有震动，就能通过水面波纹的扰动显示出来；有的口朝下，底部穿孔，一旦发现了声源，就能判断坑道的位置和走向。很快，红军的坑道位置便暴露了。正南方向的两条坑道一条被炮火轰塌，另一条被敌人的反坑道作业破坏。

必须保住西南方向的最后一条坑道！而保护坑道的关键是掩盖作业声，示假隐真，扰乱敌人视听。于是，红军从四处征集来夯锤、锣鼓等物，在城墙四周挖了许多上窄下宽的掩蔽坑，派人蹲在坑里敲锣打鼓，掩护工兵在地下的挖掘作业。

同时，地面上的红军也想方设法掩护坑道掘进。之前，战士们为了标示坑道的方位，曾在通风孔处插了小红旗。现在，为了干扰敌人，红军将计就计，索性到处插上红旗，红旗上还写着“红军优待俘虏”“不要给地主和当官的卖命”等标语。这样一来，会昌城外呈现出一派热闹的景象——遍地红旗标语，到处锣鼓齐鸣。

到了晚上，敌人偷偷摸摸地出来拔旗，结果一拔就中了雷。吓破胆的敌人晚上连觉也不敢睡，在城墙上点亮灯笼，哭丧似的喊：“莫睡了莫睡了！共军爬城了！”

红军夜以继日奋力掘进，坑道终于伸展到了城下。随着一声巨响，会昌城被炸开了！冲锋号响起，红军冲进城墙缺口，突入城内，很快肃清了守敌。

黄安战役：活捉赵瞎子

专电

鄂豫皖红军攻克黄安

1932.1.6

紅色中華　　一九三二年一月六日　　第二版

四，帝國主義國家的法西斯蒂專政化。

帝國主義爲挽救自己的危機，爲了鎮壓本國和殖民地的革命，爲進行戰爭，不得不採用更專政的手段，來支持這一局勢。一九三一年中在波蘭，葡萄牙，捷克，羅馬尼亞等國已是法西斯蒂專政了。在南美諸小國則行將軍獨裁的另一種法西斯蒂專政形式，在德國則出以緊急法令代替國會民主形式，在英國則出現混合各派的國民政府的法西斯蒂專政，另一種是經過社會民主黨而實行法西斯蒂專政。這些都是爲了更有力的來鎮壓國內革命和對付無產階級的主要工具。從以歷史上的事變這是世界偉大的事變將要到來的顯徵。

總括起來說，一九三一年是世界最大的變化一年，是社會主義制度與資本主義制度的顯明的不同的巨大表現，是兩種不同制度的矛盾發展到很尖銳的形勢。是資本主義表現極端衰落和頽敗的時候，是帝國主義戰爭，要爆發的前一時期，是世界革命危機逐漸成熟起來。是造成了世界革命將要爆炸和勝利的前夕，雖然資本主義發展不衡平。同樣的在革命發展上面亦顯示極不平衡的形勢，但是在總的趨勢上是要使經濟危機更加深入和尖銳，更加使革命危機要普遍的發展起來。

同樣的在一九三一年，在中國更加銳利表現這種形勢：

一，兩個國家的對立

中國政治經濟危機達到最高度的結果，國民黨統治的破產和崩潰，工農革命的殘酷斗爭的結晶，已建立了中華蘇維埃共和國，在中國境內從此有了兩個極端相反的國家存在和對立。這是一九三一年的產物。苏維埃共和國是在日益鞏固和發展，是取得千百萬工農的擁護，國民黨統治的國家，是日益削弱和崩潰，已在全國工農群衆的堅決反對中宣告他的破產。

二，全國政治經濟的危機與全國革命的高漲。

中國經濟危機在世界經濟危機發展下，帝國主義國民黨的統治和剝削之下，愈達到了最高峰。城市工業的倒閉或轉移到帝國主義之手，農村經濟的劇烈破產，造成一九三一年的十八省大水災，災民達到一萬萬人，由城市直到鄉村普遍了失業狀態，帝國主義強盜在中國統治的加強和更加横暴，國民黨露骨的投降帝國主義，這都更加深了中國殖民地化的過程。全國革命運動在這樣危机狀態之下，有了很猛烈的發展。苏維埃運動已成爲中國革命的主要標誌外，在工人斗爭已在主要城市由反攻進到進攻。自日本武力強佔東三省以來，全國反帝高潮達到高度，并由反帝運動發展到直接喊出打倒國民黨的口號。一萬萬災民的斗爭。特別是軍閥軍隊的瓦解與士兵的急劇革命化，是一九三一年中的特點。全國兵變不斷發生，北方和寧都的兵暴。成立紅軍，成爲發展苏維埃運動的一個主要力量，愈促進軍閥軍隊的瓦解，這些証明中國革命的危機毫無疑義的是存在着的，這些革命運動發展，在現在仍然是不平衡的發展，可是將來這些運動將要匯合在苏維埃旗幟之下去爭取全中國的勝利。

蘇維埃的勝利和發展與國民黨統治的崩潰。

帝國主義國民黨爲鎮壓中國革命，維持其統治地位，在一九三一年的開始正是國民黨遭受第一次大失敗後，集其最大的軍力和一年的時間向全國苏維埃和紅軍不斷的進攻，可是被工農羣衆和紅軍在全國各地接二連三的將他擊敗，在中央區勝利尤其大，次之鄂豫皖區，其他苏區都得着或大或小的勝利，消滅敵人在全國共有十六七師以上的反動軍隊，全國　區擴大八九縣的版圖，并且建立大的蘇維埃根據地，成立中華苏維埃共和國臨時中央政府，蘇維埃運動是在勝利的向前發展。

國民黨統治，在蘇維埃和紅軍的勝利下，在全國反帝高潮下，在一萬萬災民下，已宣告破產，表示沒有力量繼續來統治中國了。雖然國民黨盡量的出賣中國，帝國在帝國主義羽翼之下來維持其統治地位，可是在日本武力強佔東三省後，愈加引起全國工農羣衆和革命的學生，直接起來反對國民黨的統治。國民黨的財政當然到了絕境，每月不敷超出收入一倍以上，公債發到八萬萬以上，信用已破產，　這都是給國民黨統治更大的致命傷　，國民黨各派的衝突，更是分崩拆離，各派軍閥勢均力敵，最近在南京所開國民黨一中全會的分贓會議，并不能團結一致，愈因分贓不均更促進內部冲突發展和軍閥戰爭的爆發，蔣介石雖表面下野，實際上是暫時退讓，等候時機，汪孫二派雖分得了一部份南京的反動政權，其他各派也絕不甘心，國民黨只有愈加分裂，愈加加深中國的擾亂局面，尤其是國民黨任何派別和軍閥，只有爭寵於帝國主義，以取得和維持在南京反動政權的領導，對於東三省事件，任何國民黨派別，任何欺騙方法（如汪精衛提出之國民救國代表會），事實上都只有投降帝國主義，使中國完全殖民地化，只有代替帝國主義鎮壓中國革命，這都必然更引起全國工農群衆起來在蘇維埃旗幟之下作推翻國民黨的堅決斗爭，將國民黨葬送到坟墓中去。

一九三二年雖然是剛剛開始，全世界和全中國的形勢是緊接着去年繼續的向前發展，這就是說，一九三二年是繼承一九三一年的資本主義的世界危機更尖銳的向前發展；是繼續帝國主義的互相冲突而走向最殘酷的世界大戰的爆發。帝國主義武裝進攻蘇聯，壓迫殖民地革命更成爲一九三二年的最主要危險，全世界的工人階級的革命斗爭和殖民地的革命運動，必然在這一發展中，愈加走上直接推翻帝國主義的道路，蘇聯社會主義經濟更加興盛和鞏固，更加引起全世界無產階級和被壓迫民族的勞動群衆圍繞在蘇聯的周圍，以武裝擁護蘇聯，以國內戰爭來消滅帝國主義戰爭。

國民黨統治也只有愈加崩潰，愈加在羣衆中宣告他的統治破產。國民黨任何派別和一切社會民主主義託洛斯基主義的思想和派別，都只有出賣中國和壓迫革命，任何反革命派別的欺騙在他取得政權後都要揭穿殆盡，這都必然使全中國的工農羣衆堅決的站在蘇維埃旗幟之下，來爲推翻國民黨，打倒帝國主義，爭取蘇維埃新中國而鬬爭；因此一九三二年在國際的和中國的極端有利的客觀條件下，是更便利於苏維埃運動的發展，和爭取一省或幾省首先勝利的前提。同時爭取一省或幾省的首先勝利，以革命戰爭消滅軍閥戰爭，也成爲我們今年當前的實際任務。

專電

鄂豫皖紅軍攻克黃安

打死白軍師長趙冠英

無線電二日專電：鄂豫皖紅軍第四軍聯合廣大工農群衆在去年底將敵人猛攻擊潰後，將黃安縣城（該區一個大點城市）完全佔領，繳獲槍枝無算，打死白軍師長趙冠英這一勝利是活捉岳維峻後第二個大勝利。

石城紅石寨攻下

土豪全數活捉　靖匪全部消滅

無線電二日專電：紅軍四軍於攻破李家與陳坊寨後，即於今年元旦又將最大土圍紅石寨攻下，土豪全數活捉，靖匪全部繳械，石城團匪從此完全肅清。

全國第六次勞動大會全總決定在（五一）開會

全總致電蘇區執行局積極準備

無線電一日全總來電：全國第六次勞動大會決定在『五一』開會，此間正開始準備，望於蘇區執行局在『五一』前召集中央區工會代表大會，討論關於蘇區工會運動決議草案和積極準備一切。

《红色中华》第4期，1932年1月6日第2版

无线电二日专电：鄂豫皖红军第四军团配合广大工农群众在去年底将敌人进攻击溃后，将黄安县城（该区一个大点城市）完全占领，缴获枪枝（支）无算，打死（实为活捉，编者注）白军师长赵冠英（，）这一胜利是活捉岳维峻后第二个大胜利。

1931年11月7日，红四方面军于黄安县（今名红安县）七里坪成立。之后，鄂豫皖革命军事委员会决定发起黄安战役，主动进攻敌人，以打乱南线国民党军的“围剿”部署，进一步巩固和扩大苏区。历时43天的黄安战役，红四方面军共歼敌1.5万余人，缴获各种枪械7000余支（挺）、迫击炮10余门、电台1部，使黄安、麻城、黄陂、孝感等县苏区连成一片。

黄安地处湖北省东北部的大别山南麓，是鄂东北重镇，也是国民党军靠近鄂豫皖苏区中心的一个突出据点。当时驻守黄安城的是国民党杂牌军第69师，师长赵冠英，人称“赵瞎子”。

11月20日，红军完全切断了黄安守敌与宋埠、黄陂敌人的联系。困守城内的赵冠英如热锅上的蚂蚁，频频向外告急求援。驻守宋埠、岐亭的国民党军接到指令后，先后两次组织增援，均被红军击退。

22日晚，红军对黄安城发起了总攻。别看赵冠英只有一只眼能看见，他心里可比谁都看得明白：这次红军大举围城，势在必得，黄安城肯定是保不住了。与城共存亡，那是说给手下人听的，惯匪出身的赵冠英才不会为党国成仁呢。

于是，赵冠英把仅有的一点机动兵力组编成所谓“敢死队”，亲自训话，给他们打气鼓劲，许愿突围冲出去的，当官的高升一级，当兵的升为官长，另有丰厚的赏金。

“一定坚持到最后五分钟，不成功便成仁，誓与黄安共存亡！”当这些替死鬼向南门突围后，狡猾的赵冠英并没有立即逃跑，而是让一个随从装扮成他的模样，骑着他的大白马向东门跑。他自己却悄悄脱下军装，穿上大褂，利用天黑，企图偷偷从西门溜走。

果然，突围的敌人刚一出城，就遭到红 11 师 1 个团和红 12 师 2 个团的坚决打击。除少数敌人突围逃跑外，大部分被红军消灭在城西南郊倒水河两岸。红军随即攻入城内，与少数残敌展开巷战，很快将敌全部歼灭。

城外，赤卫队员和乡亲们也自发拿着长矛、梭镖、铁铲、木棒，高喊着“活捉赵瞎子！”，从四面八方追赶逃敌。

正所谓：天网恢恢，疏而不漏。机关算尽的赵冠英刚刚溜出西门，就迎面撞上了一队赤卫军，只好乖乖地举起双手，当了俘虏。

漳州战役：我们既要钱又要政治

专电

红军继续占领漳州

消灭张贞陈国辉两部白军

活捉副旅长俘虏士兵数千

缴获飞机二架兵工厂全部

1932.4.21

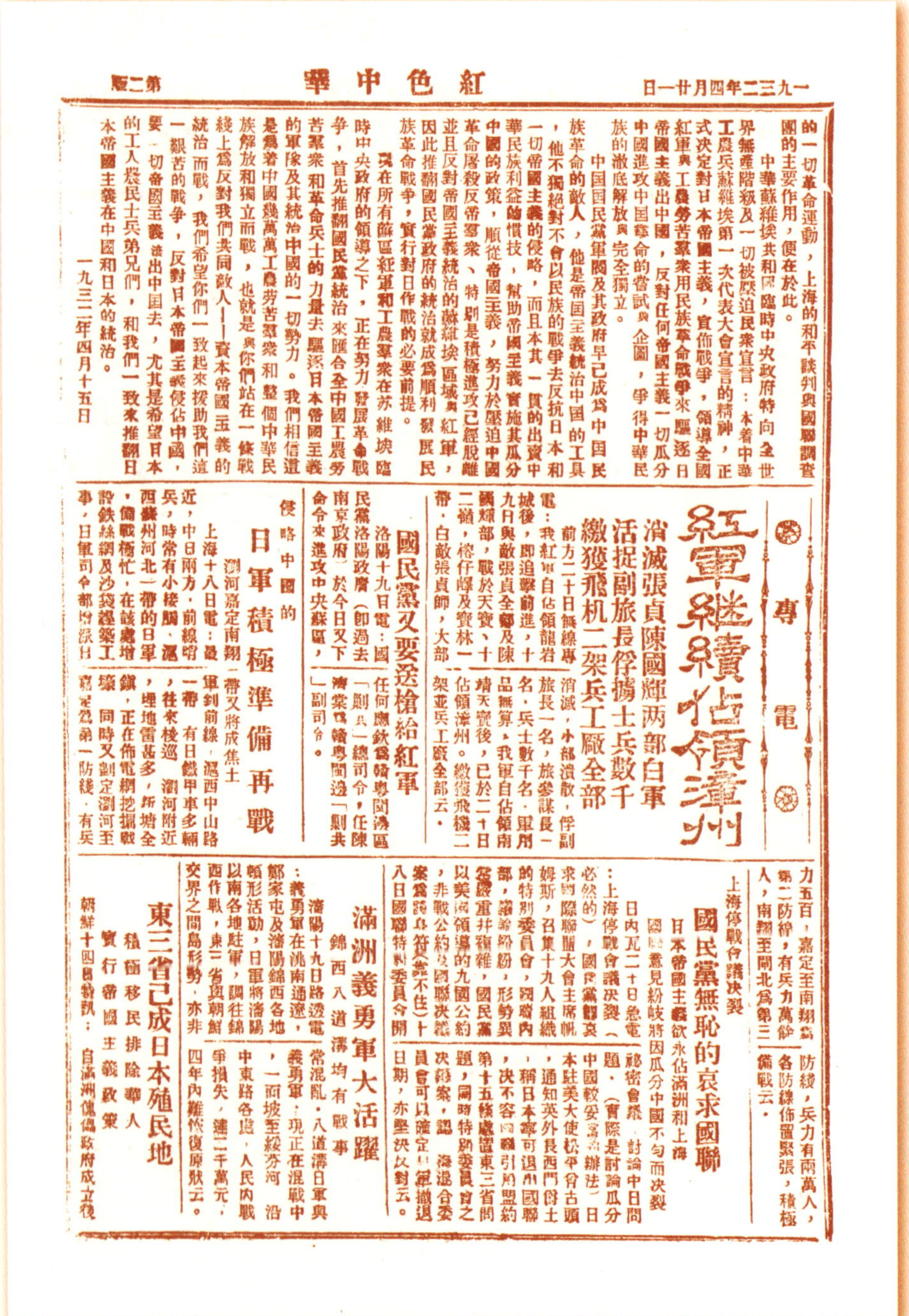

一九三二年四月廿一日　紅色中華　第二版

的一切革命運動，上海的和平談判與國聯調查團的主要作用，便在於此。

中華蘇維埃共和國臨時中央政府特向全世界無產階級及一切被壓迫民衆宣言：本着中華工農兵蘇維埃第一次代表大會宣言的精神，正式決定對日本帝國主義，宣佈戰爭，領導全國紅軍與工農勞苦羣衆用民族革命戰爭來驅逐日帝國主義出中國，反對任何帝國主義一切瓜分中國進攻中國革命的嘗試與企圖，爭得中華民族的澈底解放與完全獨立。

中国国民黨軍閥及其政府早已成爲中国民族革命的敵人，他是帝国主義統治中国的工具，他不獨絕對不會以民族的戰爭去反抗日本和一切帝國主義的侵略，而且本其一貫的出賣中華民族利益的慣技，幫助帝國主義實施其瓜分中國的政策，順從帝國主義，努力於壓迫中國革命屠殺反帝羣衆、特别是積極進攻已經脫離並且反對帝國主義統治的蘇維埃區域與紅軍，因此推翻國民黨政府的統治就成爲順利發展民族革命戰爭，實行對日作戰的必要前提。

現在所有蘇區紅軍和工農羣衆在苏維埃臨時中央政府的領導之下，正在努力發展革命戰爭，首先推翻國民黨統治來匯合全中國工農勞苦羣衆和革命兵士的力量去驅逐日本帝國主義的軍隊及其統治中國的一切勢力。我們相信這是爲着中國幾萬萬工農勞苦羣衆和整個中華民族解放和獨立而戰，也就是與你們站在一條戰綫上爲反對我們共同敵人——資本帝國主義的統治而戰，我們希望你們一致起來援助我們這一艱苦的戰爭，反對日本帝國主義侵佔中國，要一切帝國主義滚出中国去，尤其是希望日本的工人農民士兵弟兄們，和我們一致來推翻日本帝國主義在中國和日本的統治。

一九三二年四月十五日

專電

紅軍繼續佔領漳州

消滅張貞陳國輝兩部白軍
活捉副旅長俘擄士兵數千
繳獲飛机二架兵工廠全部

前方二十日無線專電：我紅軍自佔領龍岩城後，即追擊前進，十九日與敵張貞全部及陳國輝部，戰於天寶、十二嶺，榕仔嶚及寶林一帶，白敵張貞師，大部消滅，小部潰散，俘副旅長一名，旅參謀長一名，兵士數千名，軍用品無算，我軍自佔領南靖天寶後，已於二十日佔領漳州。繳獲飛機二架並兵工廠全部云。

國民黨又要送槍給紅軍

洛陽十九日電：國民黨洛陽政府（即過去南京政府）於今日又下命令來進攻中央蘇區，任何應欽爲贛粵閩湘區「剿共」總司令，任陳濟棠爲贛粵閩邊「剿共」副司令。

侵略中國的

日軍積極準備再戰

瀏河嘉定南翔一帶又將成焦土

上海十八日電：最近，中日兩方，前線哨兵，時常有小接觸，滬西蘇州河北一帶的日軍，備戰極忙，在該處增設鐵絲網及沙袋堡築工事，日軍司令部增派日軍到前線，滬西中山路一帶有日鐵甲車多輛，往來梭巡，瀏河附近，埋地雷甚多，新塘全鎮，正在佈電網挖掘戰壕　同時又劃定瀏河至嘉定爲第一防綫，有兵力五百，嘉定至南翔爲第二防綫，有兵力萬餘人，南翔至閘北爲第三防綫，兵力有兩萬人，各防線佈置緊張，積極備戰云。

上海停戰會議決裂

國民黨無恥的哀求國聯

日本帝國主義欲永佔滿洲和上海

國民黨意見紛歧將因瓜分中國不勻而決裂

日內瓦二十日急電：上海停戰會議決裂（必然的），國民黨哀求國際聯盟大會主席帆姆斯，召集十九人組織的特别委員會，國聯內部，議論紛紛，形勢異常嚴重幷複雜，國民黨以美國領導的九國公約，非戰公約及國聯決議案爲護身符（靠不住）十八日國聯特别委員會開秘密會議，討論中日問題，（實際是討論瓜分中國較妥當的辦法）日本駐美大使松平與古頭，通知英外長西門爵士，稱日本寧可退出國聯，決不容國聯引用盟約第十五條處置東三省問題，同時特别委員會之決議案，認滬混合委員會可以確定日軍撤退日期，亦堅決反對云。

滿洲義勇軍大活躍

錦西八道溝均有戰事

瀋陽十九日路透電：義勇軍在洮南通遼，鄭家屯及瀋陽錦西各地頓形活動，日軍將瀋陽以南各地駐軍，調往錦西作戰，東三省與朝鮮交界之間島形勢，亦非常混亂。八道溝日軍與義勇軍，現正在混戰中，一面坡至綏芬河沿中東路各處，人民內戰爭損失，達二千萬元，四年內難恢復原狀云。

東三省已成日本殖民地

積極移民排除華人

實行帝國主義政策

朝鮮十四日電訊：自滿洲傀儡政府成立後

《红色中华》第18期，1932年4月21日第2版

前方二十日无线专电：我红军自占领龙岩城后，即追击前进，十九日与敌张贞全部及陈国辉部，战于天宝、十二岭，（、）榕仔峰及宝林一带，白敌张贞师，大部消灭，小部溃散，俘副旅长一名，旅参谋长一名，兵士数千名，军用品无算，我军自占领南靖天宝后，已于二十日占领漳州。缴获飞机二（两）架并兵工厂全部云。

1932 年 4 月，中央红军东路军在福建省漳州地区对国民党军发起进攻战役——漳州战役。这次战役是中央红军在执行外线作战任务情况下所进行的一次城市进攻作战，是于被动战局中争取主动并取得胜利的杰出典范。是役，我军共歼敌约 4 个团，俘敌 1600 多人，缴枪 2000 余支、飞机 2 架及其他大量物资，并筹得大批经费。

红军于 4 月 20 日占领漳州。毛泽东开辟漳州新区的策略思想是：不因占领漳州而冲昏头脑，不因占领漳州而背上包袱。规定了“公开宣传，秘密组织”“只散发谷物，而不建立政权，不分土地”“以龙溪为中心，向南靖、云霄、平和、漳浦等五县扩大游击战争，创造小红军，建立小苏区”等从实际出发的方针、政策。

进入漳州这样大的城市，在政策纪律上对红军是个考验。漳州是侨乡，如何对待华侨是政策性很强的问题。部队进入漳州的具体政策是毛泽东制定的，强调红军入城后严格执行三大纪律八项注意，对群众秋毫无犯，允许商店照常营业，对敌产予以没收，仍打土豪，但对一般工商业主只是通过商会向他们筹款。驻漳州近两个月中，作为军团政治委员的聂荣臻认真严肃地贯彻执行了这些政策，使部队在政治建军上提高了一步。

驻扎漳浦的部队在筹款时，林彪支持部队拉着不肯交款的土豪到街上拷打，聂荣臻坚决反对。他说：“对一些不肯出钱的土豪，给他们一定的惩戒是必要的，但我反对把他们弄到大街上去拷打的搞法，这种搞法不光不会得到一般市民的同情，甚至也得不到工人、农民的同情，其结果只会使铺子关门，人也逃走了，款也筹不到，政治影响反而会很坏。”林彪问聂荣臻：“我们究竟要不要钱？没有钱能不能打仗？”聂荣臻回答：“我们既要钱又要政治。我们是红军，如果政治影响搞坏了，即使你搞到再多的钱，你甚至把漳州所有土豪的财产都没收了，也毫无意义。”经过争论，林彪没有再坚持自己的意见。

红军在漳州一个多月，扩大了队伍，筹款100多万元，解决了一、五军团的军需服装，成立了3000多人的秘密工会和地下党组织，向贫苦群众发放谷子4万多石。

商潢战役：血战豆腐店

专电

鄂豫皖红军大获胜利

击溃白军二十四团

缴获步枪七千余枝（支）

占领商城六安县城

1932.4.28

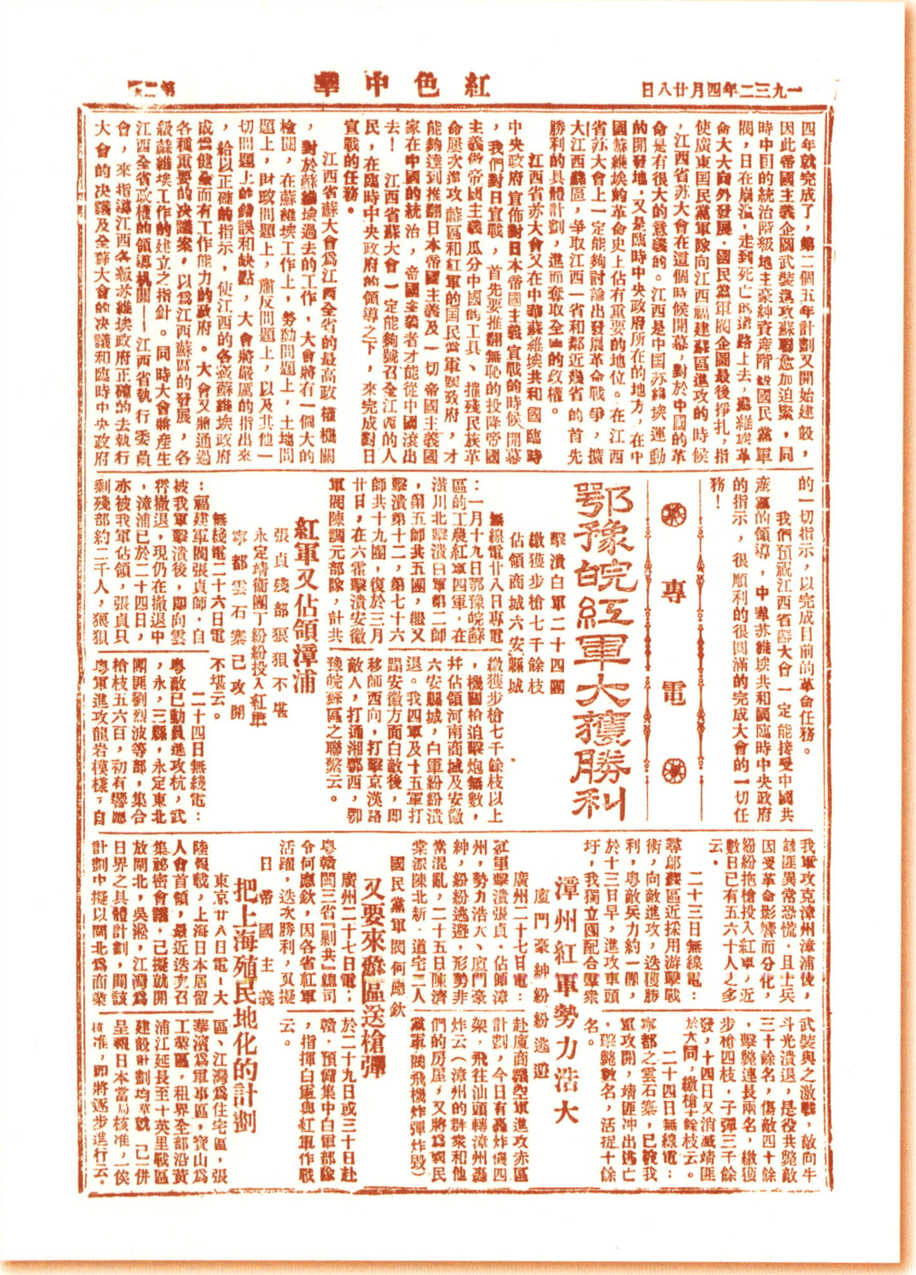
一九三二年四月廿八日　紅色中華　第二版

江西省蘇大會……

四年就完成了，第二個五年計劃又開始建設，因此帝國主義企圖武裝進攻蘇聯愈加迫緊，同時中国的統治階級地主豪紳資產階級國民黨軍閥，日在崩潰，走到死亡的道路上去，蘇維埃革命大大的向外發展，國民黨軍閥企圖最後掙扎，指使廣東国民黨軍隊向江西福建蘇區進攻的時候，江西省苏大會在這個時候開幕，對於中國的革命是有很大的意義的。江西是中国苏維埃運動的開發地，又是臨時中央政府所在的地方，在中國蘇維埃的革命史上佔有重要的地位。在江西省苏大會上一定能夠討論出發展革命戰爭，擴大江西蘇區，爭取江西一省和鄰近幾省的首先勝利的具體計劃，進而奪取全國的政權。

江西省苏大會又在中華蘇維埃共和國臨時中央政府宣佈對日本帝國主義宣戰的時候開幕，我們對日宣戰，首先要推翻無恥的投降帝國主義的帝國主義瓜分中國的工具、摧殘民族革命屢次進攻蘇區和紅軍的国民黨軍閥政府，才能夠達到推翻日本帝國主義及一切帝國主義國家在中國的統治，帝國主義者才能從中國滾出去！江西省蘇大會一定能夠號召全江西的人民，在臨時中央政府的領導之下，來完成對日實戰的任務。

江西省蘇大會為江西全省的最高政權機關，對於蘇維埃過去的工作，大會將有一個大的檢閱，在蘇維埃工作上，勞動問題上，土地問題上，財政問題上，肅反問題上，以及其他一切問題上的錯誤和缺點，大會將嚴厲的指出來，給以正確的指示，使江西的各級蘇維埃政府成為健全而有工作能力的政府。大會又將通過各種重要的決議案，以為江西蘇區的發展，各級蘇維埃工作的建立之指針。同時大會將產生江西全省政權的領導機關——江西省執行委員會，來指導江西各級蘇維埃政府正確的去執行大會的決議及全蘇大會的決議和臨時中央政府的一切指示，以完成目前的革命任務。

我們預祝江西省蘇大會一定能接受中國共產黨的領導，中華苏維埃共和國臨時中央政府的指示，很順利的很圓滿的完成大會的一切任務！

專電

鄂豫皖紅軍大勝利

擊潰白軍二十四團

繳獲步槍七千餘枝

佔領商城六安縣城

無線電廿八日專電：一月十九日鄂豫皖蘇區的工農紅軍第四軍，在潢川北擊潰白軍第二師，第五師共五團，繼又擊潰第十二，第七十六師共十九團，復於三月廿日，在六霍擊潰安徽軍閥陳調元部隊，計共繳獲步槍七千餘枝以上，機關槍迫擊炮無數，并佔領河南商城及安徽六安縣城，白軍紛紛潰退。我四軍及十五軍打蹋安徽方面白敵後，即移師西向，打擊京漢路敵人，打通湘鄂西，鄂豫皖蘇區之聯繫云。

紅軍又佔領漳浦

張貞殘部狼狽不堪

永定靖衛團丁紛紛投入紅軍

寧都雲石寨已攻開

無線電二十六日電：福建軍閥張貞師，自被我軍擊潰後，即向雲霄撤退，現仍在撤退中，漳浦已於二十四日，亦被我軍佔領，張貞只剩殘部約二千人，狼狽不堪云。

二十四日無綫電：粵敵已動員進攻杭，武，永，三縣，永定東北閩匪劉烈波等部，集合槍枝五六百，初有響應粵軍進攻龍岩模樣，自我軍攻克漳州漳浦後，該匪異常恐慌，且士兵因受革命影響而分化，紛紛拖槍投入紅軍，近數日已有五六十人之多云。

二十三日無線電：尋鄔蘇區近採用游擊戰術，向敵進攻，迭獲勝利，粵敵兵力約一團，於十三日早，進攻車頭圩，我獨立團配合群衆武裝與之激戰，敵向牛斗光潰退，是役共斃敵三十餘名，傷敵四十餘，擊斃連長兩名，繳獲步槍四枝，子彈三千餘發，十四日又消滅靖匪於大同，繳槍十餘枝云。

二十四日無線電：寧都之雲石寨，已被我軍攻開，靖匪冲出逃亡，擊斃數名，活捉十餘名。

漳州紅軍勢力浩大

廈門豪紳紛紛逃避

廣州二十七日電：紅軍擊潰張貞，佔領漳州，勢力浩大，廈門豪紳，紛紛逃避，形勢非常混亂，二十五日陳濟棠派陳北新．道宅二人赴廣商議空軍進攻赤區計劃，今日有轟炸機四架，飛往汕頭轉漳州轟炸云（漳州的群衆和他們的房屋，又將為國民黨軍閥飛機炸彈炸毀）

又要來蘇區送槍彈

國民黨軍閥何應欽

廣州二十七日電：粵贛閩三省「剿共」總司令何應欽，因各省紅軍活躍，迭次勝利，又擬於二十九日或三十日赴贛，預備集中白軍部隊，指揮白軍與紅軍作戰云。

把上海殖民地化的計劃

日帝國主義

東京廿八日電：大陸報載，上海日本居留人會首領，最近迭次召集秘密會議，已擬就開放閘北，吳淞，江灣為日界之具體計劃，聞該計劃中擬以閘北為商業區、江灣為住宅區，張華濱為軍事區，寶山為工業區，租界全部沿黄浦江延長至十英里戰區建設計劃均草就，已一併呈報日本當局核准，一俟核准，即將逐步進行云。

《红色中华》第19期，1932年4月28日第2版

无线电二十八日专电：一月十九日鄂豫皖苏区的工农红军四军，在潢川北击溃白军第二师，（、）第五师共五团，继又击溃第十二，（、）第七十六师共十九团，复于三月二十日，在六霍击溃安徽军阀陈调元部队，计共缴获步枪七千余枝（支）以上，机关枪（机枪）迫击炮无数，并占领河南商城及安徽六安县城，白军纷纷溃退。我四军及十五军打蹋（塌）安徽方面白敌后，即移师西向，打击京汉路敌人，打通湘鄂西，（、）鄂豫皖苏区之联系云。

黄安战役胜利后，红四方面军士气旺盛，遂决定再接再厉，短暂休整后，在商城、潢川地区发起攻势作战，打击鄂豫皖苏区北部的国民党军，以打通鄂豫边同皖西两块苏区的联系。

1932年1月26日，红军包围商城守敌第58师。商城守将第58师师长陈耀汉害怕重蹈赵冠英在黄安城破被俘的覆辙，频频告急，声称“城内食粮缺乏已达顶点，多有断炊者”，电示南京求援。潢川守军虽有两个师，但因刚遭红军打击，心有余悸，不敢出援。

眼见商城“危在旦夕”，河南“绥靖”公署主任刘峙坐不住了，急忙命令第20路军总指挥兼第76师师长张钫率部援救商城。2月7日，聚集于潢川周围的国民党军3个师另1个旅共19个团，分路大举增援商城。红四方面军总部决定以红12师在豆腐店一带的高地构筑阵地，集中力量乘敌在运动中实施勇猛突击。

豆腐店是个只有十几户人家的小村庄，东依春河支流，西临白露河，南接一片森林，北连一条高岗，四周道路曲折，冲洼起伏，易守难攻。2月8日，红12师据守阵地顽强阻击，数次与敌展开血战。嘹亮的军号声、震耳的呐喊声、兵器的撞击声、敌人的号叫声和暴风雪的呼号声混在一起，震撼着阴沉的天穹。在白雪皑皑的山坡上，在大大小小的池塘边，在荆棘丛生的柴林里，到处都是生死搏斗的战场。战士们三个一群、五个一伙，与敌人厮杀着、扭打着、周旋着、追逐着……在具有高度的政治觉悟和自觉牺牲精神的红军战士面前，敌人终于渐渐不支，稀里哗啦地退了下来。

下午 1 点，敌人把两个师的兵力全部投入了进攻。激战至下午 5 点，右路敌军后路被断，陷入混乱，军心不稳，纷纷后退。右路敌军的动摇，导致左路敌军全线慌乱，无心恋战。红军乘势全线展开猛烈反击。

敌第 2 师旅长范龙章见部队难以控制，电话询问另一位旅长王仲廉："师座在哪里？"王仲廉回复："早跑了！"范龙章二话不说，扔下电话就跑。王仲廉随后也跑了。这下，数万敌军犹如雪山崩溃，争先向北溃逃。红军乘胜追击，锐不可当，直逼潢川近郊。商城敌军闻讯弃城而逃。

苏家埠大捷：“饿降”敌军

专电

鄂豫皖红军空前大胜利

缴获步枪一万五千余枝（支）

机枪一百九十架 迫击炮三十余门

无线电机七架 飞机一架

活捉师长二名 旅长二名 团长七名

1932.5.25

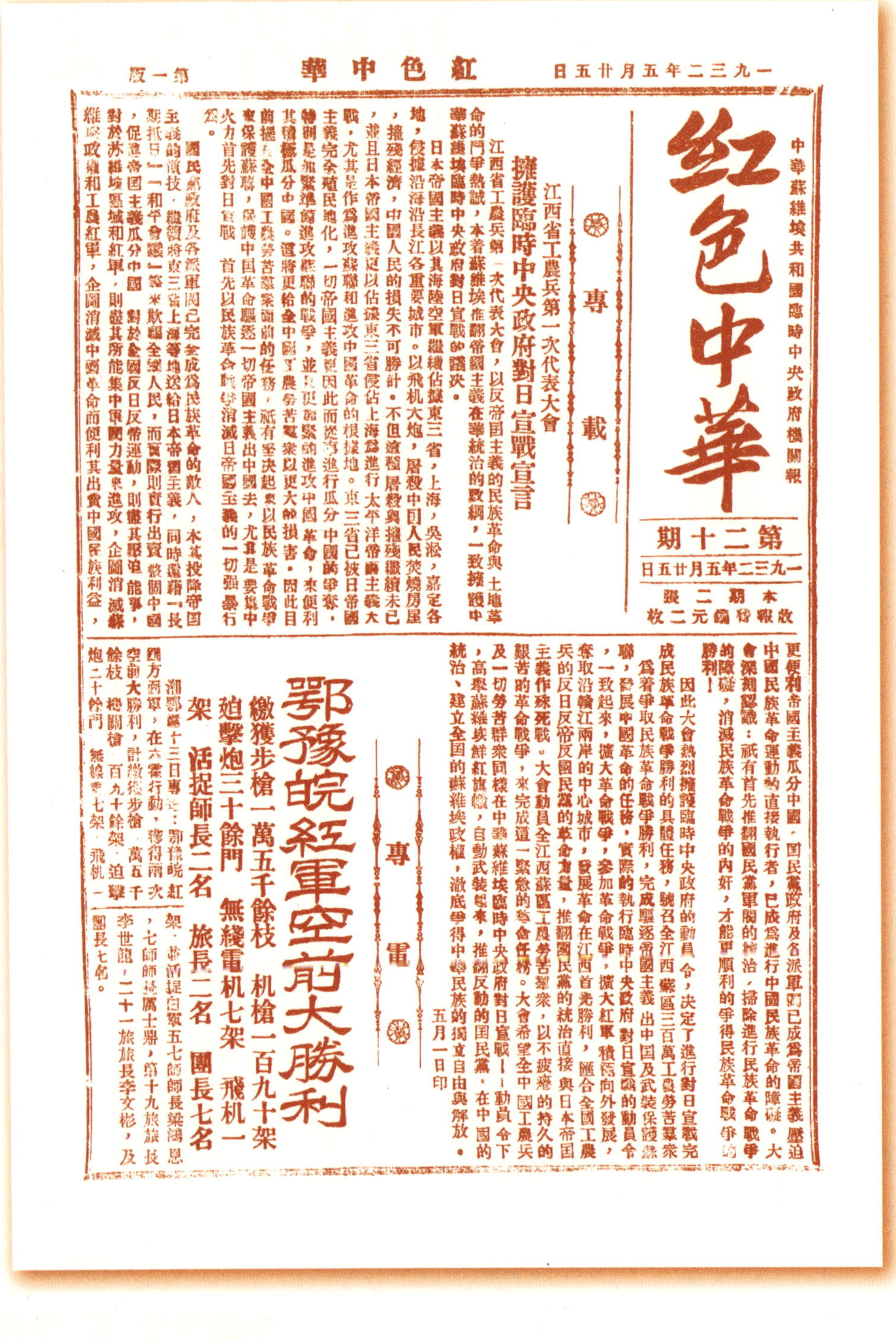

一九三二年五月廿五日　紅色中華　第一版

中華蘇維埃共和國臨時中央政府機關報

紅色中華

第二十期

一九三二年五月廿五日

本期二張　每報價銅元二枚

專載

擁護臨時中央政府對日宣戰宣言

江西省工農兵第一次代表大會

江西省工農兵第一次代表大會，以反帝国主義的民族革命與土地革命的鬥爭熱誠，本着蘇維埃推翻帝國主義在華統治的政綱，一致擁護中華蘇維埃臨時中央政府對日宣戰的議決。

日本帝國主義以其海陸空軍繼續佔據東三省，上海，吳淞，嘉定各地，侵據沿海沿長江各重要城市。以飛机大炮，屠殺中国人民焚燒房屋，摧殘經濟，中國人民的損失不可勝計。不但這種屠殺與摧殘繼續未已，並且日本帝國主義还以佔據東三省侵佔上海為進行太平洋帝國主義大戰，尤其是作為進攻蘇聯和進攻中國革命的根據地。東三省已被日帝國主義完全殖民地化，一切帝國主義更因此而更加緊進行瓜分中國的爭奪，特別是加緊準備進攻蘇聯的戰爭，並且更加緊的進攻中國革命，來便利其積極瓜分中國。這將更給全中國工農勞苦羣衆以更大的損害。因此目前擺在全中國工農勞苦羣衆面前的任務，祇有堅決起來以民族革命戰爭來保護蘇聯，保護中国革命驅逐一切帝國主義出中國去，尤其是要集中火力首先對日宣戰　首先以民族革命戰爭消滅日帝國主義的一切強暴行為。

國民黨政府及各派軍閥已完全成為民族革命的敵人，本其投降帝国主義的慣技，繼續將東三省上海等地送給日本帝國主義，同時還藉「長期抵日」「和平會議」等来欺騙全國人民，而實際則實行出賣整個中國，促進帝国主義瓜分中國　對於全國反日反帝運動，則盡其壓迫能事，對於苏維埃區域和紅軍，則盡其所能集中軍閥力量來進攻，企圖消滅蘇維埃政權和工農紅軍，企圖消滅中國革命而便利其出賣中國民族利益，更便利帝國主義瓜分中國。國民黨政府及各派軍閥已成為帝國主義壓迫中國民族革命運動的直接執行者，已成為進行中國民族革命的障礙。大會深刻認識：祇有首先推翻國民黨軍閥的統治，掃除進行民族革命戰爭的障礙，消滅民族革命戰爭的內奸，才能更順利的爭得民族革命戰爭的勝利！

因此大會熱烈擁護臨時中央政府的動員令，決定了進行對日宣戰完成民族革命戰爭勝利的具體任務，號召全江西蘇區三百萬工農勞苦羣衆為着爭取民族革命戰爭勝利，完成驅逐帝國主義出中国及武裝保護蘇聯，發展中國革命的任務，實際的執行臨時中央政府對日宣戰的動員令，一致起來，擴大革命戰爭，參加革命戰爭，擴大紅軍積極向外發展，奪取沿贛江兩岸的中心城市，發展革命在江西首先勝利，匯合全國工農兵的反日反帝反國民黨的革命力量，推翻國民黨的統治直接與日本帝国主義作殊死戰。大會動員全江西蘇區工農勞苦羣衆，以不疲癃的持久的艱苦的革命戰爭，來完成這一緊急的革命任務。大會希望全中國工農兵及一切勞苦群衆同樣在中華蘇維埃臨時中央政府對日宣戰——動員令下，高舉蘇維埃鮮紅旗幟，自動武裝起來，推翻反動的国民黨，在中國的統治、建立全国的蘇維埃政權，徹底爭得中華民族的獨立自由與解放。

五月一日印

專電

鄂豫皖紅軍空前大勝利

繳獲步槍一萬五千餘枝　机槍一百九十架

迫擊炮三十餘門　無綫電机七架　飛机一架

活捉師長二名　旅長二名　團長七名

湘鄂贛十三日專電：鄂豫皖紅四方面軍，在六霍行動，獲得兩次空前大勝利，計繳獲步槍一萬五千餘枝，機關槍一百九十餘架，迫擊炮二十餘門，無線電七架，飛机一架，並活捉白軍五七師師長梁鴻恩，七師師長厲士鼎，第十九旅旅長李世龍，二十一旅旅長李文彬，及團長七名。

《红色中华》第20期，1932年5月25日第1版

湘鄂区十三日专电：鄂豫皖红四方面军，在六霍行动，获得两次空前大胜利，计缴获步枪一万五千余枝（支），机关枪（机枪）一百九十余架，迫击炮二（三）十余门，无线电七架，飞机一架，并活捉白军五七师师长梁鸿恩，七师师长厉士鼎，第十九旅旅长李世龙，二十一旅旅长李文彬，及团长七名。

1932 年 3 月 22 日至 5 月 8 日，红四方面军在皖西地区进行了苏家埠战役。这次战役历时 48 天，歼敌 3 万余人，是鄂豫皖红军成功运用“围点打援”战法所取得的一次空前胜利。

苏家埠，西濒淠河，有人口上万，是地处六安西南水陆交通要冲的大集镇，也是六安西南的重要屏障。敌人在此重点设防。这个据点四周筑有寨墙，高 2 丈（1 丈约等于 3.33 米），厚 1.5 丈，墙外有壕，深 1 丈，宽 10 丈。壕外设有竹木围等副防御设施，宽达 30 余米，环寨墙筑有 3 丈高碉堡 9 个，居高临下，密集的火力可控制全镇及寨外附近区域。根据苏家埠的敌情，红军强攻很难取胜。确定“围点打援”的战法后，红四方面军总部遂令第 10 师将苏家埠紧紧围住，不让敌人跑掉一个，以此吸敌来援。

经过一个时期的围困，苏家埠敌人的粮食越来越短缺。在我军火力扫射下，前来空投粮食和药品的敌机不敢接近苏家埠上空，粮食和药品大多丢在了我们的阵地上。敌人饿急了，吃光了附近的野菜、树皮。这时已到夏天，而苏家埠镇内镇外却是两个世界，镇内由于树皮都被吃光，树枝全部干枯；镇外野草繁茂，绿树成荫。为了将敌人困死，红军进一步采取措施，一方面防止敌人从空中、水上给被围之敌送粮，另一方面也堵截镇内敌人出来挖野菜、剥树皮。

一天，河上巡逻队捉到了一个从苏家埠出来的敌团长。第 10 师师长王宏坤对他说：“你回去，对你们旅长讲，叫他投降。如果不投降，我们明天下午就攻击。我们的政策是缴枪不杀，优待俘虏，不投降等打开了可别后悔呀！红军说话是算数的！”然后派人把他送回据点。

第二天上午，要投降的风声从敌垒内部传出，敌人一下子炸了锅，军心动摇。5月8日下午，敌团以上军官迈着统一步伐，来到红军面前敬礼，递上名册，表示投降。

敌安徽省主席陈调元没有想到被围国民党军已投降，第二天还派飞机到苏家埠上空空投物品，连续遭到在苏家埠、韩摆渡地区的红军对空扫射。一架敌机栽了下来，红军胜利后又有一个额外收获。

中央苏区
第四次反“围剿”：
让敌人往里钻

在粉碎敌人大举进攻的决战中

我红军空前光荣伟大的胜利

全部消灭敌五十二师五十九师

敌新编五军溃不成军大部消灭

两天内活捉敌师长两只

1933.3.6

一九三三年三月六日　紅色中華　第一版

紅色中華

第五十八期

一九三三年三月六日

本期一張半

定價大洋三厘　零售銅元一枚

在完全粉碎敵人大舉進攻的面前

在粉碎敵人大舉進攻的決戰中

我紅軍空前光榮偉大的勝利

全部消滅敵五十二師五十九師

敵新編五軍潰不成軍大部消滅

奪獲步槍萬餘枝　短槍五六百枝

迫擊炮四五十門　子彈數百萬發

輕重機關槍自動步槍三四百枝

無線電一架　輜重無算

兩天內活捉敵師長兩隻

前方來電：我紅軍之一部，二月二十八日在樂安宜黃之間，東陂黃陂地方，將敵五十二師全部消滅，五十九師大部消滅，繳獲步槍萬餘枝，迫擊炮四五十門，短槍五六百枝，子彈數百萬發，輕重機關槍自動步槍三四百枝，無線電一架，輜重無算，並活捉敵五十二師師長李明，旅長二名，師部參謀一名。

又前方來電：我紅軍於一日與敵五十九師殘部及敵十一師增援部隊繼續激戰，當將敵消滅，又活捉敵五十九師師長陳世驥，及其師部人員，俘擄一團兵械，五十九師僅逃出一團，亦潰不成軍，羅卓英新成立之五軍，實已消滅，俘擄白兵及輜重等無算，總數查清後另告。

我百戰百勝的紅軍，在敵人大舉進攻中，不斷獲得光榮偉大的勝利，屢次給敵人迎頭痛擊，造成了完全粉碎敵人四次「圍勦」更有利的條件；戰爭全部勝利的取得，江西及鄰省革命首先勝利的完成，已緊逼着展開在我們眼前了。全蘇區的工農勞苦羣衆們，百倍的加緊戰爭動員，集中一切力量供獻給革命戰爭，更猛烈的擴大紅軍，努力創造一百萬鐵的紅軍，迅速完成借二十萬擔穀子給紅軍，立刻準備十萬雙草鞋及其他物品輸送給前方，去慰勞我英勇作戰的弟兄們。

熱烈的慰勞前方紅軍！

熱烈的慶祝紅軍勝利！

建黎泰地方武裝配合紅軍偉大勝利

又佔金谿　繳獲洋油萬餘桶

逼近南城　鹽九萬餘斤

前方來電：二月廿七日我建黎泰地方武裝之一團，配合紅軍的積極行動，擊潰靖匪團，又復佔領了金谿滸灣，繳獲洋油萬餘桶，鹽九萬餘斤及其他軍用品無算。

廿八日我黎建泰之一連擊潰進擾滸洲嶺之白軍一營，及一部團匪，繳敵槍彈均甚多。

三月一日我黎川地方武裝之一團逼近南城，擊潰敵前哨一連，繳獲軍用品甚多。

全蘇區的地方武裝！起來學習建黎泰地方武裝的積極行動，配合我紅軍的空前偉大勝利，立刻全線出擊，各個的擊破敵人，完全粉碎敵人的大舉進攻！

激劇開展着的游擊戰爭

▲茶陵捷訊

我茶陵地方武裝於二月廿一日擊潰敵一營，繳獲步槍數條及其他軍用品無算。

▲攻克上坪圩

我贛南地方武裝於二月十九日攻粵邊之上坪圩，是役繳獲反動武裝及輜重甚多。

閩西紅軍勝利

繳械兩連　擊潰兩營

閩西來電：我紅軍一部於日前在太拔附近，與敵張貞部決戰中，當將該兩連繳械，并擊潰了敵兩營，奪獲槍械二百餘枝，機關槍一挺，彈藥十餘萬發，俘虜二百餘，白兵并溺死敵甚多。我紅軍乘勝佔領太拔藍家渡。

擊潰廣東白軍

英勇的福建溪南羣衆

自去年四月間廣東軍閥開到龍岡後，勾結豪紳地主的土匪團匪，不斷的擾亂溪南，擄燒勞苦羣衆，燒房屋，搬谷子，屠殺奸淫，無所不用其極！並用種種武斷欺騙宣傳，誘惑羣衆。但羣衆不但始終沒有被屈服或動搖，并且完全用他們自己的力量，堅決的頑強的與人肉搏血戰，給敵人以很大打擊，獲得了極大的勝利！這種光榮的浴血鬥爭證明了只有堅決執行共產黨的積極進攻路線，堅決反對逃跑的取消主義的羅明路線，才能澈底粉碎帝國主義國民黨的四次「圍剿」，才是蘇區工農勞苦羣衆的唯一出路！

武平游擊隊

全部擊潰大禾團匪

廿四號湖洞區游擊隊配合模範營一部，出發羅坑，適大禾團匪在該處搶刼羣衆穀子，我軍立即把該匪全部擊潰，繳獲步槍數枝，子彈百餘發，活捉團匪幾名，給該匪以致命打擊。

紅軍在連南出擊勝利

▲繳獲步槍廿餘枝駁殼一枝

擊斃匪廿餘人傷匪數人

新泉來電：二月廿六日上午敵曹半溪周煥文匪部及鈡山羅地反動武裝共集中三百餘人，分三路進犯營溪，被我紅軍配合池溪游擊隊模範營給他們嚴重打擊，結果繳獲步槍廿餘枝，駁殼一枝，擊斃匪廿餘人，傷匪數人。

武平少模隊出擊獲勝

武平的少先隊模範隊配合武平游擊連，於二月二十三向武平之童豐游擊，在童豐擁圍匪擊潰。

《红色中华》第58期，1933年3月6日第1版

前方来电：我红军之一部，二月二十八日在乐安（、）宜黄之间，东陂（、）黄陂地方，将敌五十二师全部消灭，五十九师大部消灭，缴获步枪万余枝（支），迫击炮四五十门，短枪五六百枝（支），子弹数百万发，轻重机关枪（机枪、）自动步枪三四百枝（支），无线电一架，辎重无算，并活捉敌五十二师师长李明，旅长二（两）名，师部参谋一名。

又前方来电：我红军于一日与敌五十九师残部及敌十一师增援部队继续激战，当将敌消灭，又活捉敌五十九师师长陈世骥，及其师部人员，俘掳（虏）一团兵械，五十九师仅逃出一团，亦溃不成军，罗卓英新成立之五军，实已消灭，俘掳（虏）白兵及辎重等无算，总数查清后另告。

我百战百胜的红军，在敌人大举进攻中，不断获得光荣伟大的胜利，屡次给敌人迎头痛击，造成了完全粉碎敌人四次“围剿”更有利的条件；战争全部胜利的取得，江西及邻省革命首先胜利的完成，已紧逼着展开在我们眼前了。

全苏区的工农劳苦群众们，百倍的（地）加紧战争动员，集中一切力量供献给革命战争，更猛烈的（地）扩大红军，努力创造一百万铁的红军，迅速完成借二十万担谷子给红军，立刻准备十万双草鞋及其他物品输送给前方，去慰劳我英勇作战的弟兄们。

1933年2月，蒋介石坚持其“攘外必先安内”的政策，置日本对中国的侵略于不顾，调集29个师另3个旅的兵力，对中央苏区发动了第四次大规模“围剿”。周恩来和朱德抵制住了王明不切实际的错误指导，继续采用毛泽东的战略战术，通过大规模伏击战、山地进攻战歼灭敌人有生力量，粉碎了敌人的进攻，取得了第四次反“围剿”的胜利，也创造了大兵团伏击战的范例。

黄陂之战，由周恩来、朱德直接指挥，是中央苏区反“围剿”中规模最大的一次大兵团伏击歼灭战。红一方面军部队于2月26日先后进入伏击阵地后，周恩来、朱德到前线检查准备工作，他们来到红一军团，指示军团政委聂荣臻：要把敌人放进来，关起门来打；要特别能沉得住气，放手让敌人向前走，敌人进了口袋是跑不了的。

27日，细雨浓雾，10米以外很难看到人，是一个打伏击战的好天气。整个伏击阵地处山岳地带，群山笼罩在浓雾中。从指挥所望出去，只能看到一个个山头浮在雾霭里，就像黎明时雾海上的一座座孤岛。全体指战员裹着湿漉漉的军衣，埋伏在阵地上等待着，等待着。整个作战部队隐入巍巍的山岳。

林彪、聂荣臻发现敌人正在过路。林彪说，叫敌人往里钻。敌人大摇大摆地冒进，毫无戒备。

日出雾散，视野扩大。敌第52师155、154旅已经走过去3个团，后面便是辎重队和作掩护的1个团。这时，从红军指挥所发出总攻的信号，整个阵地突然爆发了震天动地的枪炮声。敌52师师长李明被打蒙了，急忙用1个团作掩护，1个团冲锋，想向西北夺路突围。

西北方向是红11师32团阵地。32团的勇士们一刹那间从山上站起来，迎着进攻的敌人，俯冲下去，一片白晃晃的刺刀把进攻的敌人冲垮了。山谷里，到处是抓俘虏的呐喊声。

战至28日11时，伏击圈里的敌军无一漏网地被消灭，敌师长李明也被活捉了。

川陕苏区
反“六路围攻”：
奇袭毛坝场

四方面军消灭川匪两旅

活捉旅长一只

缴枪两千余枝（支）

占领胡家场俘掳（虏）官兵三千多

1934.2.22

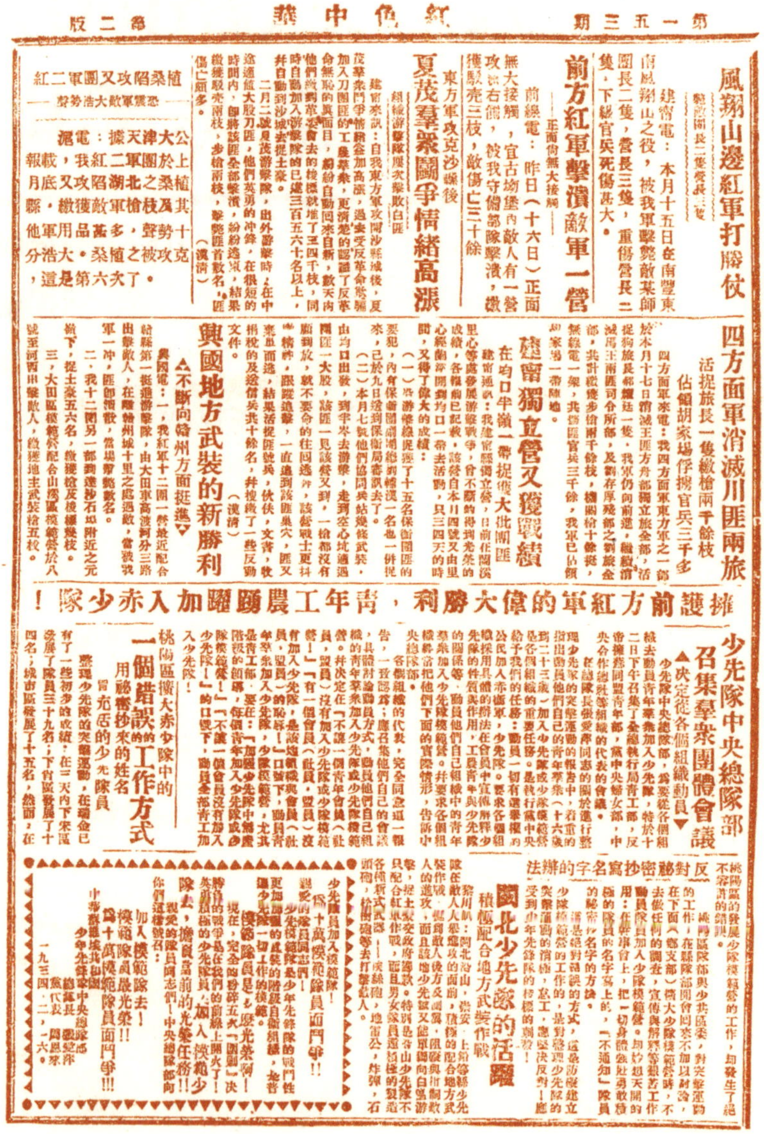
紅色中華　第一五三期　第二版

風翔山邊紅軍打勝仗
繳敵團長二隻營長三隻

瑞金電：本月十五日在南豐東南風翔山之役，被我軍擊斃敵某師團長二隻，營長三隻，重傷營長二隻，下級官兵死傷甚大。

前方紅軍擊潰敵軍一營
正面尚無大接觸

前線電：昨日（十六日）正面無大接觸，宜古坳堡內敵人有一營攻我右翼，被我守備部隊擊潰，繳獲駁殼三枝，敵傷亡三十餘。

東方軍攻克沙縣後
夏茂羣衆鬭爭情緒高漲
組織游擊隊痛擊敗白匪

紅二軍團又攻陷桑植
恐慌敵軍大造聲勢

滬電：據天津大公報載，我紅二軍團於上月底又攻陷湖北之桑植縣，繳獲敵軍槍枝及其他軍用品甚多，聲勢十分浩大。桑植之被攻克，這是第六次了。

四方面軍消滅川匪兩旅
活捉旅長一隻繳槍兩千餘枝
佔領胡家場俘擄官兵三千多

瑞金獨立營又獲戰績
在均中嶺一帶捉俘大批團匪

興國地方武裝的新勝利
▲不斷向贛州方面挺進▼

擁護前方紅軍的偉大勝利，青年工農踴躍加入赤少隊！

少先隊中央總隊部
召集羣衆團體會議
▲決定從各個組織動員▼

一個錯誤的工作方式
用秘密抄來的姓名
冒充活的少先隊員

反對秘密抄寫名字的辦法

閩北少先隊的活躍
積極配合地方武裝作戰

少先隊員加入模範師！
一九三四，二，一六。

《红色中华》第153期，1934年2月22日第2版

四方面军来电：我四方面军东方军之一部于本月十七日消灭王匪方舟部独立旅全部，活捉狗旅长郝耀廷一只，我军仍向前进，继续消灭马王两匪司令所部，及刘存厚残部之刘旅全部，共计缴获步枪两千余枝（支），机关枪（机枪）十余挺，无线电一架，共掳（虏）匪官兵三千余，我军已占领胡家场一带阵地。

川陕苏区反“六路围攻”，是我红四方面军于1933年11月1日至1934年9月22日，为保卫川陕苏区与川军刘湘部所进行的一场大规模反“围剿”作战。历经10个月的血战，我军共毙、伤、俘敌8万多人，击落敌机1架，粉碎了敌人的“围剿”，进一步巩固和扩大了川陕苏区。

1934年春，刘湘的嫡系郝耀廷旅及另2个附属团，到达毛坝场一带。他们在群山中构筑工事，修了木城、盖沟，准备歇兵过旧历年。徐向前总指挥决定趁此机会发起局部的反攻。先头的突破任务交给了富有夜战经验的265团。

除夕前几天一个微风细雨的夜里，265团的战士们都换上了软底鞋，用绳子绑上马嘴，用棉花包上马蹄，人不作声，马不嘶鸣，悄悄地向敌人纵深摸去。265团摸到陆米岩下，山上的敌人丝毫没有察觉。部队立刻分成两路登山。山崖虽然陡峭，石壁亦难登，但却挡不住久经训练的“夜老虎”。突击组竖木梯、搭人梯爬上去后，即掷下绳索，下面的部队拉绳而上。当战士们用手锯锯木栅栏的时候，敌人的哨兵才发觉，但为时已晚。我军一拥而上，趁敌人兵力没有展开，不顾一切地向纵深猛插。一阵激战，消灭了敌人2个多营。

经过一阵猛扑、横扫，敌指挥部被捣垮，毛坝场全线呼应不灵。我军乘胜急速向东扩展，占领了毛坝场以东十里的一座高山。天刚放亮时，敌人2个团的增援部队，企图占据已被我军占据的高山。愚蠢的敌人把我军当成了自己人，一面往山上爬，一面呼叫着：“不要误会，不要误会！”我军立刻三路出击，把2个团的敌人包围在山谷中。敌人乱成一团，前拥后挤，一群群掉下悬崖，有的跌死，有的挂在山间大树上，惊呼救命。

毛坝场一仗，我军歼灭了敌人的 1 个旅部及 4 个团，击溃了 3 个团；缴获的武器、弹药物资不计其数，其中仅敌人准备过年的腊肉就有 3 万多斤。另外，还有敌人从城市里掠夺来的大批货物，像丝光袜、棕榄香皂、香烟糖果等。据一个被俘军官介绍说，他们准备趁过年发饷之际，把这些东西卖给士兵，好从中发一笔横财，不想都“慰问”了红军。

遵义战斗：基本上粉碎了蒋介石的“追剿”计划

白军动摇崩溃

我们完全有再打大胜仗的把握

1935.3.20

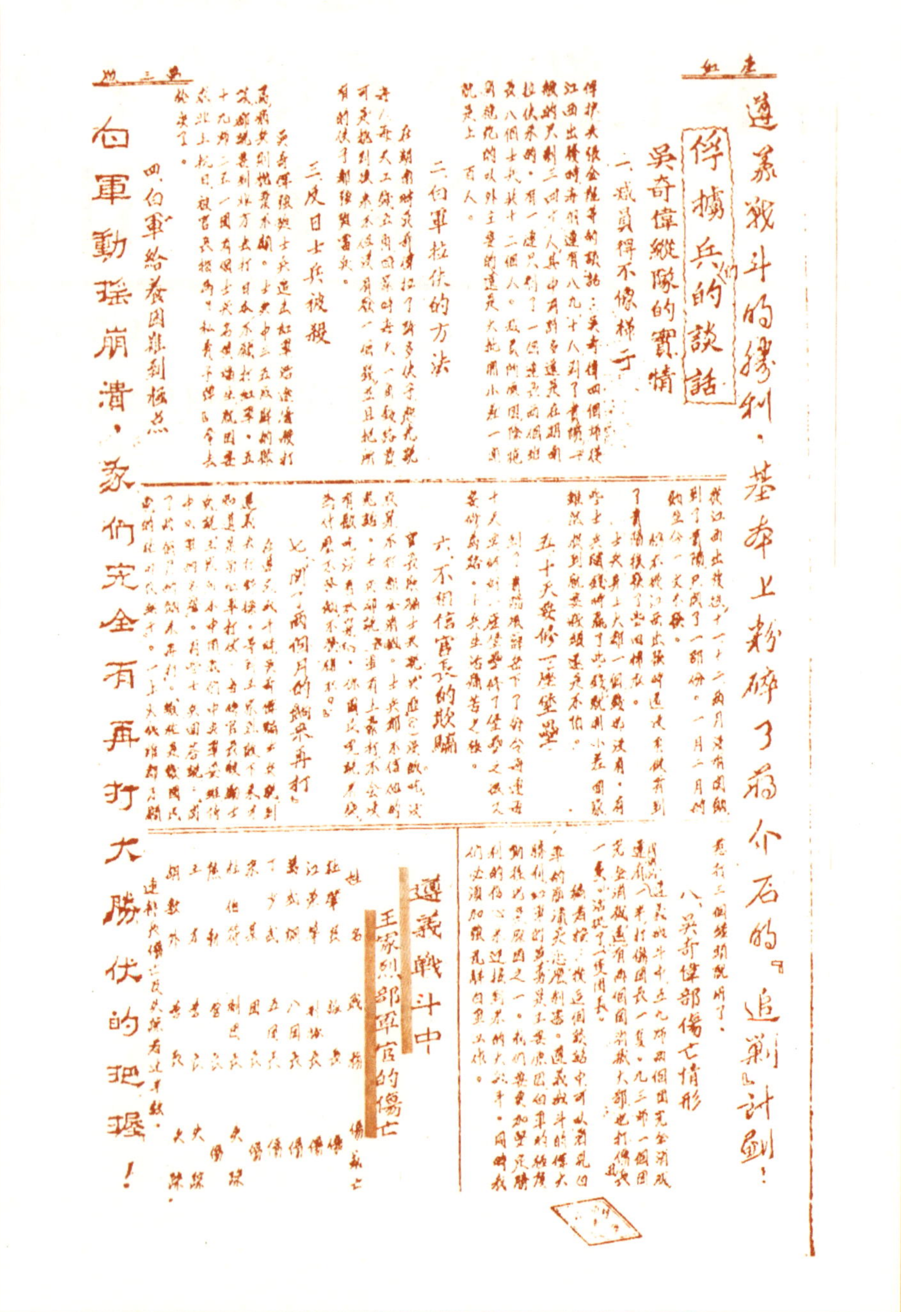

紅星

遵義戰斗的勝利，基本上粉碎了蔣介石的"追剿"計劃！

俘擄兵的談話

吳奇偉縱隊的實情

一、減員得不像樣子

二、白軍拉伕的方法

三、反日士兵被殺

四、白軍給養困難到極点

五、十天要修一座堡壘

六、不相信官長的欺騙

七、開一兩個月的銅元再打

八、吳奇偉部傷亡情形

遵義戰斗中王家烈部軍官的傷亡

白軍動搖崩潰，我們完全有再打大勝仗的把握！

《红星》报长征专号第12期第3版

俘掳（虏）兵们的谈话

吴奇伟纵队的实情

一、减员得不像样子

俘掳（虏）兵张金龙等的谈话：吴奇伟四个师从江西出发时每个连有八九十人，到了贵阳，一般的只剩三四十人，其中有许多还是在湖南拉夫来的。有一连只剩了一个连长、两个班长、八个士兵，共十二（一）个人。减员的原因，除拖病拖死的以外，主要的还是大批开小差，一开就是上百人。

二、白军拉夫的方法

在湖南时吴奇伟拉了许多夫子，起先说每人每天工钱五角，回家时每人一角钱路费。可是挑到后来，不但没有发一个钱，并且把所有的夫子都强迫当兵。

三、反日士兵被杀

吴奇伟强迫士兵追击红军，沿途□杀打骂，病兵则抛弃不顾。士兵中三五成群的聚□，都说要到北方去打日本，不愿打红军。五十九师三五一团有个士兵名黄福生，就因要求北上抗日，被官长指为“私卖子弹”拿去枪决了。

四、白军给养困难到极点

从江西出发后，十一、十二两月没有开饷，到了贵阳，只开了一部分。一月（、）二月的饷至今一文未发。

棉衣从江西出发时还没有做齐，到了贵阳换发了些旧棉衣。

士兵身上大都一个钱也没有。有些士兵赌钱时赢了些钱就开小差，回家虽然捉到就要杀头还是不怕。

五、十天要修一座堡垒

到了贵阳后薛岳下了命令，每连每十天要修好一座堡垒。修了堡垒之后又要修马路。士兵生活痛苦之极。

六、不相信官长的欺骗

官长欺骗士兵说，共匪没饭吃，没衣穿，不打都会消灭。士兵都不相信他的鬼话。士兵都说：“红军有土豪打（，）不会没有饭没有衣穿的。

你国民党说有钱，为什么不发饷不发棉衣。”

七、开了两个月的饷来再打

在遵义战斗时，吴奇伟骗士兵说，到遵义去打□操。等到王家烈败下来才知道是与红军打仗。当时官长鼓动说，王家烈不中用，我们中央军要维持中央军的名誉。有些士兵回答说：“开了两个月的饷来再打。缴枪是缴国民党的枪，与我无干。”一上火线谁都不愿□打三个□头就□了。

八、吴奇伟部伤亡情形

遵义战斗中，五九师两个团完全消灭，还有□□□一半，打伤团长一只。九三师一个团完全消灭，还有两个团消灭。大部也打伤团长一只。活捉了一只团长。

编者按：从这个谈话中，可以看见白军的崩溃是恁么利（厉）害。遵义战斗的伟大胜利，红军的英勇是主要原因，白军的极度动摇也是原因之一。我们要更加坚定胜利的信心，来迎接到来的大战斗。同时我们必须加强瓦解白军工作。

遵义战斗中王家烈部军官的伤亡		
姓　名	职　务	伤或亡
杜肇良	旅　长	伤
江荣华	副旅长	伤
万武纲	八团长	伤
丁少武	五团长	伤
宋　某	团　长	伤
杜伯符	副团长	失踪
熊　勃	营　长	伤
王　方	营　长	失踪
胡□外	营　长	失踪
连排长伤亡及失踪者过半数		

四渡赤水战役，是中央红军在长征途中，在国民党几十万重兵围追堵截的极其艰险情况下，为争取战略主动，在贵州、四川、云南边界地区，成功实施的一次战略性运动战战役。此役，从1935年1月19日红军离开遵义开始，到5月9日胜利渡过金沙江为止，历时3个多月，转战几千里，共进行大小战役战斗40余次，歼灭和击溃敌人1.8万余人，彻底粉碎了蒋介石围歼中央红军于川黔滇边的企图，取得了战略转移中具有决定意义的胜利。

1935年2月28日，红一军团将敌第59师击溃，接着又将敌第93师打得溃不成军。国民党军第1纵队司令吴奇伟率第93师残部逃到乌江边。那里有一座长长的浮桥搭在江面上，正是他们来时搭设的。只要过了这座桥，一切都会变得安全。吴奇伟立即派人与对面南岸联系，命令欧震率第90师速来支援。谁知，欧震认为北岸兵败如山倒，过江增援背水一战太危险，便一口拒绝，回复说只能在南岸占领阵地，掩护收容败兵。

北岸局面无法收拾，南岸老部下又不听话，吴奇伟面对滚滚乌江水，看着这条通往安全之路的浮桥，颓然地坐在地上大哭起来："我也不过江了，就在此死了算了。"卫士们面面相觑，不知如何是好。

原来，吴奇伟想起了当年项羽无颜见江东父老而自刎乌江的典故，不禁万念俱灰，也想效仿"楚霸王"。但吴奇伟不是项羽，这条乌江也不是项羽当年自刎的那条乌江。几个卫士连拖带拉地把吴奇伟弄到了乌江南岸。

南岸是一面比较陡的山坡。吴奇伟一行人向山坡上攀登着，爬到半山，刚坐下来想喘息一下，只听乌江北岸枪声大作，红军已经到了对面山顶，又是打枪，又是喊话。山下渡口处麇集的残兵败将，像蜂巢里的蜂群，乱哄哄地一齐向浮桥涌去，争先抢渡之下，人喊马嘶，乱成一团。

吴奇伟见红军追兵直逼江岸，不待部队全部过江，果断令工兵营斩断浮桥。正在蜂拥过桥的官兵带着哭声、骂声纷纷落入水中。尽管那哭声和骂声是如此震人心魄，但不多时便为乌江的浪涛声所代替。吴奇伟带过乌江 2 个师，仅带回来 1 个团。他实在不愿再看这种场面，痛苦地用双手捂住了脸……

四方面军连占三县

现已渡过嘉江向南猛进

1935.4.10

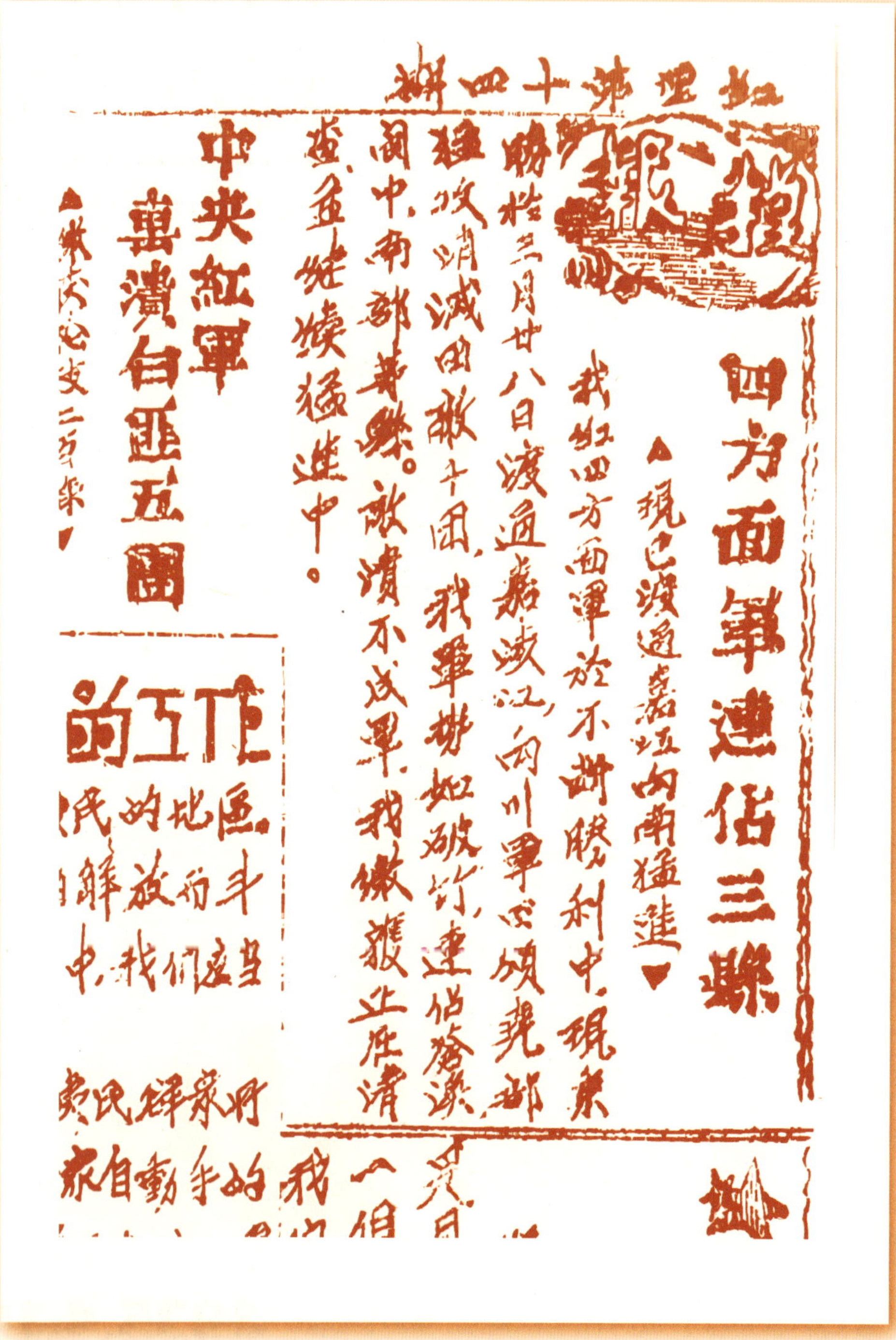

紅色第十四期

四方面軍連佔三縣

▲現已渡過嘉陵江向南猛進▼

我紅四方面軍於不斷勝利中，現乘勝於三月廿八日渡過嘉陵江，向川軍[illegible]頑抗部猛攻，消滅田敵十團，我軍勢如破竹，連佔蒼溪、閬中、南部等縣。敵潰不成軍，我繳獲[illegible]。[illegible]猛進中。

中央紅軍重潰白匪五團

▲[illegible]▼

《红色》报第14期，1935年4月10日我红四方面军于不断胜利中，现乘胜于三月廿八日渡过嘉陵江，向川军田颂尧部猛攻，消灭田敌十团。我军势如破竹，连占苍溪、阆中、南部等县。敌溃不成军，我缴获正在清查，并继续猛进中。

嘉陵江战役，是红四方面军于1935年3月28日至4月21日进行的一次强渡江河战役。这次战役，是方面军战史上一次大规模强渡江河的模范战例，前后共历时24天，攻克8座县城，控制了北起广元、南至南部约200公里的嘉陵江西岸地区，挫败了敌人“川陕会剿”的计划，积极配合了中央红军长征，开创了红四方面军向川西、甘南发展的大好局面。

1935年4月2日，红四方面军副总指挥兼红31军军长王树声率部抵达剑门关，对敌形成三面包围之势。

剑门关位于横亘剑阁、昭化之间的剑门山上，是出入川陕的必经隘口。站在关外由北往南看，整架山的地势北高南低，72峰峰峦绵亘，如72头雄狮面北而卧，日夜警惕地守护着蜀国大门。这里地势险要，两旁峭壁如利剑砍成，中间只有一个隘口，悬在几丈深的绝壁中，自古便有“插翅难渡”之说。三国时蜀国大将姜维曾在此驻守，唐代大诗人李白路经此地，留下了“剑阁峥嵘而崔嵬，一夫当关，万夫莫开”的感叹。

驻守剑门关的是邓锡侯第28军3个团，由宪兵司令刁文俊指挥。

刁文俊深知，如果红军拿下了剑门关，嘉陵江与涪江之间便无险可守，川西平原的门户将由此洞开，成都将岌岌可危。于是，他指挥守军据险顽抗，拼命反扑，妄图凭借天险和坚固工事阻止红军西进。

王树声早就知道“一关失，半川没”“打下剑门关，犹如得四川”的千古名言，亲自指挥抢占剑门关的战斗。根据当面敌情，王树声决定集中使用迫击炮和机枪，掩护突击队对敌各个集团工事实行逐点攻击。11时许，部队发起攻击。我军在迫击炮和机枪的火力掩护下，前仆后继，猛烈地向敌阵地实施突击，多次与敌人展开肉搏。经半天激战，全歼守敌3个团，拿下了剑门关。至此，敌人的沿江防线悉数被摧毁。

红军胜利突破嘉陵江后，当地百姓中流传起一首歌谣：红军过了河，羊子（杨森的绰号）奔索索，冬瓜（田颂尧的绰号）遍地滚，猴子（邓锡侯的绰号）摸脑壳，矮子（李家钰的绰号）挨鞭打，刘湘怕活捉。请问委员长，看你又如何？！

泸定桥战斗：飞越大渡河天险

朱德关于红四团应乘胜追击直下泸定桥给林彪等的电报

1935.5.28

174

朱德关于红四团应乘胜追击直下泸定桥给林彪等的电报

（一九三五年五月二十八日）

林、刘、聂[1]：

A. 昨二十七日二十时电悉。

B. 我四团今二十八日应乘胜直追被击溃之敌一营，并迎击增援之敌约一营，以便直下泸定桥。二师部队迅速跟进，万一途程过远，今日不及赶到泸定桥，应明二十九日赶到。

C. 刘、聂率第二团亦应迅速追击北岸之敌一营，以便配合四团夹江行动。

朱

二十八号一时半

根据中央档案馆保存的档案刊印。

注　释

〔1〕指刘伯承、聂荣臻。

1935 年 5 月 28 日《朱德关于红四团应乘胜追击直下泸定桥给林彪等的电报》，《建党以来重要文献选编（第 12 册）》第 174 页林、刘、聂：

A. 昨二十七日二十时电悉。

B. 我四团今二十八日应乘胜直追被击溃之敌一营，并迎击增援之敌约一营，以便直下泸定桥。二师部队迅速跟进，万一途程过远，今日不及赶到泸定桥，应明二十九日赶到。

C. 刘、聂率第二团亦应迅速追击北岸之敌一营，以便配合四团夹江行动。

朱

二十八号一时半

飞夺泸定桥战斗，是中央红军在长征途中，于1935年5月26日至29日进行的一次至关重要的战斗。泸定桥的成功夺取，使中央红军得以飞越大渡河天险，并最终摆脱了国民党数十万大军围追堵截的险境。

泸定桥位于泸定城西，是来往川康的咽喉要道，也是中央红军北上的必经之地。红一军团第2师第4团官兵，于5月27日由安顺场出发，与沿途之敌作战的同时，还要与对岸之敌赛跑，经过一天急行军，红4团只走了80多里路。

次日拂晓，红4团刚刚启程，就收到军团长林彪十万火急的命令：军委来电限左路军于第二天夺取泸定桥。团长黄开湘和政治委员杨成武看后，都不由得倒吸一口冷气。此时红4团距离泸定桥还有240里，要在一天内走完平时两三天的路程，而且途中还有敌人的堵截，困难之大可想而知。然而时间已不允许他俩多想，立即下令全团加速跑步前进，同时传达命令：一定要在明天6时前赶到泸定桥。

天渐渐黑下来，因对岸有敌情，不能点火照明，部队只得摸黑前行，速度明显慢了下来。这时，大雨倾盆而至，山路湿滑泥泞，部队又一天没有吃上饭，每个人的体力都透支到了极限。但坚强的意志支撑着英勇的红军将士。在黑暗的大雨中，他们相互搀扶坚持前进，饿了嚼口生米，渴了喝口雨水……

虽然雨渐渐停了下来，战士们也不顾一切地向前跑，但照这样的速度，部队天亮时肯定无法到达泸定桥。忽然，河对岸山坳上出现了几点火光，很快变成了一长串的火炬。经辨认，原来是增援泸定桥的川军在点着火把赶路。

黄开湘和杨成武命令部队也打起火把赶路，如果对岸联络，就利用被消灭和打垮的川军番号伪装自己，欺骗对方。就这样，红军和川军在黑夜中的大渡河两岸一道走了二三十里。雨又下了起来。深夜时分，对岸川军那条火龙不见了。原来是川军忍受不住大雨和劳累，就地宿营了。

红 4 团官兵极为高兴，以惊人的毅力，一个跟着一个拼命向前赶路，终于在 29 日 6 时按时赶到泸定桥，并很快消灭了还在睡梦中的川军自卫队，占领了西桥头和沿岸阵地。紧接着，惊心动魄的夺桥战斗打响了。

大渡河沿岸胜利的总结

占领安顺场，十七个英雄，五个特等射手

左路军田湾大捷

急行军二百四十里，夺取天险泸定桥，又是二十一个英雄

右路军在瓦狗坝击溃敌一团

龙八布击溃敌一团

化林坪击溃敌一旅

“牺”工作连消灭敌一连

1935.5(6).3

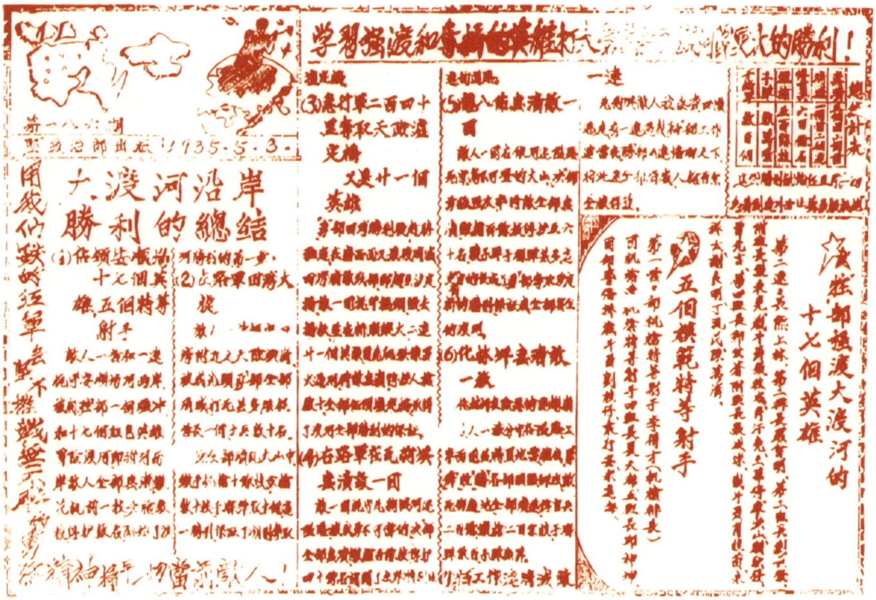

大渡河沿岸勝利的總結

五個模範特等射手

十七個英雄

《战士》报第186期，1935年5（6）月3日

（1）占领安顺场，十七个英雄，五个特等射手

敌人一营和一连扼守安顺场河两岸，被我“牲”部一个猛冲，和十七个红色英雄冒险渡河，即将河两岸敌人全部击溃，缴花机关（枪）一枝（支），步枪数枝（支），俘获数名，开始了渡河胜利的第一步。

（2）左路军田湾大捷

敌人一营扼守田湾附近之天险横岗，被我先头“勇”部全部消灭，打死甚多，活捉营长一个，士兵数十名，其余全部溃乱大山中，缴手机枪十余枝（支）、步枪数十枝（支）、手榴弹数十个，这一胜利，保证了顺利夺取泸定桥。

（3）急行军二百四十里，夺取天险泸定桥，又是二十一个英雄

“勇”部田湾胜利后，趁胜猛追，在摩西面又最后消灭田湾溃敌残部，即赶至泸定桥。敌一团扼守桥头，毁去桥板，并在桥头纵火。二连二十一个英雄，首先爬铁链冒火过河，将敌击溃，俘护（获）人枪数十，全部占领泸定桥，取得了渡河全部胜利的保证。

（4）右路军在瓦狗坝击溃敌一团

敌一团扼守瓦狗坝河边隘路，被我勇不可当的“决”部全部击溃，缴枪百余枝（支），俘护（获）四十余名，开辟了左岸顺利北进的道路。

（5）龙八布击溃敌一团

敌人一团在依河边隘路死守高不可登的大山，“决”部勇猛强攻，卒将敌全部击溃，缴枪百余枝（支），俘获五六十名，获子弹手榴弹甚多，这更有力的（地）促进了“勇”部夺取泸定桥的胜利，保证我全部安全的（地）渡河。

（6）化林坪击溃敌一旅

化林坪在险恶的飞越岭，敌人一旅分守各隘路，工事面前并满置地雷，被我“勇”“锋”“牲”“胜”各部顽强仰攻，敌死伤遍地，全部溃逃，俘官兵二百余，缴枪二百余枝（支），手榴弹数百，子弹无算。

（7）“牺”工作连消灭敌一连

瓦狗坝敌人被击溃四散逃走，有一连遇我“牺”部工作连，当在“胜”部□连协助之下，将此连全部消灭，人枪百余全被俘获。

1935年5月，中国工农红军在四川省越西县（今属四川省石棉县）安顺场渡过大渡河。在被敌人视为插翅难飞的天险防线上，打开了一个缺口，为中央红军北上开辟了一条通道。这也是红军长征途中的一次著名战斗。

中央红军第一军团政治部办的《红星》报第186期报道了红军强渡大渡河胜利的过程，总结了胜利的经验：用我们铁的红军无坚不摧战无不胜的勇猛精神扫平一切当前敌人！

强渡大渡河时，红军的船一次可乘8名船工、9名红军勇士，2个来回正好是18名红军勇士。而报道中只提到了17名勇士，这是为何？原来，指挥17名勇士渡河的营长孙继先在给《红星》报讲述这段历史时，只提了17名勇士，唯独没有提他自己。其实，孙继先乘小船第二拨冲到了河对岸。正是这两拨渡船完成了抢渡大渡河的壮举。值得一提的是，小船第三拨渡河时，团长杨得志就已上船。抢渡大渡河的究竟是17人，还是18人，不仅是一个数字问题，也展现了红军官兵一致的作风，领导干部带头冲锋陷阵的作风。

小船上的8名船工为何要如此舍生忘死地帮助红军？原因就在于牢固的军民鱼水情。红一团赶到安顺场时，担任安顺场北岸河防任务的川军开始放火烧民房。红军立即毫不犹豫地帮老百姓救火，而且还救助失去了房屋的老百姓。人心是一杆秤。当老百姓得知红军要过江后，纷纷自告奋勇，愿在枪林弹雨下帮助红军抢渡，其中就有练就一身绝技的船老大帅士高等人。

太平天国末年，几乎是在同样的地点，翼王石达开造的数百艘船，尽数倾覆于大渡河的惊涛骇浪之中，始终没能渡过河去。对比今昔，聂荣臻元帅曾写下一首诗：“大渡河水险，我非石达开。一举强渡胜，三军大步前。”红军在当地百姓的帮助下，凭借一叶扁舟成功抢渡大渡河，真切反映了我军军民一心、官兵一致的优良传统。

包座战斗：打开进军甘南的门户

徐向前、陈昌浩关于左、右路军集中行动问题给朱德、张国焘的电报

1935.8.24

徐向前、陈昌浩关于左、右路军集中行动问题给朱德、张国焘的电报

（一九三五年八月二十四日）

朱、张：

（1）二十日情报：蒋[1]令胡[2]照原计向岷州移动，周师丁旅[3]到隆德截堵我二十五军。王耀武称，夏河有西藏马[4]部，但又说确否不定。贺[5]估我们不出西康即走阿坝，连日飞机未发现。

（2）目前箭已在弦，非进不可。两路主力端出岷、哈，抑出夏河、洮州？前者则主力向包座、岷州大路进，主要在洮河东打，后者则主力出豆木寺、双岔，班佑分，定成。此方必在集中包座或豆木寺待命。

（3）弟意右路军单独行动不能彻底灭已备之敌，必须左路马上向右路靠进，或速走班佑，以便两路集中向夏、洮、岷进。主力合而后并分，兵家大忌，前途所关，盼立决立复示，迟疑则误尽中国革命大事。

向　浩

二十四日十时

根据中央档案馆保存的档案刊印。

1935年8月24日《徐向前、陈昌浩关于左、右路军集中行动问题给朱德、张国焘的电报》，《建党以来重要文献选编（第12册）》第297页

朱、张：

（1）二十日情报：蒋令胡照原计向岷州移动，周师丁旅到隆德截堵我二十五军。王耀武称，夏河有西藏马部，但又说确否不定。贺估我们不出西康即走阿坝，连日飞机未发现。

（2）目前箭已在弦，非进不可。两路主力端出岷、哈，抑出夏河、洮州？前者则主力向包座、岷州大路进，主要在洮河东打，后者则主力出豆木寺、双岔，班佑分，定成。此方必在集中包座或豆木寺待命。

（3）弟意右路军单独行动不能彻底灭已备之敌，必须左路马上向右路靠进（近），或速走班佑，以便两路集中向夏、洮、岷进。主力合而后并分，兵家大忌，前途所关，盼立决立复示，迟疑则误尽中国革命大事。

向　浩

二十四日十时

包座战斗是红一、红四方面军会师后在中革军委指挥下的第一次战斗。此役，红军共毙伤敌4000余人，俘敌800余人，缴获长短枪1500余支、轻机枪50余挺以及大批粮食、牛羊，打开了红军向甘南进军的门户。

1935年8月上旬，为贯彻北上方针，中革军委将红一、红四方面军混编为左、右两路军，进取甘肃南部的夏河、洮河流域，而后向东发展。21日，右路军从毛儿盖地区出发，开始了穿越草地的行军。

这是军事上罕见的艰苦行军，是人同自然界的殊死斗争。天气变幻莫测，中午还是晴空万里，烈日炎炎，下午突然黑云密布，雷电交加，暴雨、冰雹铺天盖地而来。夜间气温降至零摄氏度以下，冻得人瑟瑟发抖。黑色的泥沼被深草覆盖着，一不小心，人和牲口陷进去就会被吞没。水塘不少，但大都含有毒汁，人喝下去又吐又泻。四野茫茫，渺无人烟，找不到粮食，野芹菜、草根、马鞍、皮带，成了指战员充饥的食物。

经过近一周的艰苦行军，至8月底，右路军终于走出被视为“生命禁区”的茫茫草地，胜利到达班佑、巴西地区。

在得悉红军北上的消息后，胡宗南深恐包座有失，急调伍诚仁的第49师驰援，企图在上下包座至阿西茸一线堵击红军。上下包座位于四川省松潘县的北部，距离巴西、班佑100多里，地处包座河流域。“包座”藏语意为枪筒，因地形得名。上下包座相距数十里，包座河纵贯其间。松（潘）甘（肃）古道蜿蜒于包座河沿岸，山高路险，森林密布，包座河水深流急，两岸石崖陡峭，地形十分险要，是红军进入甘南的必经之路。

攻占包座，开辟北上前进通路成为红军右路军的当务之急，否则就有被逼回草地的危险。据此，右路军前敌总指挥部决定赶在国民党军援兵到来之前，速战速决，攻取上下包座，然后集中兵力打援。

8月31日，敌第49师主力向包座地区大举开进。红军指战员英勇奋战，连续猛烈突击，包座河两岸，枪炮声、喊杀声响成一片。激战至当晚，红军将第49师大部歼灭。战斗中，红10师师长王友钧壮烈牺牲。

蒋介石做梦也没有想到红军会通过方圆几百里荒无人烟的草地，更没有想到红军在包座击溃第49师，打开了进军甘南的门户。

腊子口战斗：打开红军北上的通道

向北进攻：胜利的开始

英勇顽强的“勇”部

为创造新苏区根据地而战

1935.9.16

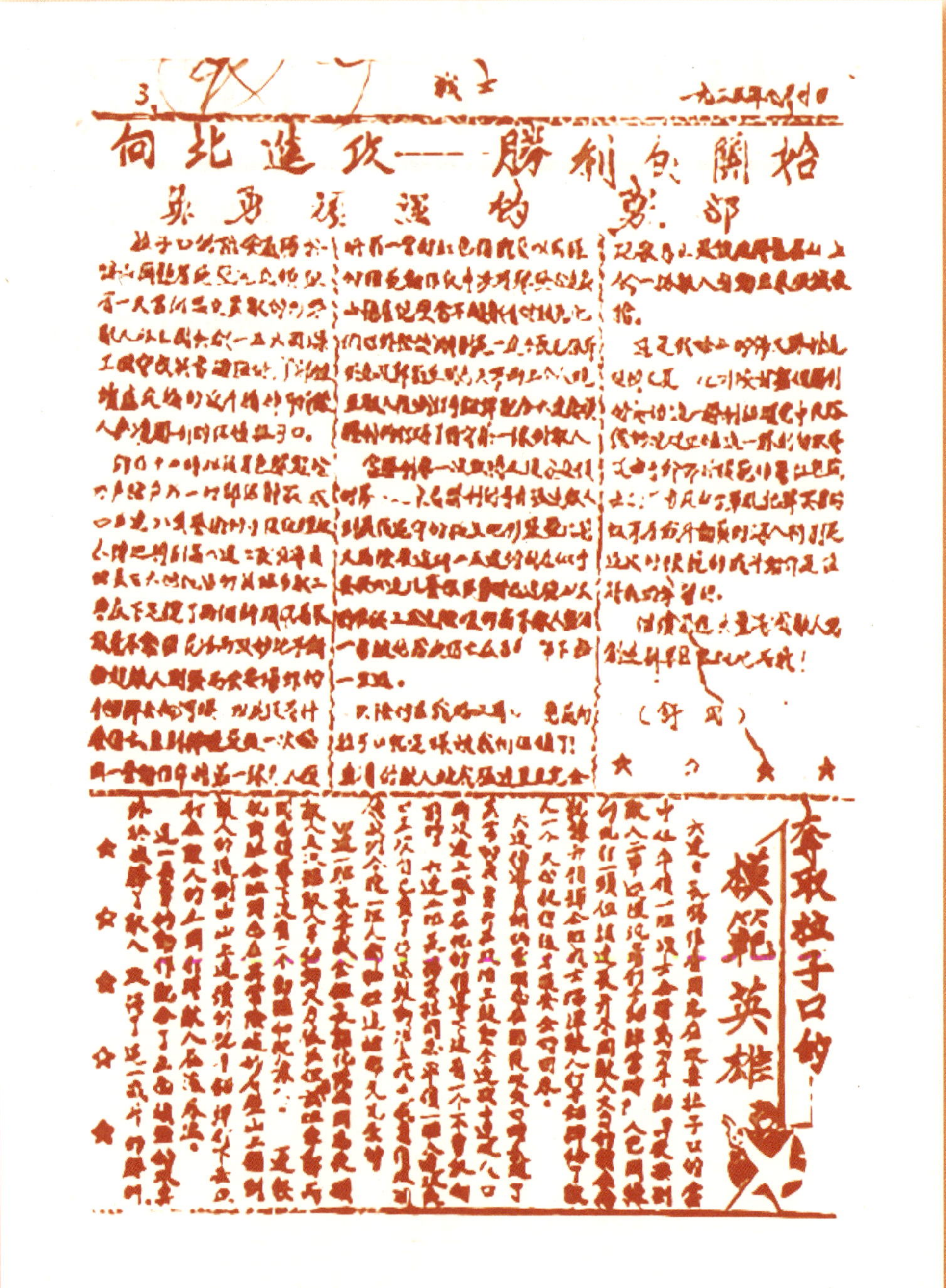

3 戰士 一九三五年九月廿日

向北進攻——勝利的開始

奪取拉子口的模範英雄

《战士》报1935年9月20日第3版

拉（腊）子口的险要远胜于楼（娄）山关，悬崖绝壁，河流横阻，有一夫当关万夫莫敌的形势。敌人以三个团兵力（一、五、六团）筑工固守。我英勇顽强的“勇”部，继续泸定桥的战斗精神，卒将敌人击溃，胜利的（地）占领拉（腊）子口。

约在十二时以后，月色朦胧，除水声枪声外，一切都很静寂。我四、五连以其艺术的手段夜摸敌人阵地。特别第六连连长、指导员、排长及六个挑选的英雄，在敌工事底下足搅了两个钟头，沉着果敢，毫不动摇，灵活而巧妙地不断拾起敌人刚发而快要爆炸的手榴弹丢向河坝，以（因）此没有什么伤亡。直到拂晓，最后一次协同一营动作，卒将第一线敌人摸坍。第一营的红色指战员，以同样的模范动作，夜半涉河攀登右边高山悬崖绝壁，奋不顾身（有的跌死，他们始终坚持）。特别是一连连长毛振华同志及郭高生同志，只带两三个人，绕至敌人后侧打手榴弹，配合六连夜摸，胜利的（地）打坍了固守第一线的敌人。

当胜利第一次取得之后，我夜摸的六连乘着胜利的号音猛追敌人到最后退守的据点，地形堡垒比前又为险要。这时二、五连的同志似乎要与六连比赛，很英勇的（地）迅速抢上、很困难爬上右边险峻的高峰，敌人整个一营被他们压迫，伤亡在石壁山脚下，无一生逃。

天险的、在战略上有（重要）意义的拉（腊）子口，就这样被我们占领了！击溃的敌人被我猛追，直至完全跑散为止。最后迫得隐居山上的一排敌人，自动出来投诚缴枪。

这是战略上的伟大胜利，这同时又是赤化川陕甘胜利的开始。这一胜利证明党中央路线的绝对正确。这一胜利的取得是由于干部的模范作用，红色战士们的英雄，是由于军风纪律突击的效果与战斗动员的深入，特别是这次的模范的战斗动作，是值得我们学习的。

继续前进，大量消灭敌人，为创造新苏区根据地而战！

腊子口战斗是1935年9月16日至9月18日长征途中，红军在甘肃

省岷县（今迭部县）境对国民党军进行的一次以夺取要隘为目标的著名进攻战斗。这次战斗，红军选择敌人意料不到的方向，克服天然障碍，达成了战斗的突然性。攻占腊子口，为党中央和红军北上打开了通道。

腊子口位于甘肃迭部县境，是四川通往甘肃岷山山脉的重要隘口，为川甘两省的门户，素称“天险”，当地民谣说：“人过腊子口，像过老虎口。”腊子口系藏语之转音，意为“险绝的山道峡口”。隘口两边是高达 100 米的悬崖绝壁，中间有一条宽约 30 米的腊子河，深约 3 米，水流很急，不能徒涉，河上有座木桥，是通过腊子口的唯一通路。如此险要的地形，可谓“一夫当关，万夫莫开”。在驻守腊子口的敌军看来，这道天险绝对可以阻断红军北上道路，红军就是长上翅膀也飞不过去。

如果腊子口打不开，红军往南不好回，往北又出不去，无论是军事上还是政治上，都会处于进退失据的境地。

强攻不成，只能智取。红 2 师第 4 团团长黄开湘和政委杨成武侦察发现，扼守在要道的敌军其碉堡上面竟然没有顶盖。如果距离合适，把手榴弹投进碉堡没有任何障碍。黄开湘和杨成武认为，从侧面迂回是有可能的。但右岸敌军碉堡旁的悬崖峭壁有七八十米高，既直又陡，别说爬上去，就是看着也让人头晕。关键时刻，一个绰号叫“云贵川”的苗族战士毛遂自荐，说他能爬上去。这个小战士从小在家采药、打柴，经常爬大山，练就了一身攀登陡壁的本领。

9 月 16 日晚攻击开始。杨成武指挥突击队从正面沿小路做积极佯攻，向桥头猛冲，疲惫与消耗敌人。黄开湘率迂回部队在“云贵川”带领下，攀登峭壁到达敌人侧后。17 日拂晓时发起攻击，迂回部队看准下面敌军没有盖的碉堡和工事，扔下去一颗颗手榴弹，所有的机枪和冲锋枪也一齐开火。敌军死伤众多，四散奔逃。负隅顽抗之敌在红军的前后夹击下，大部被歼，其余溃逃，红 4 团顺利夺取了天险腊子口。蒋介石企图把红军困死、饿死在雪山、草地的阴谋彻底破产。

直罗镇战役：一定要打歼灭战！

庆祝前方红军的伟大胜利，

勇敢工农当红军去！

前方红军又打了大胜仗

消灭敌人两个团 俘掳（虏）三千以上

缴枪二千五百余枝（支）

1935.11.25

一九三五年十一月廿五日

前方红軍又打了大勝仗

▲消滅敵人两個團

▲俘擄三千以上

▲繳槍二千五百餘枝

前方来電：本月廿一日我軍在鄜州附近消滅敵一〇九師两個团，共俘擄三千以上，繳槍二千五百枝以上，一〇九師直屬隊全部被俘獲，並繳無线電一架，战馬三百匹，輕重机關槍無数。

慶祝前方红軍的偉大勝利，勇敢工農當红軍去！

游擊戰爭的捷報

▲警衛團打了不小勝仗

本月初旬某日我赤色警卫团在秀延方面行動，将秀延花梁湾白匪張廷志和富甯山团匪打垮，活捉白匪士兵一名，打死团匪二名，繳到湖北造長槍一枝，子弹四排，炸弹一顆，敵人大起恐慌云。

（稆敏）

快人消息

晋匪井匪大火併

本月十三日早晨天落大霧，战區義尚坪的晋匪與駐梁家甲的井匪，預定於該早接頭，但正要接頭時，被我當地英勇的游擊隊初十四支隊從中沖過，襲擊了幾槍，霎時二股賊匪，槍砲大鳴，火併了约有两時許，伤亡井匪不明，晋匪三十餘名云。

吴堡战鬥團消滅晋匪一連

繳獲長槍短槍八十餘枝

吴堡訊：本月中旬我英勇的战斗团在慕家坪源，解决晋匪一連，繳獲長短槍八十餘枝，其他軍用品甚多。

清澗游擊隊深入白區收集糧食

▲幾天中䭾了五百多石

模範的吳拐則同志

清澗的游擊隊，游擊小組，共约一百五十餘人，本月初在縣糧食部長吳拐則同志的領導下，深入到山西軍閥駐扎的白區去䭾土豪地主的粮食，幾天中便䭾回来了五百餘石，這些游擊隊真是頂呱呱！

（旭光）

《红色中华》第 241 期，1935 年 11 月 25 日第 3 版

前方来电：本月廿一日我军在鄜州附近消灭敌一〇九师两个团，共俘掳（虏）三千以上，缴枪二千五百枝（支）以上，一〇九师直属队全部被俘获，并缴无线电一架，战马三百匹，轻重机关枪（机枪）无数。

为奠定陕北的局面，把中国革命的大本营安放在大西北，中央红军长征胜利到达陕北后，毛泽东即首先拟定了一个大的歼灭战计划，这就是直罗镇战役。此役歼灭敌东北军第109师和第106师1个团，粉碎了国民党对陕甘苏区的第三次“围剿”，使陕甘苏区出现了一个大发展的新局面。

直罗镇是个不过百户人家的小镇，三面环山，一条从西而来的大道，像一条白色的带子铺向镇子的中央，穿镇而过。镇子东头，有座古老的小寨，里面的房屋虽然倒塌，石头砌的寨墙却大部分完好；镇的北半面，是一条流速缓慢而平静的小河。红军战士们说：“这一带的地形对我们太有利了！”“敌人进到直罗镇，真如同钻进了口袋。”

1935年11月20日，敌先头第109师师长牛元峰带着部队，在6架飞机掩护下进至直罗镇。按照已经确定的部署，中央红军从北向南，红15军团从南向北，以急行军在拂晓前包围了直罗镇。

战斗打响之前，毛泽东就特别指示各部队负责同志，一定要打歼灭战。战斗发起后，他又一再嘱咐说：“要的是歼灭战！”

天刚亮，两路红军像两只铁拳，从直罗镇南北高山上砸了下去。敌人虽有防备，却没想到我军会如此迅速，发觉被包围时，直罗镇两边的山岭已被我军占领。南面一响枪，敌人立刻向北撤；北边一响枪，他们又反过来向南扑。109师被夹击在两山之中一条川里。山谷中到处是枪声、喊杀声。109师是东北军的部队，是红军的老“运输队”了，在红军猛攻之下，纷纷瓦解，缴枪投降。一些拼命顽抗的，则丧生于刀枪之下。

战斗不到2个小时，红军两路会攻，占领了敌人的师部所在地直罗镇。最后牛元峰逃到镇东头的小寨里，指挥着一个多营负隅顽抗，死不投降。牛元峰蹲在寨子里，一个电报接一个电报，要求董英斌解围。可他哪里知道，董英斌派的106师还没到直罗镇就被红军击溃了，并且在黑水寺被红军歼灭了一个整团。

晚上，牛元峰待援无望，趁黑夜率领残部突围向西逃跑。红军战士们说：“一定要把这头‘牛’追回来。”一气追了25里，消灭了牛元峰和他的残部。

东征战役：突破黄河天险

捷报

东征红军胜利的（地）向汾阳前进

关上村击溃敌人两团

贺家凹守敌一连全部投降我军

陕北敌军纷纷向河西撤退

1936.2.26

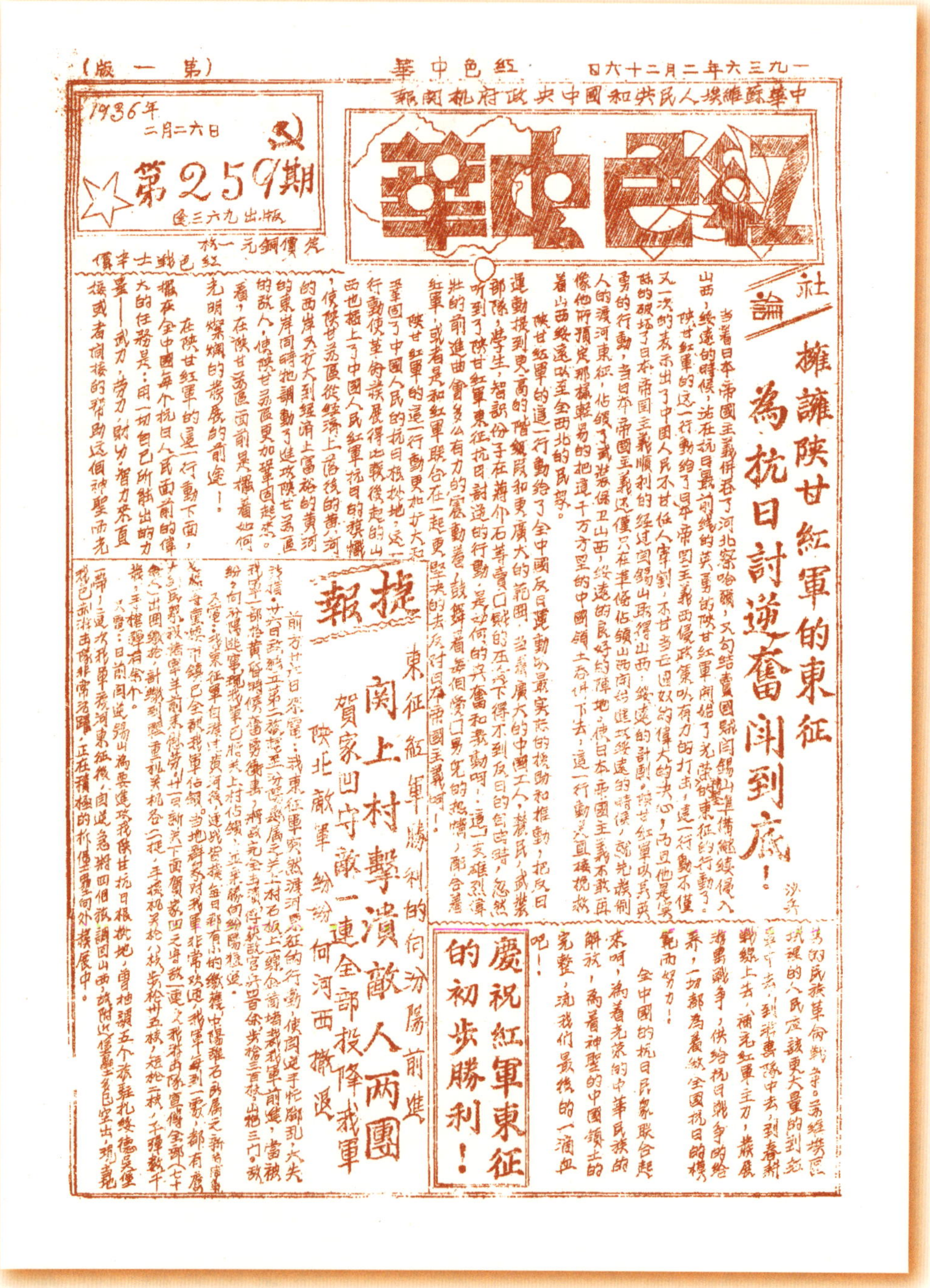

一九三六年二月二十六日　紅色中華　（第一版）

中華蘇維埃人民共和國中央政府機關報

1936年二月二六日

第259期

逢三六九出版

每價銅元一枚

紅色戰士半價

紅色中華

社論

擁護陝甘紅軍的東征 為抗日討逆奮鬥到底！

沙兵

當着日本帝國主義併吞了河北察哈爾，又勾結賣國賊閻錫山準備繼續侵入山西，綏遠的時候，站在抗日最前線的英勇的陝甘紅軍開始了光榮的東征的行動了。

陝甘紅軍的這一行動給了日本帝國主義西侵政策以有力的打击，這一行動不僅又一次的表示出了中國人民不甘做亡國奴的偉大的決心，而且他是實際的破坏了日本帝國主義順利的經過閻錫山取得山西，綏遠的計劃。陝甘紅軍以其英勇的行動，當日本帝國主義还僅只在準備佔領山西開始進攻綏遠的時候，就先發制人的渡河東征，佔領了武裝保卫山西，綏遠的良好的陣地，使日本帝國主義不敢再像他所預定那樣輕易的把這千万方里的中國領土吞併下去，這一行動是直接挽救着山西綏遠以至全西北的民眾。

陝甘紅軍的這一行動給了全中國反日運動以最實際的援助和推動，把反日運動提到更高的階段和更廣大的範圍。當廣大的中國工人，農民，武裝部隊，學生，智識份子在蔣介石等賣國賊的壓迫下得不到反日的自由時，忽然听到了陝甘紅軍東征抗日討逆的行動，是如何的興奮和鼓動呵！這一支雄烈豪壯的前進曲會多么有力的震動着，鼓舞着每個愛國男兒的熱情，而合着紅軍，或者是和紅軍聯合在一起更堅决的去反對日本帝國主義呵！

陝甘紅軍的這一行動更加扩大和鞏固了中國人民的抗日根據地，這一行動使革命發展得比較後起的山西也插上了中國人民紅軍抗日的旗幟，使陝甘蘇區從經濟上落後的黄河的西岸又扩大到經濟上富裕的黄河的東岸，同時把調動了進攻陝甘蘇區的敵人，使陝甘蘇區更加鞏固起來。看，在陝甘蘇區面前是擺着如何光明燦爛的發展的前途！

在陝甘紅軍的這一行動下面，擺在全中國每个抗日人民面前的偉大的任務是：用一切自己所能出的力量——武力，勞力，財力，智力來直接或者間接的帮助這個神聖而光榮的民族革命戰爭。蘇維埃區域的人民應該更大量的到紅軍中去，到游擊隊中去，到前線上去，補充紅軍主力，發展游擊戰爭，供給抗日戰爭的給養，一切都為着發展全國抗日的模範而努力！

全中國的抗日民眾聯合起來呵，為着光荣的中華民族的解放，為着神聖的中國領土的完整，流我們最後的一滴血吧！

慶祝紅軍東征的初步勝利！

捷報

東征紅軍勝利的向汾陽前進

關上村擊潰敵人兩團

賀家凹守敵一連全部投降我軍

陝北敵軍紛紛向河西撤退

前方廿六日來電：我東征軍突然渡河東征的行動，使閻逆手忙腳亂，大失所措。廿六日我軍[illegible]至汾陽屬之关上村石板上一線，[illegible]我軍前進，當被我軍一部於黄昏時候奮勇衝鋒，將敵完全击溃，俘获敌官兵四百余，步枪三百枝，山炮三门。敌紛紛向汾陽逃竄。現我軍已佔关上村，正乘勝向汾陽猛進。

又電：我東征軍自渡过黄河後，連战皆捷，每日都有小的缴获，中陽[illegible]属之新[illegible]等處已全部我軍佔領。当地群众对我军非常欢迎，我军每到一处，都有广大的民众[illegible]我军前来慰劳。廿一日新关下面贺家凹之守敌一连，又我红军宣传全部（七十余人）出圈缴枪，计缴到重机关枪二挺，手提机关枪八枝，步枪廿五枝，短枪二枝，子弹数千发，手榴弹百余个。

又電：日前閻逆锡山為要進攻我陕甘抗日根据地，曾抽调五个旅驻扎绥德吴堡一带，这次我军渡河东征後，阎逆急将四個旅调回山西，故附近堡垒多已空出，[illegible]游击队非常活跃，正在积极的扩大堡垒向外发展中。

《红色中华》第259期，1936年2月26日第1版

前方廿六日来电：我东征军突然渡河东征的行动，使阎逆手忙脚乱，大失所措。廿六日敌独立第二旅想至汾阳县属之关上村石板上一线，企图堵裁（截）我军前进，当被我军一部于黄昏时候奋勇冲击，将敌完全击溃，俘获敌官兵四百余，步枪三百枝（支），山炮三门。敌纷纷向汾阳逃窜，现我军已将关上村占领，并乘胜向纷（汾）阳猛追。

又电：我东征军自渡过黄河后，连战皆捷，每日都有小的缴获，中阳、离石所属之新□□□□□等重要市镇已全被我军占领。当地群众对我军非常欢迎，我军每到一处，都有广大的民众杀猪宰羊前来慰劳。廿一日，新关下面贺家凹之守敌一连受我游击队宣传全部（七十余人）出围缴枪，计缴到轻重机关机（机枪）各二挺，手提机关枪（机枪）八枝（支），步枪卅五枝（支），短枪二枝（支），子弹数千发，手枪弹百余个。

又电：日前阎逆锡山为要进攻我陕甘抗日根据地，曾抽调五个旅驻扎绥德（、）吴堡一带，这次我军渡河东征后，阎逆急将四个旅调回山西，故附近堡垒多已空出，现当地我赤色游击队非常活跃，正在积极的（地）拆堡垒向外发展中。

东征战役是红一方面军于1936年2月20日至5月5日进行的东渡黄河、出师山西的战略性进攻战役。此役历时两个半月，我军转战晋中、晋西南、晋西北等广大地区，粉碎了敌人的黄河封锁堡垒战，沉重地打击了山西军阀阎锡山。在此期间，我军扩充红军8000余人，在同蒲路沿线20余个县广泛发动群众，为后来我军出师华北抗日打下了坚实基础。

1936年2月19日拂晓前，我军经过几个夜晚的长途跋涉，到达东渡黄河的渡河点。这一地区是老革命根据地，群众的政治觉悟和革命热情很高。当群众知道红军主力要打过黄河去消灭阎军、东进打日本鬼子的消息后，莫不欢欣鼓舞，支援红军渡河的热情高涨，尤其是水手工人们，心甘情愿地冒生命危险，为红军撑船渡河。群众积极热情的支援，大大鼓舞了部队的士气。

2 月 20 日下午，部队由驻地开始向渡河点运动。到了黄昏时，部队即开始向渡口迅速前进，与此同时，船只也被迅速推入水中，拖向渡口。受到惊吓的敌人，开始疯狂地向我渡河部队射击。战士们冒着敌人的枪弹，快速向前飞奔。渡河点上，师、团首长亲自指挥部队登船，一艘艘船只满载着英勇的红军战士们向河东岸驶去。船工们用力摇动着橹桨，战士们紧握着手中武器，随时准备同敌人拼搏格斗。快接近河岸时，敌人从工事里跳了出来，到河边上向我突击队乘坐的船只疯狂射击，投掷手榴弹。战士们勇猛回击，打得敌人鬼哭狼嚎，晕头转向。乘敌人混乱之机，突击队跳上岸边的冰排，喊着杀声向敌人冲去，胆小如鼠的阎军立刻四散逃命，部队迅速占领了滩头阵地。带信号枪的通信员在战斗中光荣牺牲了，突击队便在山脚下点燃一堆篝火，向上级传递突击队已经成功渡河的信息。此时几个溃逃的敌人看到火光，便骂了起来:“共军都上来了,你们还烤火……”战士们立刻冲了上去，敌人发现是红军，扭头就向三交镇方向逃跑了。

后续梯队渡过黄河后，迅速会合到一起，继续追击残敌。经过激烈战斗，占领了敌人据点，解放了三交镇。阎锡山吹嘘的“天险防线”就这样被英勇的红军突破了。

西征战役：严格执行民族政策

加速实现西北抗日大联合！

庆祝红军西征的大胜利

1936.7.3

一九三六年七月三日　红色中华　（第一版）

中华苏维埃人民共和国中央政府机关报

1936年 七月三日

第285期

定价铜元一枚

红色战士半价

红色中华

加速实现西北抗日大联合！

庆祝红军西征的大胜利

人民红军自蒋介石极力捕阻东征抗日，而撤回河西，向西发展以来，仍着了许多的大胜利。消灭了马洪宾的主力，缴获人枪各三千多，估领了环县曲子镇宁条梁定边花马池豫旺古城镇开辟了纵横千余里的新苏区，激发了广大蒙回民族的革命情绪。这一胜利，给我们完成西北抗日大联合的任务以极顺利的条件，是继着东征胜利之后又震动了全中国的胜利。

在全国正因为日本帝国主义直接侵占华北的行动，更加激起了全中国人民坚决的反对。有良心有血气的中国人均不愿受日本帝国主义的宰割，两广出兵北上抗日，就是反对日本奴役中国的武装行动，还有许多白军亦已逐渐倾向抗日。所以目前全国形势是在转入新的阶段中，是开始进到大规模的抗日讨美国贼的民族革命战争的阶段。伟大的胜利的局面，是在我们的面前。

抗日的胜利，就是美国贼蒋介石的死亡。所以蒋介石一方面调集大军捕阻西南北上抗日，同时更压迫与调动自己的部队与其他的军队向苏区进攻。我们因为不愿意和蒋介石的乌龟部队拼堡垒战，更不愿意和一些明白即可争取为友军的部队决战，消耗自己力量，因此主力红军仍然向西挺进，而将一部有力量之地方部队去抗击敌人。在这样形势之下摆在我们面前的仍然是三大任务：

第一，在东北线上坚持并扩大游击战争，进行各种打击并争取敌人的工作，使进到赤区的敌人不为我争取必为我消灭。

第二，扩大并巩固新苏区，新开辟的区域必需迅速使之赤化，使其成为西北抗日大联合的坚强的根据地。

第三，加紧争取白军工作，革命没有士兵参加是不易成功的，现在倾向革命的白军部队一天天多，就是蒋介石直系部队也都动摇了，很我们要用一切方法去影响他们，争取他们到抗日战线上来。

同志们：新的伟大的胜利的局面，开展在我们面前，鼓着我们百倍的勇气，准备着迎接快要到来胜利的大规模的民族革命战争！

重要电讯

日本又要大举增兵华北

北平电：日本帝国主义者又拟在七月份新增加驻华北日军一万人，不但要直接侵占华北五省，还要灭亡整个全中国。

全国学生反对宋哲元部队南调

北平电：驻平津一带之宋哲元部队已奉令撤退至石家庄保定一带，当其撤退时，全国学生表示反对，并提出反对日本帝国主义增兵华北及反对廿九军的南调等口号，上海汗口北平天津等地学生一致起来响应，组织了广大的游行示威，特别是广州学生商人曾罢课罢市五天响应学生爱国运动。

日人传出之中日防共协定内容

天津日人传出的华北防共协定，即是塘沽协定的扩大。他的内容包括有四项：（一）中央军不得开入冀察剿共（二）冀察当局应请日军援助剿共（三）协定成立后日军得驻华北各地。（四）赶筑塘沽及沧石铁路以便利防共军事。

华联社讯：汗奸宋哲元与日本驻屯军参谋长永见折冲结果已经具体决定了五项：（一）设防共委员会，委员人选中日各半（二）防共委员会设正副委员长中日委员各抗一人担任。（三）签定中日防共协定冀察当局请日军援助，但不得向中央乞师（四）设立文化防共机关由中日双方合作监视反日份子（五）各军聘请日人为军政顾问。

这事实就是很明显的告诉我们：日本帝国主义要把华北直接放在自己的铁腕下，更进一步来灭亡全中国。而卖国贼首蒋介石已经遵命执行了。我们要[illegible]

《红色中华》第285期，1936年7月3日第1版

人民红军自蒋介石极力拦阻东征抗日而撤回河西。向西发展以来，得着了许多的大胜利。消灭了马洪（鸿）宾的主力，缴获人枪各三千多。占领了环县、曲子镇、宁条梁、定边、花马池、豫旺等城镇，开辟了纵横千万里的新苏区，刺激了广大蒙回民族的革命情绪。这一胜利，给我们完成西北抗日大联合的任务以极顺利的条件，是继着东征胜利之后又震动了全中国的胜利。

在全国，正因为日本帝国主义直接占领华北的行动，更加激起了全中国人民坚决的反对。有良心有血气的中国人均不愿受日本帝国主义的宰割。两广出兵北上抗日，就是反对日本奴役中国的武装行动。还有许多白军亦已逐渐倾向抗日。所以目前全国形势是在转入新的阶段中，是开始进到大规模的抗日讨卖国贼的民族革命战争的阶段。伟大的胜利的局面，是在我们的面前。

抗日的胜利，就是卖国贼蒋介石的死亡。所以蒋介石一方面调集大军拦阻西南北上抗日，同时更压迫与调动自己的部队与其他的军队向苏区进攻。我们因为不愿意和蒋介石的乌龟部队拼堡垒战，更不愿意和一些明日即可争取为友军的部队决战，消耗自己力量，因此主力红军仍然向西挺进，而将一部有力量之地方部队去抗击敌人。在这样形势之下，摆在我们面前的仍然是三大任务：

第一，在东北线上坚持并扩大游击战争，进行各种打击并争敌人的工作，使进到苏区的敌人不为我争取必为我消灭。

第二，扩大并巩固新苏区。新辟的区域必需（须）迅速使之赤化，使其成为西北抗日大联合的模范的根据地。

第三，加紧争取白军工作。革命没有士兵参加是不易成功的。现在倾向革命的白军部队一天天多，就是蒋介石直系部队也都动摇得很。我们应用一切方法去影响他们，争取他们到抗日战线上来。

同志们：新的伟大的胜利的局面，开展在我们面前，鼓着我们百倍的勇气，准备着迎接快要到来胜利的大规模的民族革命战争！

西征战役是我西方野战军于1936年5月18日至7月31日，在陕甘宁三省边界地区实施的以打击顽固反共势力、为创造西方根据地扫清障碍为主要目的的战役。战役历时2个多月，解放了环县、豫旺、同心、定边、盐池等城镇，开辟了纵横400多里的新根据地，广泛深入地发动了群众，积极进行了争取国民党军队的工作，进一步推动了抗日民族统一战线的形成。

甘、宁地区是回族人民比较集中的地区。七营、同心、海原等我军驻地就是回族群众的聚居区。中央军委和总部及时提出了“各民族团结起来，共同抗日”的口号，颁布了严禁驻清真寺、不准吃猪肉、不准在回族群众聚居区筹款的三大禁令。

部队组织了强大的工作队，进行发动和组织回族群众的工作。同时，对全体指战员进行尊重回族群众风俗习惯的教育，开展帮助回族群众建设家园的工作。部队每到一地，先打扫室内外卫生和环境卫生，赢得了素爱清洁的回族群众的好感。回族群众吃水很困难，每次都要到几十里地外去取水。部队不但自己吃水自己运，还要保证驻地回族老乡吃水。为了帮助群众解决生活上的困难，部队把在汉民区打土豪得来的粮食、衣物分给贫苦的回族群众，从几十里地以外的地区砍伐木料，为群众整修倒塌和透风漏雨的房屋。

驻地的回族群众逐渐消除了多年来国民党反动派造成的回、汉对立的情绪和互相残杀而引起的仇恨。回族群众把红军看成是自己的队伍，红军越来越得到回族群众的拥护和爱戴。回族群众挂出了红军长征时赠送的锦旗，请红军指战员吃全羊，以回族的隆重礼仪款待红军指战员。

西征的红军根据党的民族政策，在豫旺等县建立了民族自治县，在乡村中建立了群众性的组织——回民解放会，发动群众开展反对回奸和高利贷者的斗争。还组织了回民游击队、回民抗日救国军等抗日武装。

我军用行动赢得了广大人民群众的拥护和支援，把国民党长期统治、盘剥下的广大地区变成了抗日救亡运动蓬勃发展的新根据地，扩大了红军，壮大了抗日力量，为后来实现红军三大主力会师创造了有利条件。

山城堡战役：好打也要打，不好打也要打

捷报

陕南红军痛创公秉藩部

我军一部击溃敌人二旅消灭一旅

敌飞机一架被我军击落

1936.11.23

一九三六年十一月廿三日　紅色中華　（第一版）

中華蘇維埃人民共和國中央政府機關報

1936年11月23日

第312期

紅色中華

社論　評日本新聞界對中國的毒計

捷報　陝南紅軍痛創公秉藩部

· 我軍一部出擊敵人二旅

· 敵飛機一架被我軍擊落

我西路軍佔領古浪縣城

馬步芳工兵營譁變參加抗日

紅軍領袖賀綏遠守軍抗日勝利

《红色中华》第312期，1936年11月23日第1版

一、我陕南红军陈先瑞同志所部，于本月十四日将敌公秉藩部击破，敌伤亡甚众，退实（富）水关，我红军现正围攻实（富）水关。

二、前方来电：我红军一部，于十八日在萌城附近，将敌胡宗南部之第一旅全部击溃，缴获正在清查中。

三、又电：敌飞机四〇一号一架十八日在萌城附近被我军击落。

四、又电：我军一部于廿一日将山城堡丁隆德部之廖旅全部消灭，一小部溃散大山中，正在搜缴，我军缴获颇多，正乘胜猛追中。

五、又电：我军一部在青山街附近击溃胡宗南部之李正光旅，现正追击中，缴获在清查。

山城堡战役是1936年11月17日至22日，我红军第一、第二和第四方面军三大主力胜利会师后，在甘肃省环县山城堡地区联手对国民党军胡宗南部主力实施的一次歼灭性作战。这次战役的胜利，对彻底粉碎国民党反动派对陕甘根据地的军事进攻，迫使蒋介石停止内战和抗日民族统一战线的最终建立，都起到了重要的促进作用。

位于甘肃环县以北洪德城和甜水堡中间地带的山城堡，是一个只有十几户人家的小镇。别看它不大，却南系关陇、北通河套，历来为兵家相争之要塞。11月下旬的山城堡地区已经大雪纷飞，红四方面军的指战员还穿着单衣。他们一路长途跋涉，因为胡宗南部一直尾追不舍，尽管会师后有红一方面军殿后掩护，也还是没有缓过气来。而红一方面军自会师以来，即担负着掩护任务，转战一个多月，也十分疲劳。部队都挤在陕甘边地区，补给十分困难。陇东地区水比油还要贵，山沟里流出的水，又苦又涩，有一股硝磺味，硬闭着眼喝下去，不是身上发肿，就是拉肚子。当地老百姓完全靠接雨水生活。山城堡附近几十里只有一处泉水可供饮用。

在这样的条件下，打还是不打？面对红一军团内部的不同意见，聂荣臻态度坚决地说：“部队都已经展开了，怎么还考虑打不打呢？好打也要打，不好打也要打。至于说到敌人抢修了一些野战工事，这是部队野战时驻下后的常规。”聂荣臻又打电话给彭德怀说：“我们的部队不仅展开了，而且已经打响了。如果决心再动摇，即使本来是胜仗也会打成败仗的。”彭德怀十分果断：“坚决要打，无论如何要打，不能动摇。”彭德怀当即打电话给有关部队的领导人，要他们坚决与红一军团统一行动。

21日下午，红军冒着大雪对山城堡之敌发起进攻，从南、东、北三面攻入。战至天黑，伸手不见五指，也分不清敌我，枪也不能打，手榴弹也不能投。短兵相接时，红军上去就摸帽子，摸着是国民党军戴的帽子就拿手榴弹砸头。战至22日上午9时，红军全歼被围之敌。

全民族抗日

战争时期

通辑路破袭战：粉碎敌人全面进攻的阴谋

杨靖宇部义军飞快发展

东北义军到处活跃

滨江义军击毙日军五十名

穆棱义军亦击毙日军多名

1937.9

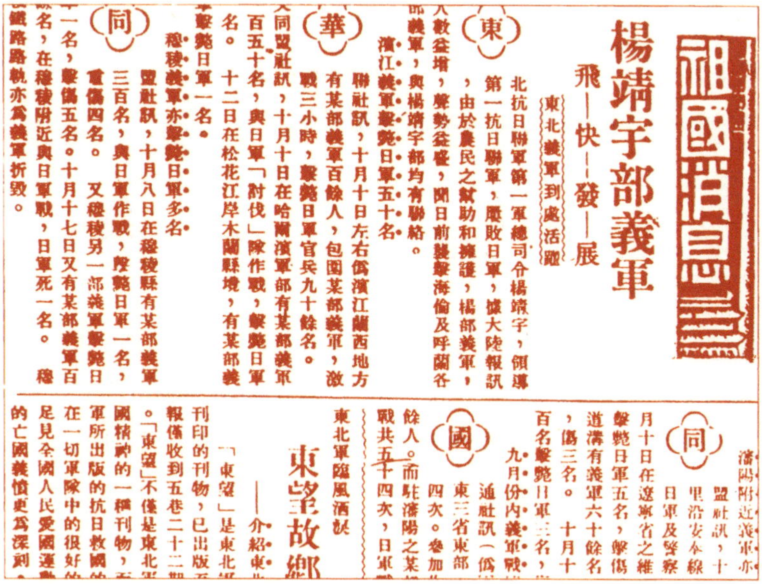

祖國消息

楊靖宇部義軍

飛—快—發—展

東北義軍到處活躍

（東）北抗日聯軍第一軍總司令楊靖宇，領導第一抗日聯軍，屢敗日軍，據大陸報訊，由於農民之贊助和擁護，楊部義軍，人數益增，聲勢益盛，聞日前襲擊海倫及呼蘭各部義軍，與楊靖宇部均有聯絡。

濱江義軍擊斃日軍五十名

（華）聯社訊，十月十日左右僞濱江蘭西地方有某部義軍百餘人，包圍某部義軍，激戰三小時，擊斃日軍官兵九十餘名。

又同盟社訊，十月十日在哈爾濱軍部有某部義軍百五十名，與日軍「討伐」隊作戰，擊斃日軍名。　十二日在松花江岸木蘭縣境，有某部義軍擊斃日軍一名。

穆稜義軍亦擊斃日軍多名

（同）盟社訊，十月八日在穆稜縣有某部義軍三百名，與日軍作戰，擊斃日軍一名，重傷四名。　又穆稜另一部義軍擊斃日軍一名，擊傷五名。十月十七日又有某部義軍百餘名，在穆稜附近與日軍戰，日軍死一名。　穆稜鐵路路軌亦爲義軍折毀。

瀋陽附近義軍亦…

（同）盟社訊，十…
里沿安奉線…
日軍及警察…
月十日在遼寧省之維…
擊斃日軍五名，擊傷…
道溝有義軍六十餘名…
，僞三名。　十月十…
百名擊斃日軍三名，…

九月份內義軍戰…

（國）通社訊（僞…
東三省東部…
四次。參加…
餘人。而駐瀋陽之某…
戰共五十四次，日軍…

東望故鄉

——介紹東北…

東北軍臨風灑淚

「東望」是東北…
刊印的刊物，已出版五…
報僅收到五卷二十二期…
。「東望」不僅是東北軍…
國精神的一種刊物，而…
軍所出版的抗日救國的…
在一切軍隊中的很好的…
足見全國人民愛國運動…
的亡國義憤更爲深刻。

《救国时报》1937年9月

祖国消息

杨靖宇部义军飞快发展 东北义军到处活跃

东北抗日联军第一军总司令杨靖宇，领导第一抗日联军，屡败日军，据大陆报讯，由于农民之帮助和拥护，杨部义军，人数益增，声势益盛，闻日前袭击海伦及呼兰各部义军，与杨靖宇部均有联络。

滨江义军击毙日军五十名

华联社讯，十月十日左右伪滨江兰西地方有某部义军百余人，包围某部义军，激战三小时，击毙日军官兵九十余名。

又同盟社讯，十月十日在哈尔滨军部有某部义军□百五十名，与日军“讨伐”队作战，击毙日军□名。十二日在松花江岸木兰县境，有某部义军击毙日军一名。

穆稜义军亦击毙日军多名

同盟社讯，十月八日在穆稜县有某部义军三百名，与日军作战，重伤四名。又穆稜另一部义军击毙日军一名，击伤五名。十月十七日又有某部义军百余名，在穆稜附近与日军战，日军死一名。穆稜铁路路轨亦为义军折毁。

1936年7月，东北抗日联军第一、二军合编为东北抗日联军第一路军。第一路军成立后，主要战斗在吉林西部和辽宁东部广大地区。袭扰日伪军，捣毁敌人兵站、仓库、交通、通信等军事设施，极大鼓舞了群众，沉重打击了敌人。

通辑铁路是梅河口至通化铁路接向辑安（今集安）的延长线，长约115公里。从1937年4月开始，日军为了加紧掠夺东北地区的战略资源、镇压通化地区的抗日武装，动手增修吉林省通化至辑安铁路。为了破坏日军修筑通辑铁路的计划，开辟新的游击区，东北抗日联军第一路军总司令兼政治委员杨靖宇决定率直属队及第一军军部离开桓仁县，向辑安转移。1938 年 2 月中旬，杨靖宇率部到达辑安老岭山区，随即投入到破袭通辑路的战斗中。

日伪军当时正在修建老岭隧道工程。老岭隧道地处通化、辑安两县交界处，岭高林密，地势复杂，是通辑铁路的关键工程。为了摸清敌人情况，杨靖宇提前选派一些战士乔装成劳工，混入施工现场，做好里应外合战斗的准备。3 月 13 日，杨靖宇率 500 余人于黄昏时分出发，分兵三路奔向老岭隧道。19 时，一阵清脆的枪声响起，在潜伏战士的配合下，一路破袭部队迅速突破十二道沟供应仓库外围警戒线，铰断铁丝网，包围了仓库。另两路分别袭击了老岭隧道西口东亚土木株式会社工地现场和十一道沟发电所。此战抗联部队共毙伤日伪军守军 13 人，烧毁建筑物 12 栋、汽车 3 辆，还有大量建筑物资材料和机器设备。抗联部队还解救劳工 100 余人，缴获面粉 800 袋、大米 12 包，以及大批被服。经“老岭事件”后，日军为了保护通辑铁路施工，专门将驻通化山本部队调至铁路沿线，调遣装甲车警戒线路，还在通辑铁路沿线的主要乡镇建立了伪警察署、所。

6 月 19 日 23 时，第一、第二军共 700 余人兵分三路，同时袭击第十一、第十二号老岭河桥梁工地、土口子隧道和阳岔工程分区本部、今井包工组宿舍、东亚土木株式会社办公室。此战，抗联部队共毙俘日伪军 99 人，解放劳工 700 余人，烧毁大批建筑材料、施工物资设备，没收大米、白面、布匹等物资。日伪直接经济损失达 20 万日元，不禁哀叹“6 月 19 日是通辑线建设史上用血染红的最悲惨的日子”。持续战斗至 8 月，杨靖宇又率 400 余人在通化县大麦沟、大青川、五道沟、六道沟等地，毙伤日伪军 200 余人，缴获步枪 70 余支。至此，老岭山区附近的伪警察署、所大部被摧毁。

在近半年的通辑铁路破袭战中，东北抗日联军第一路军共进行战斗 50 余次，毙伤俘日伪军 750 余人，其中日军 208 人。解救劳工 3000 余人，烧毁日伪军大批物资设备，阻挠和延缓了日伪军修筑通辑铁路，并建立了老岭游击根据地。

平型关战役：粉碎“日军不可战胜”的神话

在抗日战争中

八路军开始第一个大胜利

俘敌五百余毙敌四百余

缴步枪数百支汽车六十辆

1937.9.29

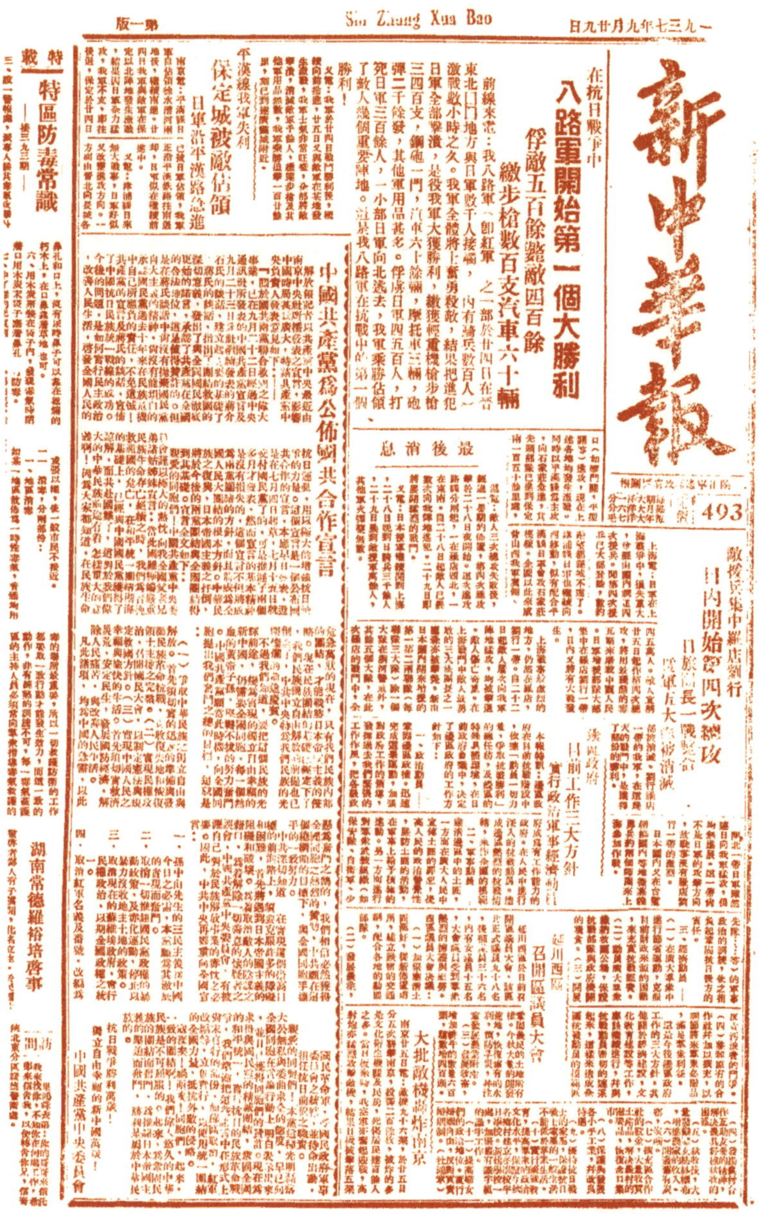

一九三七年九月廿九日　Sin Ziang Xua Bao　第一版

新中華報

493

在抗日戰爭中
八路軍開始第一個大勝利
俘敵五百餘斃敵四百餘
繳步槍數百支汽車六十輛

前線來電：我八路軍（即紅軍）之一部於廿四日在晉東北□門地方與日軍數千人接觸，內有騎兵數百人，激戰數小時之久。我軍全體將士奮勇殺敵，結果把進犯日軍全部擊潰，是役我軍大獲勝利，繳獲輕重機槍步槍三四百支，鋼砲一門，汽車六十餘輛，摩托車三輛，砲彈二千餘發，其他軍用品甚多。俘虜日軍四五百人，打死日軍三百餘人，一小部日軍向北逃去，我軍乘勝佔領了敵人幾個重要陣地。這是我八路軍在抗戰中的第一個勝利！

平漢線我軍失利
保定城被敵佔領
日軍沿平漢路急進

中國共產黨為公佈國共合作宣言

最後消息

敵機狂炸
日內開始第四次總攻

實行政治軍事經濟動員

延川西區
召開區議員大會

大批敵機飛炸南京

特載
特區防毒常識

湖南常德雜裕培啓事

中國共產黨中央委員會

《新中华报》第493期，1937年9月29日第1版

前线来电：我八路军（即红军）之一部于廿四日在晋东北□□地方与日军数千人接触，（内有骑兵数百人）激战数小时之久。我军全体将士奋勇杀敌，结果把进犯日军全部击溃，是役我军大获胜利，缴获轻重机枪步枪三四百支，钢砲（炮）一门，汽车六十余辆，摩托车三辆，砲（炮）弹二千余发，其他军用品甚多。俘虏日军四五百人，打死日军三百余人，一小部日军向北逃去，我军乘胜占领了敌人几个重要阵地。这是我八路军在抗战中的第一个胜利！

平型关战役是抗日战争时期八路军第115师在山西省东北部平型关地区对日军进行的伏击战，是八路军在抗战中的首捷。这是全国抗战开始以来中国军队取得的第一次大胜利。它打击了侵华日军的气焰，振奋了全国的民心士气，提高了中国共产党和八路军的声威。

平型关位于山西省繁峙、灵丘两县邻接处，为内长城的重要关隘。1937年9月20日，日军第5师团第21旅团一部占领灵丘县城，22日又占领了平型关以北的东跑池。23日，八路军总部第115师向平型关、灵丘间出动，决定利用平型关东北的有利地形，以伏击手段歼灭由灵丘向平型关进犯的日军，配合国民党军内长城的防御作战。

战斗过程异常惨烈。日军部队和大批辎重车辆于25日清晨沿着灵丘至平型关的公路西进，7点左右进入115师设伏地域。由于头一晚遭遇暴雨天气，此时狭窄的道路泥泞不堪，日军人马车辆行动缓慢，拥挤堵塞于山谷底部。为抓住有利战机，115师师长林彪下令立即出击，686团打响了第一枪。

在步枪、机枪、手榴弹的猛烈火力下，战场上顿时硝烟弥漫，血肉横飞，日军伤亡惨重。八路军乘敌人惊慌混乱之际发起冲击，685团迎头歼灭日军一部，687团将日军后尾部队分割包围于蔡家峪和西沟村，并迅速歼灭抢占韩家湾北侧高地的一股日军，断其退路。686团2个营冲向公路同日军展开白刃格斗。

据《聂荣臻传》记载，经过武士道训练的日军虽然失去指挥，被分隔开来，但仍然利用汽车和沟坎进行顽抗。八路军将士前仆后继，以更加猛烈的攻势对付顽固到极点的敌人，连伤员也与敌军伤兵扭打在一起，用牙齿咬，用拳头打。清理战场时，人们发现有位战士与敌人拼刺刀时，双方的刀同时刺入对方的胸膛，一齐倒在血泊中。由于敌人的刺刀长，八路军的刺刀短，这位无名战士是迎着敌人的刺刀将敌刺死的。

日军一部企图抢占公路西侧老爷庙及其附近高地，以掩护突围。幸而686团先敌占领老爷庙及其以北高地，与公路东侧部队以两面夹击之势将日军压迫于狭谷之中，并多次击退疯狂反扑企图突围的日军。日军第5师团师团长板垣征四郎从蔚县、涞源调遣部队向平型关增援，被八路军阻击于灵丘以北和以东地区。在685团、687团各一部的协同下，686团全力围歼日军。

此战115师以劣势装备歼灭日军精锐1000余人，击毁汽车百余辆、马车200辆，缴获各类枪1000余支（挺）、军马50余匹及其他大批军用物资，粉碎了“日军不可战胜”的神话。

雁门关伏击战：“打鬼子人人有责”

大同雁门关间

敌人交通被截断

我占领曲阳平山繁峙

1937.10.24

一九三七年十月廿四日 Sin Zhung Xua Bao 第一版

新中華報

399

八路軍夜襲陽明堡 焚燬敵人飛機廿四架 敵倉皇逃走我獲全勝

大同雁門關間 敵人交通被截斷

我佔領曲陽平山繁峙

津浦綫我軍有進展

東北義勇軍大活動 攻佔延吉昂昂溪

全世界各國工會 決定抵制日貨

最後消息

日軍下級軍官 反戰情緒很濃厚

巴黎救國時報 致八路軍電

八路軍將士 致慰各友軍電

延安縣在動員中

印刷廠募捐模範例子

《新中华报》第399期，1937年10月24日第1版

前方捷电：我八路军的某支队于日前进占山西河北交界的平山县城。另一部克复曲阳县，缴获军粮千余担，毙敌甚多，现正向平汉路之新乐、定县、望都等城挺进中。又我军之某部十八日收复繁峙县城，缴获弹药军用品甚多。继进至雁门关，与由北南进的日军汽车一百五六十辆满载援军，当发生激战。后有忻口方向北进的敌军汽车二百余辆，激战甚久，我军击毁敌汽车廿余辆。

我八路军左翼某挺进支队自袭怀仁，（、）岱岳，（、）榆林之线以来，沿大同到雁门关全线的桥梁道路均被我破坏，敌军运输已大减少，大同已完全停车。

我右翼支队于十七日在广灵通蔚县的公路上，截击由蔚县来广灵的敌汽车六辆，当被我军击毁一辆，余向蔚县逃去，毙敌十余人，缴获步枪十余支，手枪两支，其他军用品甚多。

雁门关是中国古代长城著名关口，位于山西省代县西北 20 公里的勾注山，因两山对峙，其形如门，飞雁出于其间，故名。雁门关素有“北拒塞外高原，南屏京冀防务”之说。1937 年 10 月 18 至 21 日，八路军第 120 师一部在雁门关以南黑石头沟地区伏击日军运输队，两次战斗共歼日军 500 余人，击毁汽车 30 余辆，一度切断了日军通往大同的运输线。

雁门关下有一条弯弯曲曲的公路，由西向东盘旋而下，公路西面是悬崖绝壁，北面是陡坡，向南不远处是一座石拱桥，正是一个理想的设伏地形。358 旅 716 团团长贺炳炎与政委廖汉生决定，将 1 营和 3 营分别埋伏在陡坡南北，由 3 营担任主攻，由 1 营派出一个连向阳明堡方向警戒，3 营一个连埋伏在桥西断敌逃路。

10 月 18 日黎明，部队进入阵地。716 团的战士们第一次和日军交手，积极性高涨，文书、炊事员也上了阵地，都说：打鬼子人人有责，要叫鬼子尝尝咱们的厉害。到了 10 点左右，敌人的汽车开过来了，一开入狭窄的黑石头沟，贺炳炎立即发出命令：“打！”步枪和轻重机枪一齐开火，敌弹药车被打着了，顿时响成一片，将黑石头沟炸得天翻地覆。

敌人突然遭到袭击，一个个从车上往下跳，有的还没跳下来就送命了，有的端着枪企图反扑。但没等他们散开，八路军勇士们便冲上了公路，和敌人展开了激烈的白刃战，有的是用的在长征时使过的“鬼头刀”和敌人拼杀。11连的指导员胡觉三带领3排刚冲过去，突然看见1名战士被3个敌兵包围。他挥着大刀冲了过去，接连砍死2个敌人。此时大部日军已被消灭，只有少数还在顽抗。胡觉三忽然发现车下趴着1个敌人，正想抓活的，不料被对方打中前胸，光荣地牺牲了。战士们高喊着“为指导员报仇”，猛扫残敌。

当枪声渐渐稀落下来，侵略者的尸体横七竖八地躺着，公路上火药味浓烈扑鼻。战士们怀着兴奋的心情打扫战场。一名战士用铁锹狠狠地砸着汽车，气呼呼地说：“我叫你再跑！我叫你再跑！”廖汉生说：“不要砸了，应该炸掉！”不一会儿，敌人的汽车便烧成了一堆废铁。

当警戒部队报告说阳明堡的敌人增援来了时，八路军立刻按照预定计划，迅速撤离战场。很快，几十辆汽车开近雁门关，一队敌兵开始沿着公路搜索，天空出现两架敌机，在黑石头沟上空盘旋。敌机上的驾驶员只能无奈地为被燃烧的汽车和日军的尸体“吊丧”。

这次伏击战一度切断了从大同至忻口的公路交通，有力地配合了国民党军队在忻口对日军的防御作战。

夜袭阳明堡：一次打掉24架日军飞机

八路军夜袭阳明堡

焚毁敌人飞机廿四架

敌仓皇逃走我获全胜

1937.10.24

一九三七年十月廿四日　Sin Zhung Xua Bao　第一版

新中華報

動員八萬雙襪子和手套，慰勞前綫八路軍抗敵將士！

399

八路軍夜襲陽明堡 焚燬敵人飛機廿四架 敵倉皇逃走我獲全勝

前方捷電：我八路軍之一部於廿日以極敏捷之動作，進襲同蒲路之陽明堡日軍飛機場。當我軍夜間沖進敵人的飛機場內時，敵人尚不知道，我軍一方面派隊進襲敵人的營房，一方面將停在機場內的廿四架飛機全部焚燬，我軍大獲勝利，擊斃日軍數十人，嚇得敵人恐慌萬狀，不知我紅軍從何而來，我軍現正在敵人後方開展着猛烈的遊擊戰爭。

大同雁門關間 敵人交通被截斷

滬我軍全線反攻

全世界各國工會 決定抵制日貨

最後消息

日軍下級軍官 反戰情緒很濃厚

八路軍將士 致慰各友軍電

《新中华报》第 399 期，1937 年 10 月 24 日第 1 版

前方捷电：我八路军之一部于廿日以极敏捷的动作，进袭同蒲路之阳明堡日军飞机场。当我军夜间冲进敌人的飞机场内时，敌人尚不知道，我军一方面派队进袭敌人的营房，一方面将停在机场内的廿四架飞机全部焚毁，我军大获胜利，击毙日军数十人，吓得敌人恐慌万状，不知我红军（指八路军，编者注）从何而来，我军现正在敌人后方开展着猛烈的游击战争。

1937年10月，日军突破了山西北部国民党军的防线，侵占代县和崞县（今属原平），并继续向南进犯。国民党军随即退守忻口（今忻州北），以阻止日军进攻太原。八路军第129师385旅769团奉命配合国民党军作战，在代县、崞县以东地区侧击日军后方。

此时，忻口国民党军阵地不断被日军飞机轰炸，无力应对。八路军769团团长陈锡联带着3个营长去现地侦察，又找到了当地老乡，发现在滹沱河北岸的阳明堡机场共有24架飞机，白天轮番出去执行轰炸任务，晚上就停放在机场东南侧。机场北侧集结了200个左右警卫和地勤人员，四周还设有防御工事。

那就夜袭机场，打它个出其不意！下定决心后，经过团里研究，陈锡联提出：以3营为突击队，袭击机场、摧毁敌机；1营负责破坏公路、桥梁，牵制、阻击可能增援之敌；2营为预备队，保障并支援战斗。

可是大家从来没有打过飞机，用什么东西来摧毁它呢？有的说用柴草烧，有的说用枪托砸，有的说用机枪打、刺刀戳。讨论到最后，才确定把手榴弹捆在一起，塞进飞机驾驶舱炸掉它。

部队到机场要涉水渡过滹沱河，为了摸清渡河路线，陈锡联不顾大家反对，脱去棉衣亲自下河试水。傍晚他又来到连里看望战士们。战士们士气高昂，纷纷说要把敌人的飞机砸个稀巴烂。还有的战士说要缴架飞机回来。陈锡联问战士：飞机那么大，你扛得动吗？战士回答：扛不回整的，砸个尾巴也行啊！虽然是第一次与侵华日军作战，又是去打从来没有打过的飞机，但战士们信心满满。

10月19日夜里，所有人员轻装出发。在夜色隐蔽下，3营营长赵崇德率领11连摸进机场实施战斗，在10连的掩护下，将准备好的手榴弹一捆捆塞进敌机肚子里，一架架敌机顿时爆炸燃烧起来。在敌人还击反扑中，赵营长为掩护战友不幸牺牲。发现机场烈焰当空，驻守阳明堡的敌人前来增援。见敌机已被击毁，在1营、2营和迫击炮的掩护、支援下，3营迅速撤出战斗，涉过滹沱河返回。

从进入机场到结束战斗，八路军以伤亡30余人的代价，用时1个小时将24架敌机全部击毁，毙伤日军100余人。

听说八路军袭击了日军机场，忻口阵地饱受日军飞机轰炸之苦的国民党军官兵连呼“中华民族万岁”。卫立煌致电周恩来称：阳明堡烧了敌人24架飞机，是战争历史上从来没有过的事情。我代表忻口正面作战的将士对八路军表示感谢！

阳明堡战斗胜利的消息很快传遍了太行山，当地群众编了一首歌谣传唱：万里长城万里长，雁门关下古战场。阳明堡里一把火，鬼子飞机一扫光！

七亘村伏击战：出敌不意的两次设伏

胜利消息继续传来

八路军一部确已占领定县

我军所向无攻不克

敌人后方屡遭袭击

1937.11.4

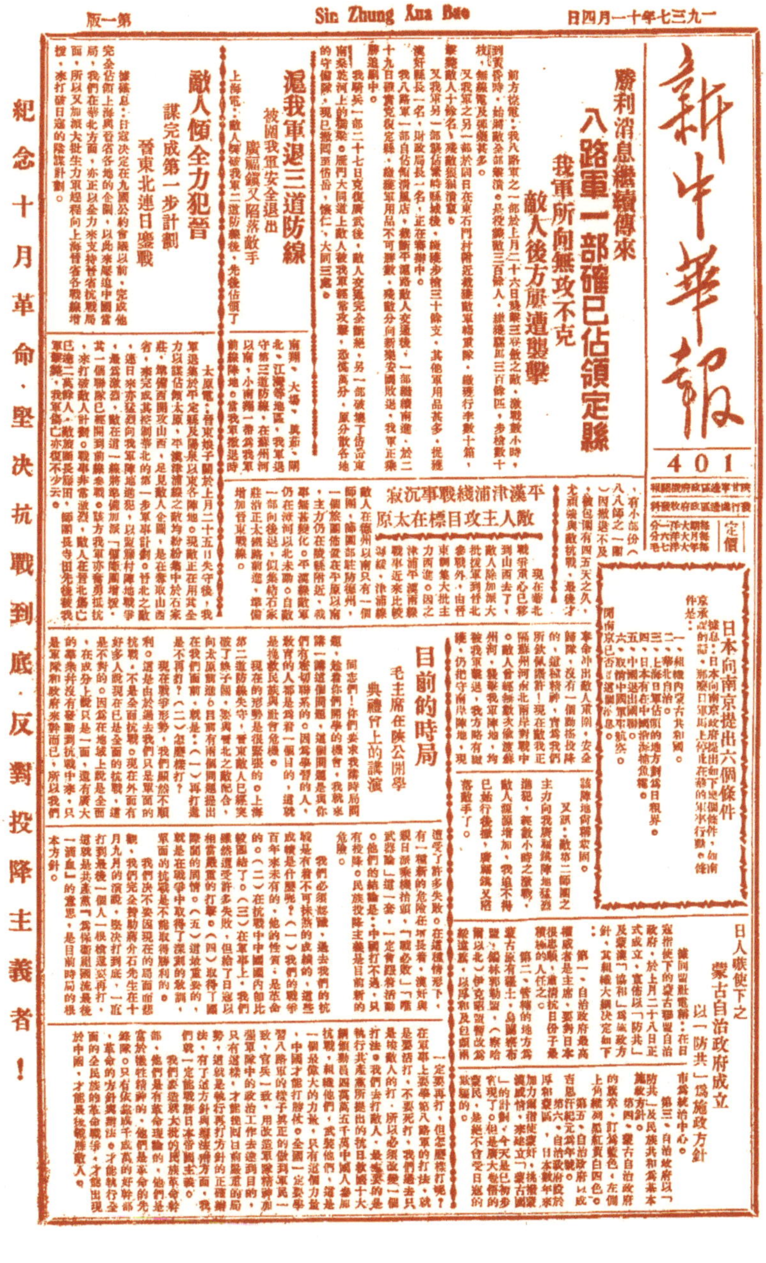

一九三七年十一月四日　Sin Zhung Xua Bao　第一版

新中華報

401

陝甘寧邊區政府機關報

定價：每期大洋一分　每月大洋六分　每年大洋七毛

勝利消息繼續傳來
八路軍一部確已佔領定縣
我軍所向無攻不克
敵人後方屢遭襲擊

前方綜電：我八路軍之一部於上月二十六日襲擊三岔敵之敵，激戰數小時，到黃昏時，始將敵全部擊潰。是役斃敵三百餘人，繳獲騾馬三百餘匹，步槍數十枝，無線電及彈藥甚多。

又我軍之另一部於同日在東石門村附近截擊敵軍輜重隊，繳獲行李數十箱，擊斃敵人十餘名，殘敵狼狽潰竄。

又我軍另一部襲佔蒙峙縣城後，繳獲步槍三十餘支，其他軍用品甚多，捉獲漢奸縣長一名，財政局長一名，正在審辦中。

我八路軍一部自佔領滑風店，截斷平漢路敵人交通後，一部繼續南進，於二十九日襲佔定縣，繳獲軍用品不可勝數，殘敵分向新樂安國敗退，我軍正乘勝追擊中。

我騎兵一部二十七日克復廣武後，敵人交通完全斷絕，另一部破壞了岱岳東南桑乾河上的橋梁。雁門大同道上敵人被我軍經常攻擊，恐慌萬分，原分散各地的守備隊，現已撤回至岱岳，懷仁，大同三處。

滬我軍退三道防線
被圍我軍安全退出
廣福鎮又陷落敵手

上海電：敵人突破我軍二道防線後，先後佔領了南翔、大場、真茹、閘北、江灣等地區，我軍退守第三道防線，在蘇州河以南，小南翔一帶為我軍前線陣地。當我軍撤退時，有小部份（八八師之一團）因撤退不及，被包圍有四五天之久，尤願與敵抗戰，最後才奪命冲出敵人重圍，安全歸隊，沒有一個動搖投降的，這種精神，實為我們所欽佩讚許！現在敵我正隔蘇州河南北兩岸對戰中。敵人曾經無數次偷渡蘇州河，襲擊我軍陣地，均被我軍擊退，我方略有撤退，仍把守南岸陣地，現該陣地尚鞏固。

又訊：敵第二師團之主力向我廣福鎮陣地猛烈進犯，經數小時之激戰，敵人援源增加，我迫不得已始行後撤，廣福鎮又陷落敵手了。

敵人傾全力犯晉
謀完成第一步計劃
晉東北連日惡戰

據綜息：日寇決定在九國公約會議以前，完成他完全佔領上海與晉省各地的企圖，以此來壓迫中國當局，我們在華北方面，亦正以全力來支持晉省抗戰局面，所以又加派大批生力軍趕程向上海晉省各戰線增援，來打破日寇的陰謀計劃。

太原電：晉東娘子關於上月二十五日失守後，我軍退集於平定縣及陽泉以東各陣地。現敵正在用其全力以謀佔領太原，平漢津浦線之敵均紛紛集中於石家莊，準備西開攻山西，足見敵人企圖，是在奪取山西省，來完成其控制華北的第一步軍事計劃。晉北之敵，連日來亦猛烈向我軍陣地進犯，以製縣村陣地戰爭最為激烈，敵在這一線將準備加派「便衣團」增援，其一個聯隊已經開到前線參戰。該方我軍亦奮勇抵抗，來打破敵人計劃。戰事非常激烈，敵人在晉北傷亡已達二萬餘人，敵旅團長勝田，師團長寺田先後被我軍擊斃，我軍傷亡亦復不少云。

平漢津浦綫戰事沉寂
敵人主攻目標在太原

現在華北戰爭重心已移到山西去了，敵人除加派大批援軍到晉北參戰外，由晉東調集大批主力西進。因之津浦平漢兩線戰事近來比較沉寂，津浦線敵人在德州以南只有一個師團，師團部駐防德州，一個旅團佈置在平原以南，主力仍在陵縣附近，戰事無甚變化。平漢線敵軍仍在漳河以北未動。自敵一部向後退，似集結石家莊沿正太鐵路前進，準備增加晉東戰線。

日本向南京提出六個條件

據息：日本向南京政府提出如下幾個條件，如南京承認的話，那麽日軍馬上停止在華的軍事行動。條件是：

一、組織內蒙古共和國。
二、華北自治。
三、上海日軍佔領的地方劃為日租界。
四、日本有在中國捕漁權。
五、中國退出國聯。
六、取消中國軍事航空。

聞南京已否認這個條件。

目前的時局
毛主席在陝公開學典禮上的講演

同志們！你們開學的機會，我就來講一講這個問題，這個問題是與你們有密切聯系的。因為學習的人，教育的人都是為着一個目的，這就是挽救民族與社會危機。

現在的形勢是很緊張的。上海第二道防線失守，晉東敵人已經突破了娘子關，娘與晉北之敵配合，向太原前進。目前有兩個問題提出在我們面前，就是：（一）再打還是不再打？（二）怎麼樣打？

現在戰爭形勢，我們顯然不順利。這是由於過去我們只是單面的抗戰，不是全面抗戰。現在外面有好多人說現在已是全面的抗戰，這是不對的。因為在地域上說是全面，在成分上說只是一面，還有廣大的羣衆并沒有發動到抗戰中來，只是軍隊和政府來幹而已，所以我們遭受了許多失敗。在這種情形下，有一種新的危險在生長着，漢奸與親日派乘機抬頭，「戰必敗」「唯武器論」這一套，一定會跟着活動。他們的結論是：中國打不過，只有投降。民族投降主義是目前新的危險。

我們必須認識，過去我們的抗戰是有着不可抹煞的成績的，這些成績是什麼呢？（一）我們的戰爭是百年來未有的，他的性質：是革命的。（二）在抗戰中中國國內的團結了。（三）在軍事上，我們雖然遭受許多失敗，但給了日寇以相當嚴重的打擊。（四）取得了國際間的同情。（五）這是重要的，就是在戰爭中取得了深刻的教訓，軍面的抗戰是不能取得勝利的。

我們決不要因現在的局面而悲觀，我們完全贊助蔣介石先生在十月九日的演說，堅決打到底，一直打到最後一個人一根槍還要再打，這就是共產黨『為保衛祖國流最後一滴血』的意思，是目前時局的根本方針。

一定要再打，但怎麼樣打呢？就在軍事上要學第八路軍的打法，就是要拚打，不要死打，我們過去只是挨敵人的打，所以必須改變一個打法。我們去打敵人，最需要的是執行共產黨所提出的抗日救國十大綱領，動員四萬萬五千萬中國人參加抗戰，組織他們，武裝他們，這是一個最偉大的力量，只有這個力量，中國才能打勝仗。全國一定要學習八路軍的樣子真正的做到軍民一致，官兵一致，用改造軍隊精神加強軍隊中的政治工作去達到目的，只有這樣，才能挽回目前嚴重的局勢，這就是執行再打方針的正確辦法，有了這方針與辦法方面，我們就一定能戰勝日本帝國主義。

我們要造就大批的民族革命幹部，他們是有革命理論的，他們是富於犧牲精神的，他們是革命的先鋒隊。只有依靠成千成萬的好幹部，革命的方針與辦法，才能執行全面的全民族的革命戰爭，才能出現於中國，才能最後戰勝敵人。

日人唆使下之
蒙古自治政府成立
以「防共」為施政方針

據同盟社電稱：在日寇指使下的蒙古聯盟自治政府，於上月二十八日正式成立，宣佈以「防共」及蒙漢「協和」為施政方針，其組織大綱決定如下：

第一、自治政府最高權威者是主席，要對日本很忠順，肅清抗日份子最積極的人任之。

第二、管轄的地方為蒙古原有疆土，烏蘭察布盟，錫林郭勒盟，（察哈爾以北）伊克昭盟暫改為綏遠，以厚和及包頭兩市為統治中心。

第三、自治政府以「防共」及民族共和為基本施政方針。

第四、蒙古自治政府的旗章，打為藍色，左側上角紅黃白四色。

第五、自治政府以成吉思汗紀元為年號。

第六、自治政府設於厚和豪區，日本數年來加力偵措使蒙奸，挑撥蒙漢感情，來建立「蒙古國」的計劃，今天是已初步實現了。但是廣大愛國的蒙民，是絕不會受日寇的欺騙的。

紀念十月革命·堅決抗戰到底·反對投降主義者！

《新中华报》第401期，1937年11月4日第1版

前方捷电：我八路军之一部于上月二十六日袭击三登□之敌，激战数小时，到黄昏时，始将敌全部击溃。是役毙敌三百余人，缴获骡马三百余匹，步枪数十枝（支），无线电及弹药甚多。

又我军之另一部于同日在东石门村附近截获敌军辎重队，缴获行李数十箱，击毙敌人十余名，残敌狼狈溃窜。

又我军另一部袭占繁峙县城后，缴获步枪三十余支，其他军用品甚多，捉获汉奸县长一名，财政局长一名，正在审办中。

我八路军一部自占领清风店，（、）截断平沪路敌人交通后，一部继续南进，于二十九日确实克复定县，缴获军用品不可胜数。残敌分向新乐（、）安国败退，我军正乘胜追剿中。

我骑兵一部二十七日克复广武后，敌人交通完全断绝，另一部分破坏岱岳东南桑干河上的桥梁。雁门（、）大同道上敌人被我军经常攻击，恐慌万分。原分散各地的守备队，现已撤回至岱岳，（、）怀仁，（、）大同三处。

1937年10月，八路军第129师386旅772团在山西省平定县七亘村地区对日军展开了一场伏击战。3天内在同一地点两次设伏均获胜利，以伤亡30余人的代价，歼灭日军400余人，打击和迟滞了日军沿正太铁路西犯的行动，支援了国民党军作战。

10月中旬，日军在侵占石家庄后，以第20、109师团沿正太铁路西犯，以策应其在山西北部的作战。为了打击进犯日军，配合国民党军保卫忻口、太原，根据八路军总部的命令，第129师师长刘伯承、政委张浩率领师部及386旅进抵平定县，寻机歼敌。此时日军已攻陷娘子关东南的旧关及附近高地，在用炮火正面猛攻娘子关的同时，以一部向正太路以南山地进犯，企图迂回攻击娘子关国民党守军。

10月25日，当侦知日军后方辎重部队进至测鱼镇宿营，刘伯承判断，该部日军次日必定经七亘村西进，遂令386旅在此设伏，以钳制日军迂回进攻，掩护娘子关友军。

七亘村是井（陉）平（定）小道的必经之地，向东有10里峡谷，深数十米，底宽不足3米，地势险峻。386旅772团3营提前做好了伏击准备。10月26日拂晓，测鱼镇日军向西开进，其先头部队于9时左右通过伏击区。待敌辎重部队行至我伏击地，我伏击部队突然向日军猛烈射击，手榴弹和子弹如瀑布从山崖上倾泻而下。行进中的日军顿时死伤大片，受到惊吓的马匹、骆驼四处奔跑，被弃的军用物资挡住了道路，人畜互相践踏，血肉四溅。火力打击后，八路军战士又奋勇扑向敌军，展开了白刃战，最后歼灭了大部分敌人。

与此同时，在地方党组织的领导下，七亘村、马山村附近的民兵和群众也参加了战斗，一位年过半百的老汉勇敢地从敌人手中夺到一挺轻机枪。

日军遭到八路军伏击后，又撤退到测鱼镇，准备整顿部队，调集兵力继续西进。刘伯承分析，对日军来说，七亘村之战虽然失利，但他们侵犯华北以来一直比较顺利，根本没有把八路军放在眼里。在打通正太路以南之前，要将急需的军用物资运送过去，日军只有从七亘村通过。刘伯承命令772团主力当着敌人的面佯装撤退，实则暗中集结在七亘村旁的山地里。敌人万万不会想到，八路军会打破"用兵不复"的原则，选择在同一地点设伏。

10月28日，772团副团长王近山奉命带领3营指战员隐藏在灌木丛、草丛、石洞里。上午11时，日军辎重部队循原路而来，一进入我军伏击圈，王近山立刻下令开火。在猛烈的火力袭击下，日军人仰马翻，虽就地组织抵抗，仍在我3营的英勇出击下，被截成两段。因雨天道路泥泞，我负责增援部队未能按时赶到，战至黄昏，有部分敌人乘着夜色突围。

七亘村连续两次伏击战共歼灭日军400人，打死和缴获骡马及骆驼400多匹（峰），还缴获大批枪支、弹药、粮食和衣物。在战利品中，有一份山西省地图和华北地区军用地图。此前刘伯承在途经太原时，曾向阎锡山要地图，不想碰了钉子。这次他拿到缴获的军用地图愤然道："没想到日本人用中国印的地图打中国人。怪不得阎锡山那里说没有地图了，原来是跑到日本人手里了。"

广阳伏击战：抓了一个日本兵俘虏

晋冀察人民纷起组织游击队

各地民众武装数达五万余人

八路军一部袭占临城破坏铁路

1937.11.29

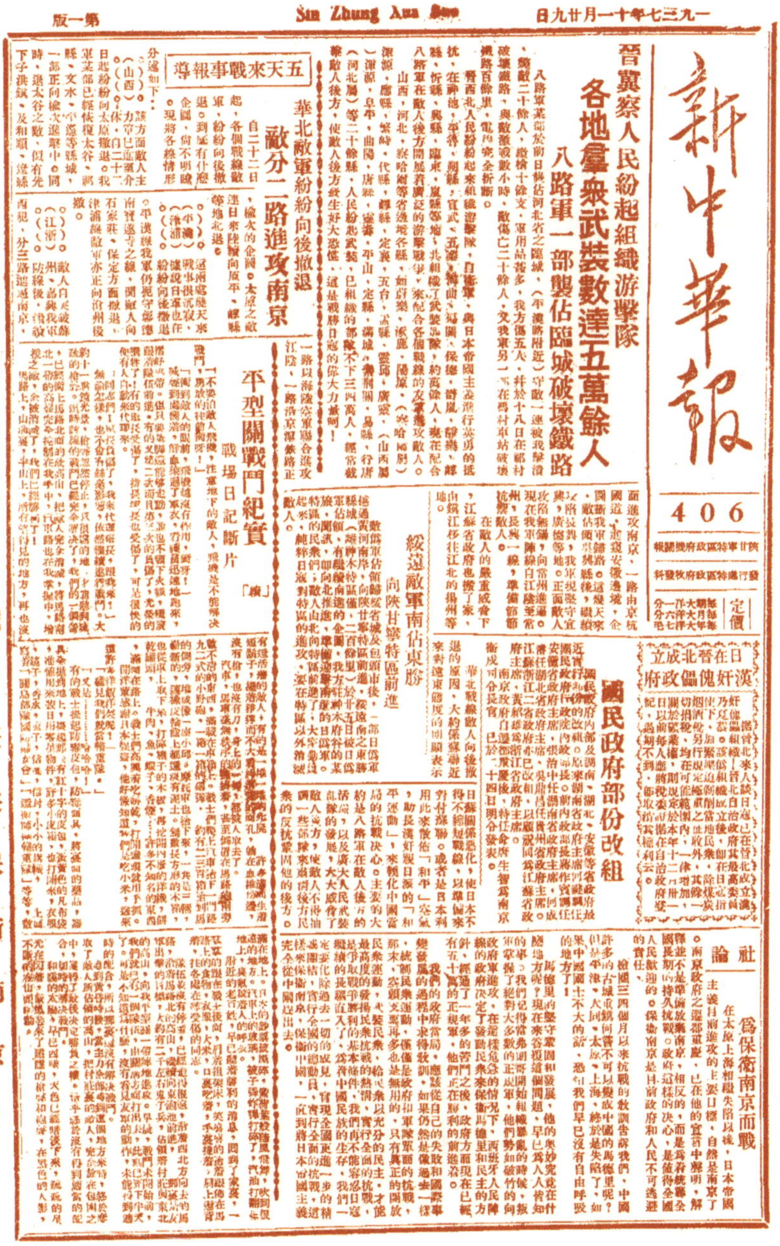

一九三七年十一月廿九日 Sin Zhung Hua Bao 第一版

新中華報

406

陝甘寧特區政府機關報

晉冀察人民紛起組織游擊隊
各地羣衆武裝數達五萬餘人
八路軍一部襲佔臨城破壞鐵路

五天來戰事報導

華北敵軍紛紛向後撤退
敵分二路進攻南京

平型關戰鬥紀實
戰場日記斷片

綏遠敵軍南佔東勝
向陝甘寧特區前進

日寇在晉北成立漢奸傀儡政府

國民政府部份改組

社論
爲保衛南京而戰

發動全面的全民抗戰，堅決保衛南京！

《新中华报》第 406 期，1937 年 11 月 29 日第 1 版

八路军某部于前日袭占河北省之临城，（平汉路附近）守敌一连被我击溃，毙敌二十余人，缴枪十余支，军用品甚多，我方伤五人。并于十八日在祁村破坏铁路，与敌激战数小时，敌伤亡二十余人。又我军另一部在冯村车站破坏铁路百余里，电线完全折断。

晋西北人民纷纷起来组织游击队，（、）自卫军，与日本帝国主义进行英勇的抵抗。在神池、平鲁、朔县、宣武、五寨、河曲、偏关、保德、岢岚、静乐、崞县、忻县、兴县、临东、岚县等地，共组织了武装部队，约万余人，现在配合着八路军在敌人后方开展着广泛的游击战争，来配合各个战线的友军进攻敌人。

山西、河北、察哈尔等省边境各县，如蔚乐、涿鹿、阳原、（察哈尔属）浑源、应县、繁峙、代县、崞县、定襄、五台、盂县、灵丘、广灵、（山西属）浑源、阜平、曲阳、唐县、灵寿、平山、定县、满城、紫荆关、易县、浑源、行唐（河北属）等二十余县，人民纷起武装，已组织的部队不下三四万人，经常截击敌人后方，使敌人后方发生好大恐慌。这是战胜日寇的伟大力量呵！

1937年10月，日军2个多师团分两路沿正（定）太（原）铁路及其南侧向太原进攻。为支援国民党军保卫太原，八路军总部命令第115师2个团和第129师1个团在山西省平定县广阳以南地区设伏，打击日军。当日军第20师团辎重部队进入伏击地区时，八路军突然发起猛攻，激战4小时，消灭敌人约1000人，缴获骡马700多匹和大批军需品。

全面抗战爆发以来，战死的日军也有万人了，竟然无一被俘。日本兵平素深受“武士道”精神的毒害，对待中国军民异常残暴，唯恐被俘后遭到报复，因此宁死也不缴枪。八路军第115师在平型关歼灭日军千余人，没有抓到一个俘虏。因此，第115师343旅参谋长陈士榘一直在暗中背诵战场上的日语喊话，想活捉一个日军俘虏。

一进入广阳镇，听说我们的部队刚刚用手榴弹消灭了一所房子里的日军，只剩下一个日本兵仍在负隅顽抗，陈士榘让战士们将房子围住，自己则在夜色的隐蔽下悄悄靠近窗口。他用不久前才学会的日语喊道：“缴枪不杀，宽待日本俘虏！”几个战士跟着喊开了。可那个日本兵继续向外打枪。等到屋子里安静下来，战士们端着枪紧紧地把住各个门窗，防止日本兵突然向外冲，并且继续喊着“缴枪不杀”。这时，从屋里传出一句生硬的中国话：“明白，明白！”

等到八路军冲进屋去，才发现那个家伙躲在老乡的粮食筐里，吓得浑身发抖，欲动不能。陈士榘想向日本兵解释我们的战俘政策，可除了“缴枪不杀，宽待俘虏”“不要为日本军国主义卖命”这几句话以外，也不会说其他的日语。忽然，他想到汉文和日文有许多字的字形字意相近，于是，掏出一个笔记本，写下“你不要怕，我们是共产党领导的八路军，宽待俘虏”“只要你放下武器就不伤害你”几句话。日本兵拿起笔，写下“理解”两个字。陈士榘又写下：“你是哪个部队的？叫什么名字？”就这样，通过笔谈，陈士榘了解到这个日本兵叫加滕幸夫，是20师团79联队的辎重兵。

把加滕幸夫送到686团指挥所，团长李天佑看到陈士榘带了个活的日本兵来，笑着说：“你到底抓了个活的回来了。师里打电话问你，我说你抓俘虏去了，师里还说你是个‘冒失鬼’，让告诉你注意安全。”陈士榘说：“不入虎穴，焉得虎子？你不冒险，能抓到俘虏？”大家闻声都笑了起来。

广阳两次伏击战，沉重打击了西犯的日军，迟滞了日军进攻太原的行动，有力地支援了友军作战。

神头岭歼灭战：独木桥上短兵相接

敌图二次贯通津浦线失败

八路军在晋东南连获三捷

敌大批增援江南防我反攻

目前战局一天一天稳定了

1938.3.25

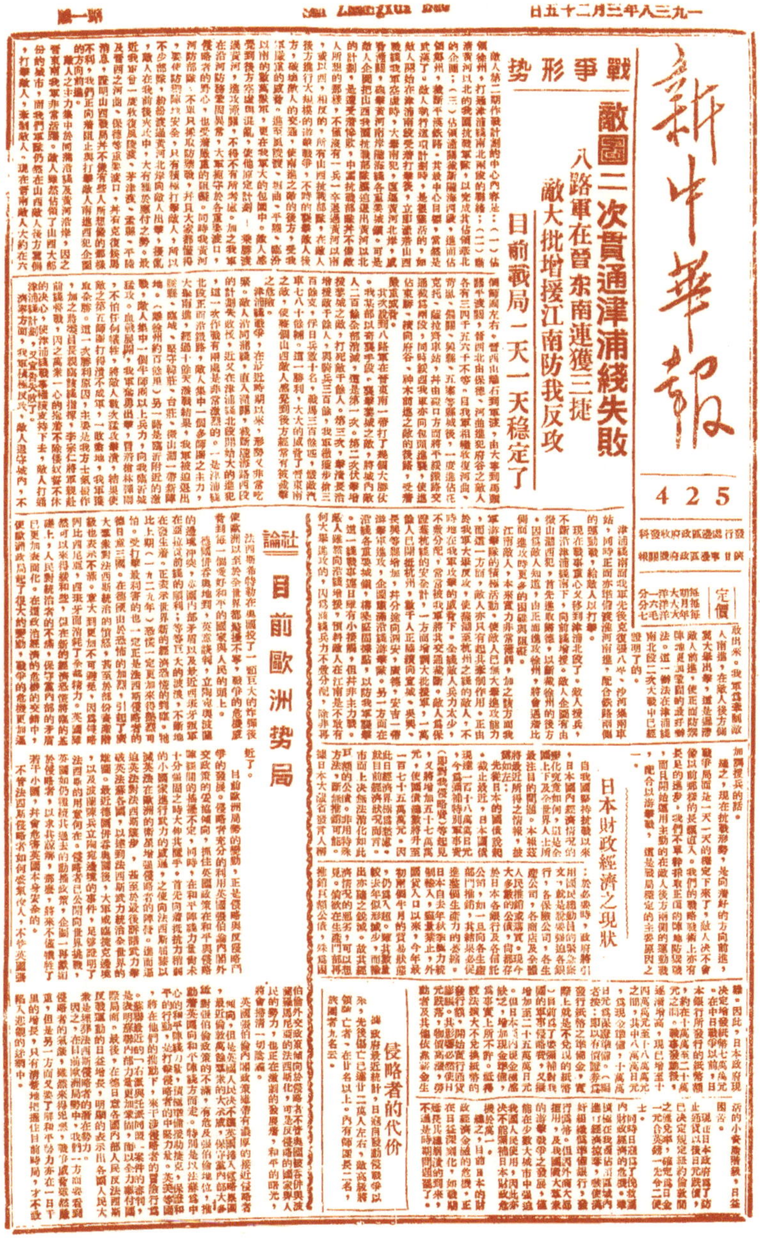

《新中华报》第 425 期，1938 年 3 月 25 日第 1 版

…………

其次说到八路军在晋东南一带打了几个大胜仗。我某部以奇袭手段，袭击黎城之敌，将城内敌人二百余全部消灭，这是第一次。第二次伏击增援黎城之敌，打死敌千余人。第三次，击溃长治增援敌千余人，与骑兵三百余，我军缴获步枪三百余支，俘日兵数十名，战马三百余匹，毁敌汽车七八十余辆。这一胜利，大大的（地）威胁了晋东南之敌，使整个山西敌人感觉到后方经常有被截击之危险。

津浦线战争，在最近时期以来，形势又非常吃紧。敌人沿同蒲线，直入潼关，截断陇海路西段的计划失败后，近又在津浦线北段开始大的进犯，这一次作战有两处是非常激烈的。一是津浦线北段正面沿铁路，敌人集中一个多师团之主力，大举南进，经过十余天激战结果，我军被迫退出滕县、临城，坚守韩庄、台庄、微山湖一带新阵地。（离徐州约百余里）另一路是临沂附近的激战，敌人集中一个半师团以上兵力，向我临沂城猛攻。血战展开，我军奋勇出击，冒着枪林弹雨，不怕任何牺牲，将敌人数次猛攻击溃，结果使敌之第五师团打得溃不成军，一败涂地，我军获取全胜。

…………

为打击侵入山西东南部的日军，1938年3月上旬，八路军129师奉命由正太铁路（今石家庄—太原）附近进至晋东南，侧击由邯郸经东阳关向潞城、长治进犯的日军第108师团，破坏日军向晋南、晋西进犯的交通运输线。日军重要的兵站基地黎城与其重兵据守的潞城之间为一片丘陵地带，还有河水相隔。129师师长刘伯承、政委邓小平决心利用这一地形袭击黎城，再乘潞城日军出援时于途中伏击歼灭敌人。计划以385旅769团袭击黎城，以386旅在潞河村与微子镇之间的神头村以西山岭设伏，歼灭潞城出援日军。

在386旅旅部，旅团领导正在研究一份国民党军提供的地图。从图上看，距潞城县城东北12.5公里处的神头岭是个好的伏击地点，公路从一条深沟的沟底通过，两旁地势陡险利于部队隐蔽。但是陈赓旅长没有马上下结论，他问大家："谁看过神头岭地形？"见没有人吭声，他笑了起来，说："这不是纸上谈兵吗？"他建议大家停止开会，先去看看地形。

果然，实际地形与地图所示全然不同，公路不在山沟里，而在一条几公里长的光秃秃的山梁上，山梁宽度仅一二百米。两侧没有任何隐蔽物，地势比公路还略高些，紧贴着公路还有国民党军以前修筑的工事，早已废弃。神头村在山梁西边，只有10多户人家。看到这样的地形，众人一时都愣住了，这里既不适合埋伏，也不利于部队展开。

回到旅部，对在哪里打伏击大家意见不一。陈赓却说："这一仗还是在神头岭打好。"他分析道，因为地形不够险要，敌人必然麻痹，公路旁边的工事最远的离公路不过百来米，最近的也就20米。假如我们把部队隐蔽到工事里，就在敌人鼻子底下，敌人是很难发觉的。而且山梁狭窄，我们的兵力不易展开，敌人更难展开。陈赓问道："独木桥上打架，对谁有利呢？"771团徐深吉团长接过话头："谁先下手谁占便宜！"

16日9点多，日军的队伍出现在微子镇方向，在到达神头村之后突然停了下来。等了半天，一支由30多名骑兵组成的搜索分队开始四处察看。眼见搜索队沿着一条放羊小道走向772团1营阵地，埋伏在草丛里和旧工事里的指战员们捏了把汗。但正如陈赓所预料的，敌人的注意力在沟对面的申家山，没把鼻子底下的旧工事放在眼里。

敌人的大部队很快进了八路军的伏击圈。随着攻击的信号响起，横飞的弹片、翻腾的硝烟和黄土顿时吞没了山梁。指战员们从工事里、草丛里冲出来，奋力用刺刀、长矛刺杀敌人。有的战士使用的红缨枪，也在这场短兵相接的战斗中发挥了特有的威力。经过2小时的激战，日军除100余人逃跑外，其余全部被歼。与此同时，黎城增援之敌、潞城留守之敌均被我阻击。至16时，战斗结束，毙伤俘敌1500余人，我伤亡240余人。

战后，刘伯承师长赞扬神头岭伏击战是“吸敌打援”的一个好战例。日军统帅部把这次伏击战看作八路军“典型的游击战”。日本《东亚日报》随军记者在这次战斗中侥幸逃脱，他写了一篇名为《脱险记》的报道，称神头岭战斗大伤日军元气，八路军灵活的战术实在使人难以捉摸。

响堂铺伏击战：沉着果敢抓战机

抗战以来第一次大胜利

津浦北段我军三路大捷

正面克临城韩庄左翼攻占济宁

残敌向北窜鲁南敌呈全线崩溃

各地游击战继续开展，抗战全局好转！

1938.3.30

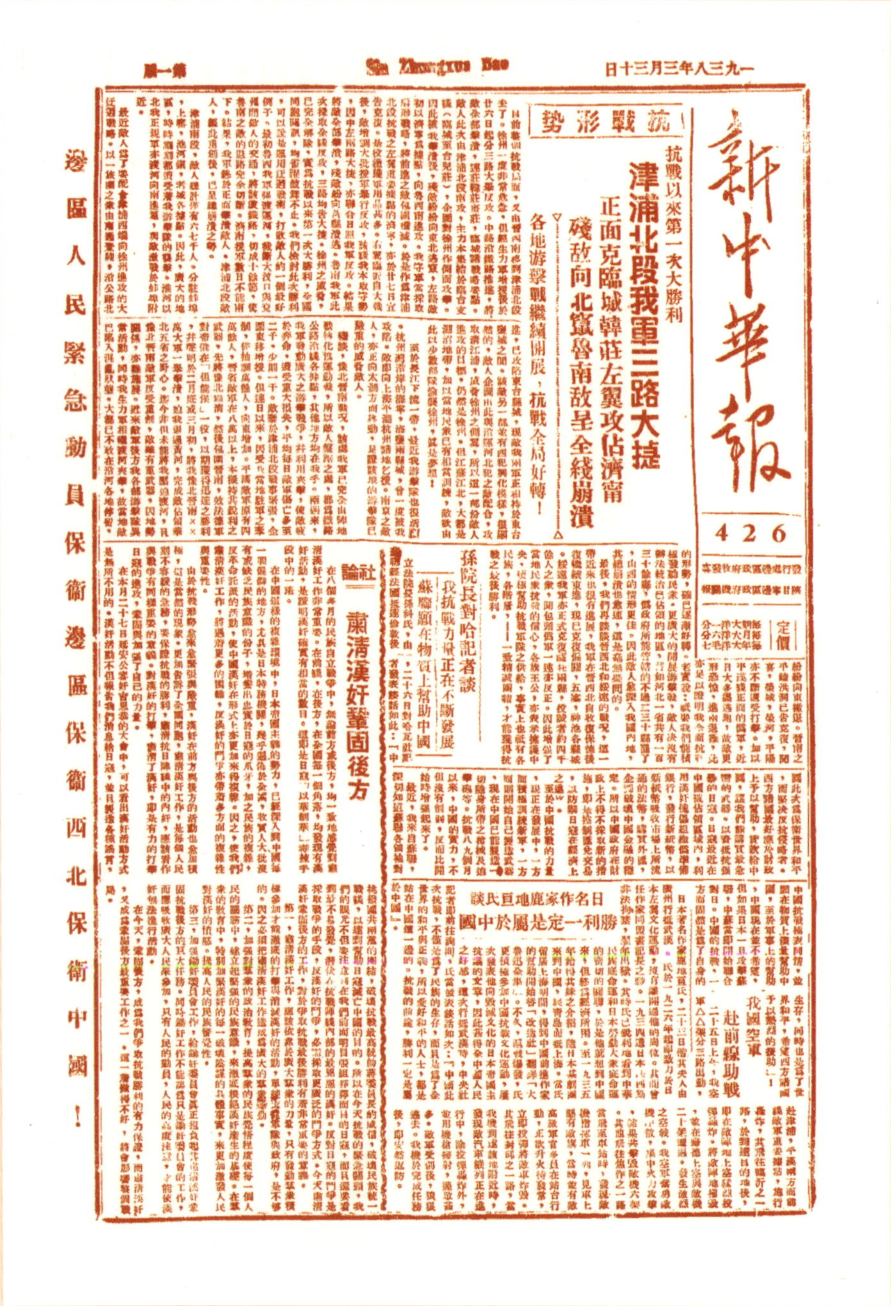

《新中华报》第426期，1938年3月30日第1版

目前整个抗战局面，又由晋西南移到津浦北段去了。徐州一度非常危急，但经生力军增援后于廿六日起分三路大举反攻。中路沿铁路推进，将敌全部击溃，连庄韩庄枣庄，临城诸战略要点。敌人此次由津浦北段南攻，主力本集结于临台支线（临城至台儿庄），企图对徐州作（做）侧面攻击。因此被我击溃后，残敌纷纷向东北逃窜，左路敌初以济宁为据点，向鲁西南进攻。我守军当采取扇形战略，将前进之敌包围歼灭。于是作为津浦北段抗战之左翼重要据点的济宁，亦于廿七日宣告克复。是役缴获军用品甚多。右翼临沂自大战后，敌增调大批援军举行反攻，该线我本取守势，因中左两路大捷，亦联合日照我军反攻。结果将敌全部击溃，残敌纷向莒县溃逃。鲁南我军此次采取全线反攻，三路均告大捷。徐州之威胁，已完全解除，实为抗战以来第一大胜利，全国同胞闻讯，均雀跃鼓舞不止。我们检讨此次胜利，可以说是运用迂回战术，打败敌人的一个最好例子。最初鲁西我军强渡运河，截断大汶口与兖州间敌人的交通，将该段铁路，切成十余节，使鲁南之敌的退路完全切断。济南援军数日不能南下。结果，我军终于正面击溃敌人。津浦北段敌人，经此重创后，已呈总溃败之势。

…………

1938年3月下旬，侵入晋南、晋西的日军在连遭打击的情况下，仍相机进攻潼关、西安、陕甘宁边区，继续向黄河各渡口进犯。为打击和牵制向晋东南进攻的日军，断其从邯郸至长治的后方交通运输线，八路军第129师以2个团的兵力进至邯长公路黎城至涉县间的响堂铺地区设伏，另以一部兵力向黎城、涉县方向警戒，阻击增援日军。

响堂铺两侧为山地，中间有一条长长的峡谷，山谷中是简易公路，公路以南的悬崖地势险要，公路以北的山地地形起伏，便于隐蔽。30日晚上，部队带干粮向响堂铺进发。副师长徐向前要求各团在31日拂晓前进入阵地，同时严密做好隐蔽、伪装和防空。虽然连日下雨，山顶还在飘雪，道路泥泞不堪，但战士们听说又要打伏击战，仍旧热情高涨。

31日拂晓，敌人忽然由东阳关出动近200人，袭击了我772团7连。经查，是汉奸告密。同时，发现长宁东南高地有敌骑兵向我侧后运动。如果是敌人已发现我设伏企图，我部队就要放弃行动，避免冒险。但如果敌人尚未发现，我盲目撤出，就丧失了一次胜利的机会。这一难题摆在了徐向前面前。他对着地图反复研究思索，判断道：这个情报不可靠，如果敌人真的发现了我们的行动，绝不会只派这么一点兵力，敌人应该是另有他图。他下指示："没有我的命令，原计划不得变更，部队不能动，要严密埋伏，不得暴露。情况先不要向下传。"

果然，探听情况的侦察人员回来报告说，所谓的"敌骑兵"实际上是老百姓赶着几头驮着重物的驴子经过。徐向前要求772团加强我右后方警戒，各部队继续隐蔽，耐心埋伏，等待战机。

到了8点半，日军由黎城经东阳关向响堂铺开进，辎重部队汽车180辆，掩护部队170余人，到9点左右全部进入设伏地区。我预伏部队突然发起攻击，打得日军张皇失措。经2个多小时激战，日军除少数逃跑外，均被歼灭。与此同时，黎城、涉县出援日军700余人被我担任警戒的部队击退。

此战共歼灭日军400余人，烧（击）毁汽车180辆，缴获长短枪130余支以及迫击炮和大批军用物资，策应了晋西和晋西北的作战，有力地配合了黄河两岸的防御作战，对开辟晋东南根据地具有重要意义。

战后的《一二九师战斗总结》曾特别指出："风传有敌人到来，我们老练的高级指挥员能沉着判断其不确，而未放弃这次胜利的战斗。"刘伯承也称赞道："向前还是当年之勇，沉着果敢！"

40多年后，徐向前赋诗回忆响堂铺战斗：巍巍太行起狼烟，黎涉路隘隐弓弦。龙腾虎跃杀声震，狼奔豕突敌胆寒。扑天火龙吞残虏，动地军歌唱凯旋。弹指一去四十载，喜看春意在人间。

七城战役：截断水源迫使敌人弃城

山西我军继续取得第三次大捷

1938.4.5

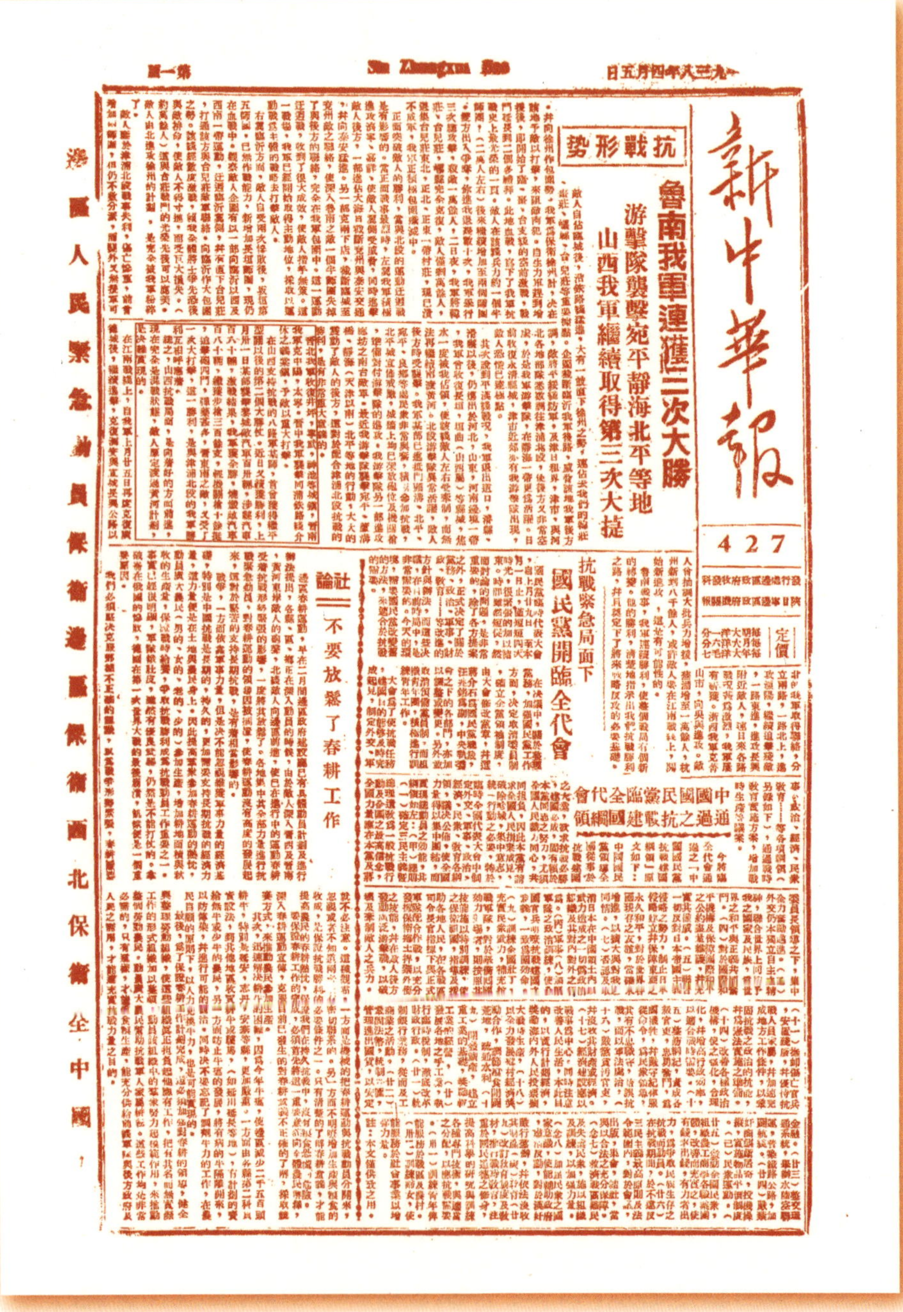

一九三八年四月五日 Sin Zhongxua Bao 第一版

新中華報

427

抗戰形勢

魯南我軍連獲三次大勝

游擊隊襲擊宛平靜海北平等地

山西我軍繼續取得第三次大捷

抗戰緊急局面下 國民黨開臨全代會

社論 不要放鬆了春耕工作

中國國民黨臨全代會 通過之抗戰建國綱領

全邊區人民緊急動員保衛邊區保衛西北保衛全中國

《新中华报》第427期，1938年4月5日第1版

…………

晋北我军收复井坪，（、）宁武，（、）神池等城镇，晋南我军克中阳、太宁。晋中我军袭击同蒲铁路线介休之义棠镇，予敌以重大打击。

在山西支持抗战的八路军某师，首会获得继平型关以后的第二个大胜仗。近日又续获胜利，上月卅一日某部袭击黎城敌汽车百卅辆，涉县汽车百六十辆，激战结果，我军获全胜，烧毁敌汽车百八十辆，缴获步枪三百余支，轻机关枪十余挺，迫击砲（炮）四门，弹药甚多，晋东南之敌，又受了一次大打击，这一胜利，是与津浦北段的我军胜利互相呼应着。

总之，山西抗战局面，是向着好的方面前进，现在完全是混战状态，敌人原定渡过黄河计划，是决（绝）难实现的。

…………

1938 年 2 月，日军第 26 师团进犯晋西北根据地，侵占宁武、神池、五寨、岢岚、偏关、河曲、保德七城。侵入南线的日军一部，一度进至黄河东岸，炮击西岸我军河防阵地，有渡河进犯陕甘宁边区之势。为粉碎日军围攻，并策应在晋南作战的国民党军，中央军委和八路军总部命令第 120 师师长贺龙、政委关向应率主力，由同蒲铁路北段太原至忻县（今忻州）间向岚县开进，击退日军，以破坏日军的围攻计划，巩固晋西北抗日根据地。

第 120 师以一部分兵力围攻敌占领县城，以主力和游击队在敌人后方广泛开展游击战争。战斗是从攻打岢岚县城开始的。承担作战任务的 359 旅发现，该城城墙异常坚固，难以强攻。但岢岚城四面环山，城内没有水源，生活用水全部依靠郊外岚漪河引向城内的汊渠。旅长王震决定以堵截水源的方式围困袭扰敌人，迫使其撤出岢岚，然后在运动中将其消灭。

7 日晚，堵塞汊渠控制水源后，八路军的工事悄悄向前推进。第二天早上，日军驱马出城饮水，来到河边，看到干涸的河床，顿时呆若木鸡，只能远远看着岚漪河水，垂头丧气地牵马回去。不一会儿，一阵喧嚣声响起，高大的城门突然敞开，马群嘶鸣着跑出来，直奔岚漪河。原来是日军企图出城抢水。八路军战士们早已准备好了机枪，一发发子弹打在马屁股上，马惊跳起来，敌人也被打得仰面朝天、乱作一团，慌忙退缩到城里去了。

见敌人几次意图抢水，旅部命令部队组织严密的火力网封锁岚漪河，控制住城外的水源。到了晚上，八路军不间断的袭扰活动，更是搞得岢岚城几乎被闹翻了。白天出不了城，到了夜深人静，一伙敌人提着帆布桶，顺着绳子从城墙上溜下来，摸索着往河边走。没想到八路军的伏兵提前恭候在此，给敌人以猝不及防的打击。战士们趁势迫近城根，开枪射击佯装攻城。守城敌人盲目还击，操枪弄炮打了一宿。

在被困了三天三夜之后，日军饥渴难耐、疲困不堪，弃城向北逃窜。傍晚，在距岢岚县城约百里的三井镇，敌人正在架锅做饭，喘息未定之时，359 旅主力就已追了上来。717 团和 718 团 2 营分别从东南和西面发起进攻，与敌人展开了肉搏战。激战至次日拂晓，日军一部突出重围，朝五寨方向逃去。359 旅首战告捷，收复岢岚县城。

经 20 多天血战，第 120 师共毙伤日军 1500 余人，缴获枪 200 余支、汽车 14 辆、骡马 100 余匹，连克岢岚、五寨、神池、宁武，迫使保德、河曲、偏关之敌全线撤退，粉碎了日军大规模围攻的计划，巩固了晋西北抗日根据地，对保卫陕甘宁边区具有重要意义。

长乐村战斗：奇袭出奇效

第一二九师关于长乐村战斗给第十八集团军总部和中央军委的报告

1938.4.17

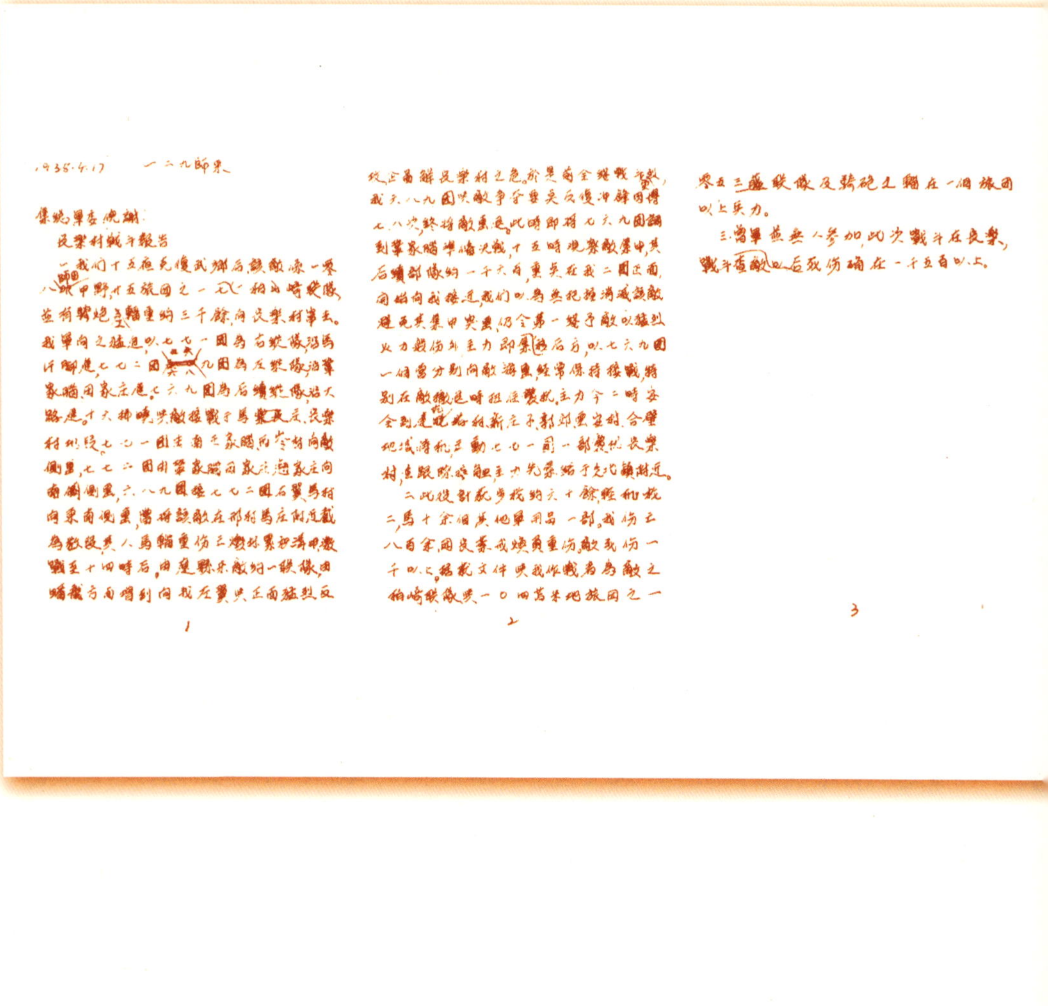
1935.4.17　一二九師來

長樂村戰斗報告

第 129 师关于长乐村战斗给第 18 集团军总部和中央军委的报告

集总、军委、倪、谢：

长乐村战斗报告

一、我们于十五（日）夜克复武乡后，该敌系一零八师团中野，廿五旅团之一一七柏崎联队，并有骑、炮、工、辎重约三千余，向长乐村窜去。我军向之猛追，以七七一团为右纵队，沿马汗脚进，七七二团、六八九团为左纵队，沿巩家脑（垴）、田家庄进，七六九团为后续纵队，沿大路进。十六（日）拂晓与敌接战于马庄、长乐村地段。七七一团由南王家脑（垴）、西岭村向敌侧击，七七二团由巩家脑（垴）、田家庄、赵家庄向南侧击，六八九团接七七二团右翼马村向东南侧击，当将该敌在邢村、马庄附近截为数段，其人马辎重伤亡、毁坏累积沟中。激战至十四时后，由辽县来敌约一联队，由蟠龙方面增到（，）向我左翼与正面猛烈反攻，企图解长乐村之危。于是全线战斗更烈，我六八九团与敌争夺要点反复冲锋肉搏七八次，终将敌击退。此时即将七六九团调到巩家脑（垴）准备决战，十五时观察敌集中，其后续部队约一千六百，重点在我二团正面，开始向我接近。我们以为无把握消灭该敌，避免其集中突击，仍令第一线予敌以猛烈火力杀伤外，主力即移集后方，以七六九团一个营分别向敌游击，经常保持接战，特别在敌撤退时扭住袭扰。主力今二时安全到达圪塔村、新庄子、郭郊、云安村、合壁地域待机，出动七七一团一部袭扰长乐村，并跟踪接触，主力先集结于史北镇附近。

二、此役计缴获步枪约六十余、轻机枪二、马十余个（匹），其他军用品一部。我伤亡八百余，团长叶成焕负重伤。敌死伤一千以上。据获文件与我作战者为敌之柏崎联队与一〇四苫米地旅团之一零五三藤联队及骑（、）砲（炮、）工（、）辎在一个旅团以上兵力。

三、曾军并无人参加，此次战斗在长乐，战斗以后查敌死伤确在一千五百以上。

这是中央档案馆保存的一份电报，记录着八路军第129师向总部和

军委报告的一场漂亮胜仗，那就是粉碎日军九路围攻的长乐村奇袭战。电报以“长乐村战斗报告”为主题，详细记载了长乐村战斗所采用的战术及取得的战果。

1938 年 4 月初，日军以第 108 师团为主力的 3 万余人，分九路向晋东南根据地发动大规模围攻，企图围歼八路军总部及第 129 师主力。为了让日军“九路围攻”的计划彻底破产，在朱德总司令指挥下，八路军第 129 师主力和第 115 师一部与来犯日军展开了一场硬碰硬的大战，主战场就在山西省武乡县城以东的长乐村。

1938 年 4 月，日军第 25 师团柏崎联队逾 3000 人被八路军诱敌深入到长乐村。日军虽然分九路围攻晋东南根据地，但是有六路都受到了八路军和朱德总指挥指挥下的第二战区东路军国民党军队的钳制，基本处在徘徊状态，只有三路侵入根据地腹地。其中深入到武乡附近的是日军第 108 师团 117 联队，他们长途冒进疲劳不堪。为了进一步消耗日军，根据地军民把粮食都藏起来，把水井堵住或污染，让日军找不到吃的，找不到喝的。日军从榆社“扫荡”，返回武乡时，已是穷途末路。

看到日军已成饥疲之师，朱德、彭德怀果断命令第 129 师主力迅速出击。第 129 师首长令陈赓率 386 旅和第 115 师 689 团，如猛虎下山，以平行追击的战术追击日军，于 16 日晨将日军围在浊漳河河谷，在长达十里的战场上，将其截为几段，分别展开围歼。

14 时，日军 105 联队 1000 余人从辽县经蟠龙镇赶来增援，向 689 团、772 团阵地猛攻。17 时，又有日军 1000 余人从辽县增援。此时，国民党第三军曾万钟部就在蟠龙附近，但却按兵不动，致使八路军孤军作战，弹药消耗很大。第 129 师首长鉴于被围困河谷之日军已基本被歼，为避免伤亡过大，遂以 769 团和 689 团各一部布成游击网，攻击与迷惑敌人，主力部队则撤至云安村、合壁村一带隐蔽待命。长乐村战斗至此结束。

在长乐村激战中，八路军 4 个团全部投入野战，比平型关战役的规模还大。虽然付出了巨大的代价，但是它却成为“反九路围攻”中最关键的一战，影响了战役的走势。

长乐村战斗一仗歼灭日军 2200 人。此战之后，八路军乘胜追击，连同配合八路军作战的国民党军队又歼灭了 2000 多名日军，收复了 18 个县城，打破了日军对晋东南的九路围攻。

韦岗战斗：
找到打汽车的经验

陈毅、粟裕题诗祝贺韦岗战斗告捷

1938.6.21

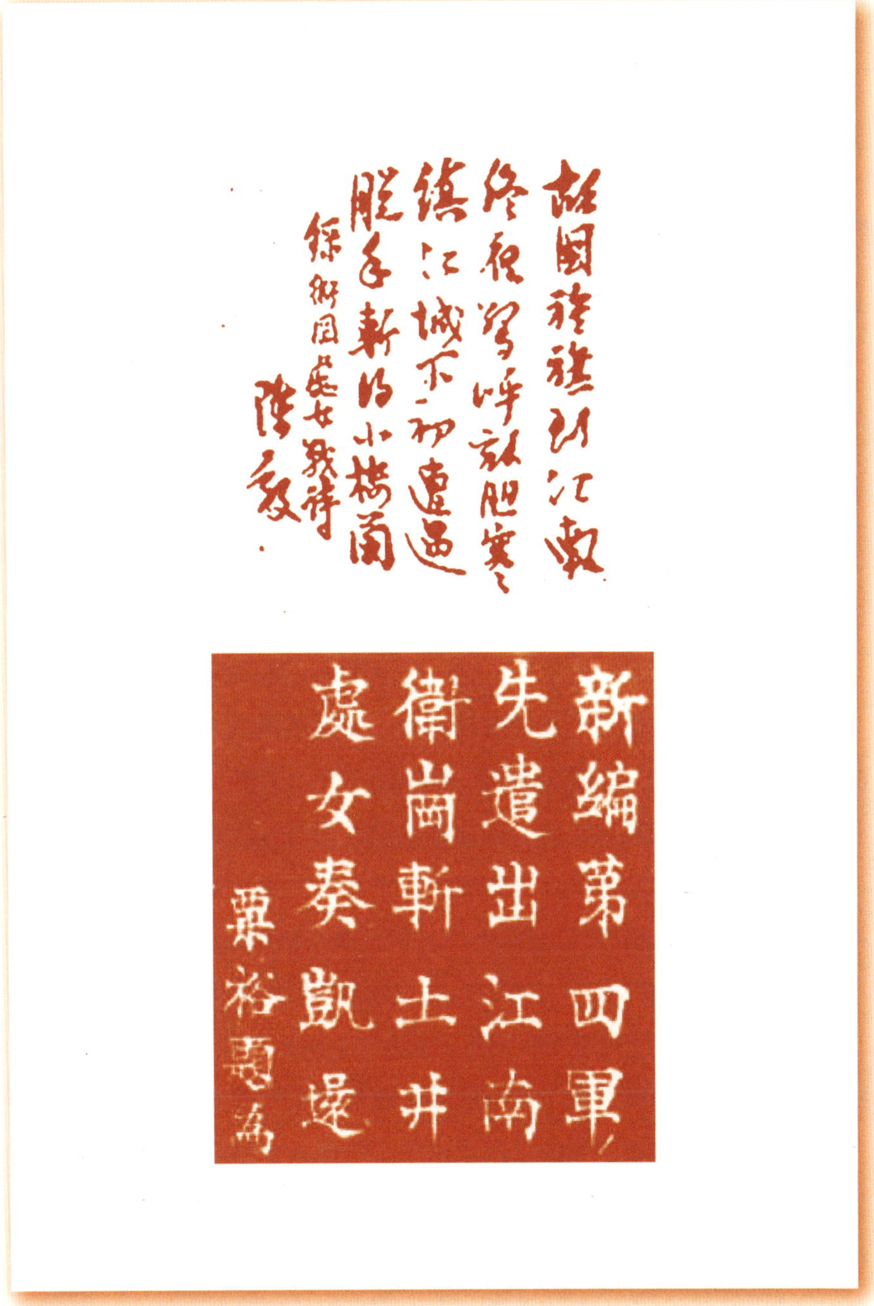

1938 年 6 月 21 日陈毅、粟裕题诗祝贺韦岗战斗告捷

陈毅题诗：

故国旌旗到江南，终夜惊呼敌胆寒。

镇江城下初遭遇，脱手斩得小楼兰。

粟裕题诗：

新编第四军，先遣出江南。

卫岗斩土井，处女奏凯还。

（卫岗，即韦岗。编者注）

1938年春，日军占领了华中广大地区。4月，新四军遵照中共中央关于“向苏浙皖边挺进，放手发动群众，开展游击战，创建以茅山为中心的苏南抗日根据地”的指示精神，以第1、第2、第3支队部分团以下干部和侦察分队组成先遣支队，向南京、镇江间进行战略侦察。先遣支队东进到镇江附近时，发现镇江到句容的日军汽车往来频繁。支队副司令员粟裕决定，在镇江西南15公里的韦岗设伏，袭击日军运输车队。

6月17日8点左右，日军30多人分乘5辆汽车由镇江向南驶出，当其进入伏击地域后，先遣支队突然发起攻击。机枪班迎头射中第一辆汽车，敌人弃车逃命。雨雾之中，后面的敌人竟然没有发现异常，第二辆车又进入了伏击区，遭到新四军的猛烈攻击，车子翻入公路北侧水沟中，车上的驾驶员和日军少佐土井被当场击毙。随后3辆汽车接踵而至，车上约有日军30名。粟裕命令战士们开火，先后击中第三辆和第四辆汽车。第五辆汽车急停在新四军火力射程之外。车上的日军纷纷跳车，就地卧倒在公路两侧，妄图继续抵抗。战士们冲下山坡奋勇拼杀，与日军展开白刃格斗，激战半小时，打死打伤敌人20多人，击毁汽车4辆。敌人只抢了一部分伤兵和尸体就逃跑了。

粟裕命令战士们迅速打扫战场，收集战利品，焚烧汽车，分路撤退。

很快，日军的卡车和坦克从镇江方向开来，还有 3 架飞机在低空盘旋。然而此时，粟裕早已带领部队安全撤离了。

为纪念韦岗战斗的胜利，粟裕乘兴作诗：新编第四军，先遣出江南。卫岗斩土井，处女奏凯还。

韦岗战斗的最大特点是伏击日军汽车。依靠机械化优势，日军在江南平原地区作战机动性强。粟裕敏锐地认识到，伏击敌人运兵车将成为新四军在江南作战的一种重要形式。战后，他给新四军军部写下《卫（韦）岗处女战》的报告，在最后部分专门列出一节，论述今后伏击汽车应注意事项，从打汽车的地形选择、火力配备、截获后的处置等 10 个方面，详细进行阐述，包括投掷手榴弹的提前量为多少米等一些细节问题也介绍得十分周到，为其他部队提供了克敌制胜的经验。

在新四军战史中，韦岗战斗规模不大，但是在国民党几十万军队连打败仗的严峻形势下，新四军苏南首战告捷，不仅鼓舞了苏南军民的抗日斗志，而且扩大了新四军的影响。战斗结束没几天，国民党第三战区某部派人向新四军要日军战利品，还提出要用机枪换日本步枪。粟裕笑着回绝了。部下问他缘由，他说：他们要是拿到这些战利品，一定会拍照到处吹嘘，说这仗是他们打的。

在新四军韦岗战斗缴获品的展览会上，陈毅司令员看到日本膏药旗、日钞、指挥刀、钢盔、军大衣、望远镜，当即口占七绝一首：故国旌旗到江南，终夜惊呼敌胆寒，镇江城下初遭遇，脱手斩得小楼兰。

夜袭新丰车站：火葬顽抗日军

新四军袭击京沪新丰站

缴获敌步枪焚烧敌军

1938.7.2

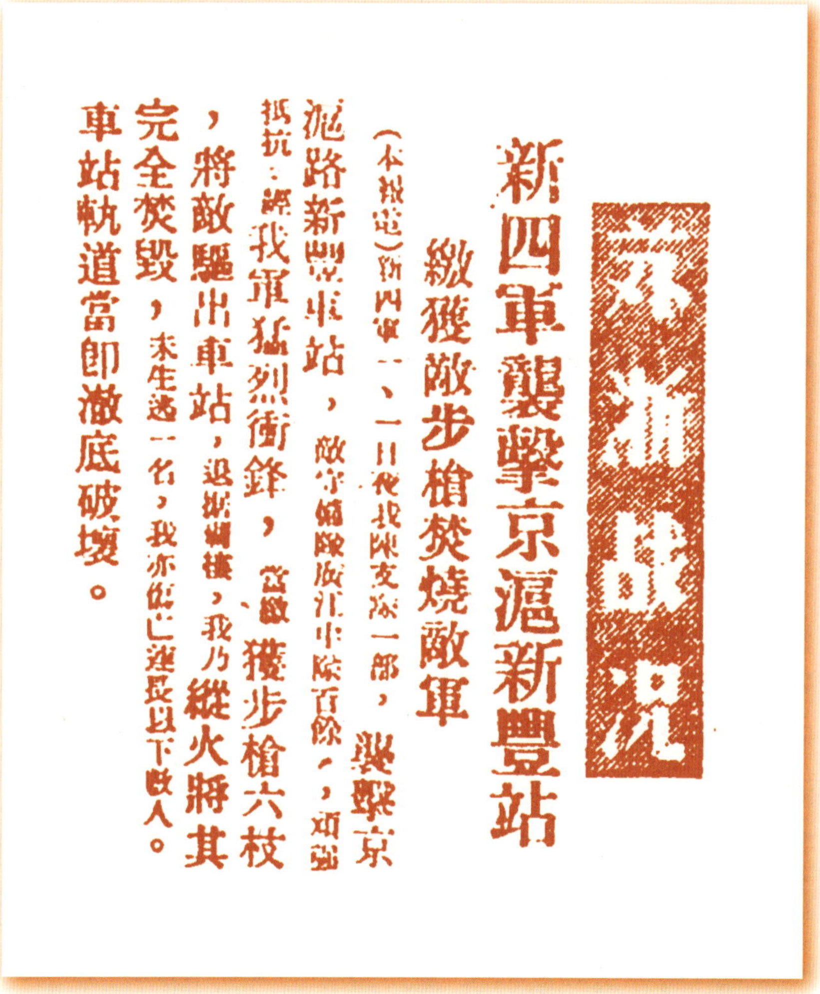

蘇浙戰況

新四軍襲擊京滬新豐站

繳獲敵步槍焚燒敵軍

（本報訊）新四軍一、二日夜我陳支隊一部，襲擊京滬路新豐車站，敵守備隊[illegible]江中隊百餘人，頑強抵抗，經我軍猛烈衝鋒，斃敵、獲步槍六枝，將敵驅出車站，退據碉樓，我乃縱火將其完全焚毀，未生逃一名，我亦傷亡連長以下數人。車站軌道當即澈底破壞。

《新华日报》1938 年 7 月 2 日

（本报电）新四军一、一日夜我陈支队一部，袭击京沪路新丰车站，敌守备队广江中队百余，顽强抵抗。经我军猛烈冲锋，当缴获步枪六枝（支），将敌驱出车站，退据（踞）碉楼，我乃纵火将其完全焚毁，未生逃一名，我亦伤亡连长以下数人。车站轨道当即澈（彻）底破坏。

新丰车站位于京沪铁路的镇江、丹阳之间，地处大运河与京沪铁路的交叉点，是日军交通线上靠近运河的重要据点，战略地理位置极其重要，日军为此派出一个小队 40 余人在这里防守。

1938 年 5 月，陈毅率领新四军第一支队挺进江南，积极对京沪铁路及公路沿线日军薄弱的据点进行袭扰。为了打击日军嚣张气焰，鼓舞人民群众的抗日信心，1938 年 6 月下旬，根据侦察所得情报，新四军第一支队决定攻打新丰车站。

6 月 30 日下午，第 1 营营长段焕竞率 1 营自访仙桥出发，进入新丰车站东南 9 公里的东岗附近隐蔽，准备发动夜袭。7 月 1 日晚上，第 1 营第 1 连在当地抗日自卫团和群众的配合下进入车站西北五六百米处，担负掩护任务，采取破路基、拆铁轨、拔电杆、割电线等方式切断日军的交通和电话联系。晚上 11 点，第 1 营第 2、3 连包围了车站，随即发动攻击。被惊醒的数十名日军窜出房屋，企图突围。敌我双方展开肉搏战，约 15 分钟，这批日军被歼灭。残余日军见势不利，像缩头乌龟一样坚守不出，垂死挣扎，妄图等待援军。为速战速决，新四军决定采取火攻，集中火力封锁了敌人营房窗口，掩护突击组接近日军营房，战士们从附近抱来几捆麦草，堆在营房周围，又倒上在车站找来的煤油，实施火攻。由于日军营房是木质结构，因此转眼之间整个营房成为巨大的火场，受到烟熏火燎的日军从营房窜出，鬼哭狼嚎，立刻成为活靶子。新四军快速全歼车站守军。7 月 2 日黎明，气急败坏的日军派出的 1000 余援军抵达新丰车站，然而此时新四军早已转移。

1938 年 7 月 2 日，《新华日报》对新丰车站战斗进行了报道。这是新四军挺进江南的首次夜战，虽然战斗规模不大，但在当时敌强我弱的情况下，有力地打击了日军的嚣张气焰，提振了苏南军民的抗日热情，为新四军创建敌后根据地打下了坚实基础。

冀中区
反五次“围攻”：炊烟中的便衣拾粪人

两个多月以来八路军战斗胜利汇报

大小胜利战斗二百余次

敌伤亡两万我缴获无数

1938.12.25

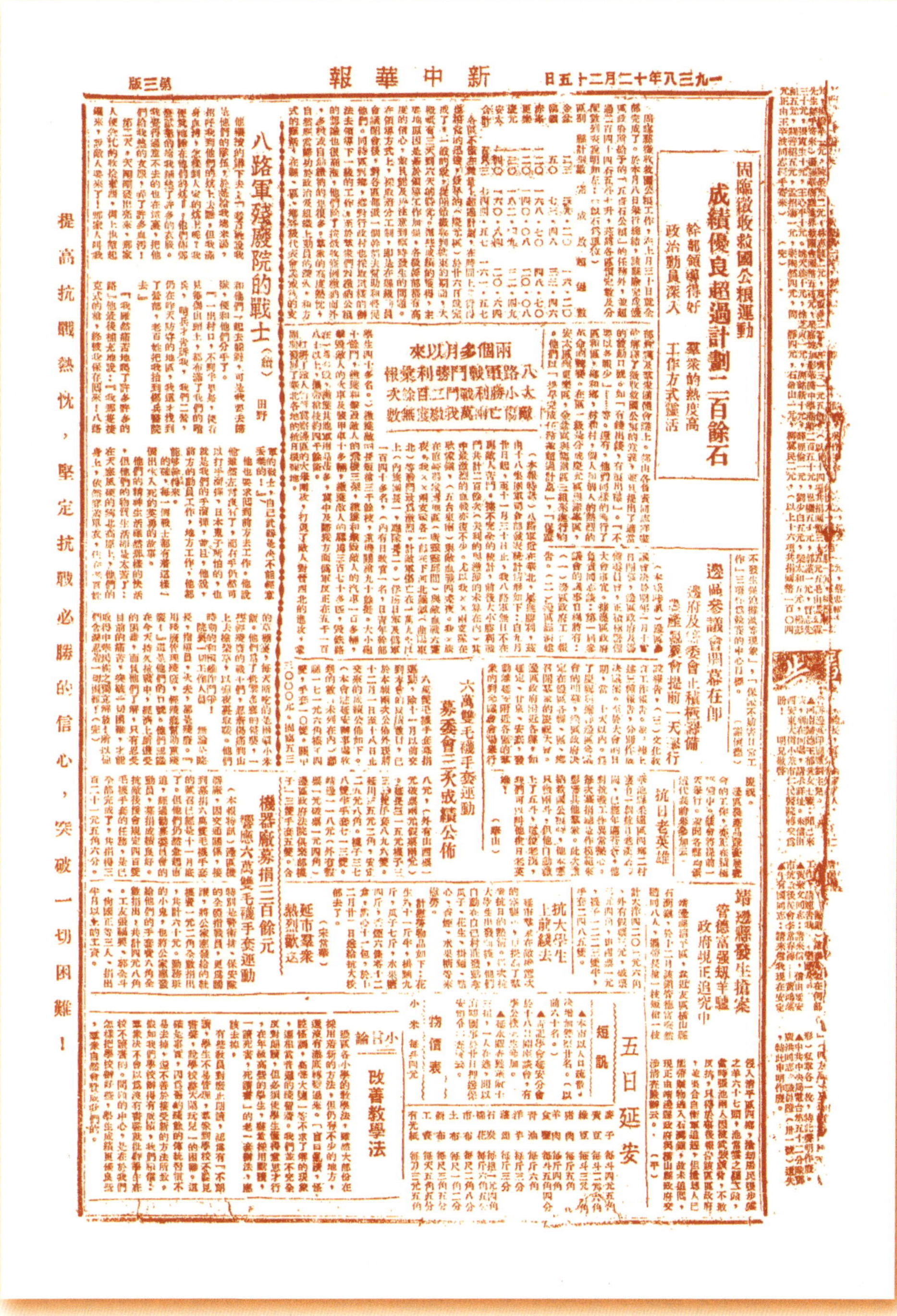

《新中华报》第 474 期，1938 年 12 月 25 日第 3 版

（本报特讯）八路军近在华北，屡获胜利，兹由十八集团军司令部发表统计情形如下：自九月廿日起，至十一月三十日止，我八路军无日不在与敌人苦斗。据不完全的统计，前后大小胜利战斗共计二百余次（失利的与缴获的未算在内）（。）其中最激烈的血战亦复不少。尤以我××两支队在耿家镇，（五台东南）与敌血战四昼夜。我×旅在直峪冯家沟地区（广灵灵丘间）与敌血战六昼夜。我××两支队各一部在下河北□□（曲阳东北）等战斗最为激烈。计敌军伤亡在一万九千以上（内旅团长一，联队长二。）俘虏日军及伪军一百四十多名，（内有日教官一名，日青年干部学生四十多名。）缴获敌的长短枪三千余枝（支），重机关枪（机枪）九十余挺。大小砲（炮）十余门，缴获和击毁敌人的飞机三架，缴获和击毁敌人的汽车一百多辆，击毁敌人的火车及装甲车十多辆，缴获敌人的骡马三百七十多匹，毁铁路在一百多段，缴获其他军用品甚多，冀中及归绥方面伪军反正在五千一百八十以上，携带枪枝（支）约四千余条。

打破了敌人对晋冀察边区的大举围攻，打退了敌人对晋西北的进攻，巩固与发展了华北各地的抗日根据地。

1938年11月至1939年4月，日军华北方面军采取“分进合击”的战术，以2个师团和1个独立混成旅团及伪军各一部，共约2.6万人的兵力，对冀中抗日根据地相继发动五次“围攻”。八路军第3纵队兼冀中军区粉碎了日伪军对大清河以北及潴龙河以西地区的第一、第二次“围攻”。受中央军委指令，贺龙、关向应率120师主力挺进冀中平原，巩固冀中抗日根据地，帮助在冀中坚持斗争的八路军第3纵队，又粉碎了日伪军对潴龙河与子牙河之间、滹沱河以南及冀中中心地区的第三、第四、第五次“围攻”，迫使日伪军力量逐步收缩于主要县城。五次反“围攻”，共作战160余次，歼灭日伪军5500余人，取得平原地区连续反围攻作战的胜利。

在连续进行了4次反围攻作战后，部队进行休整，在东湾里召开冀中区党政军联席会议，分析讨论冀中的斗争形势、斗争方针，以及统一指挥等问题。会议正在进行中，师侦察连报告说，自2月下旬以来，驻河间的日军每天都派出不足200人的兵力到附近的村镇抢粮抓人。这支日军隶属于第27师团第3联队，一般是按照单日出西门、双日出东门的规律行动。贺龙决定抓住这个机会打一次伏击。

28日夜，我716团夜行进至距河间城西南约8里地的黑马张庄隐蔽设伏。3月1日清晨，一队日军从河间城的西门出外巡逻。由于接连遭到重创，日军快到黑马张庄时，先派出40多人在村子百米外停下来观望，远处还有70多人止步不前，在谨慎地察看四周情况。

此时的村庄被晨起的炊烟笼罩，村头还有几个拾粪的老百姓，与往常没什么两样。日军看不出异常，准备集合进村。就在这时，那几个拾粪人中的一个，忽然扔掉粪筐和粪叉，大喊："敌人来了，快打！"原来他们是716团侦察员化装的。只听一声枪响，埋伏已久的3营立即开火，子弹、手榴弹同时打向敌人，敌人当场被打倒一大片。敌人的后续部队见状跑向村南，又被埋伏在那里的2营迎头痛击。慌乱中日军退到村外的坟地里，企图继续顽抗。716团的迫击炮连又狠狠地教训了他们。河间城内的日军闻讯连续三次向黑马张庄派出援兵，兵力一度达到450多人。

此时，吕正操、程子华奉命率八路军第3纵队30大队佯攻河间城，很好地配合了716团的作战。日军疲于应付，战至黄昏，在716团的猛烈攻击下，终于支持不住，狼狈逃回河间城。

这场战斗歼灭日军130余人，缴获各种枪支60余支，子弹、炮弹7000多发，还有毒气、防毒面具等物资。120师在进入冀中1个月内，就取得了4次战斗的胜利。日军对此大为震惊，在其文件中称："贺将军此来，对北支之威胁更非昔比。尤其直接威胁平津，不容坐视……"

120师的作战提高了八路军在冀中的威信，振奋了第3纵队和冀中群众对战争胜利的信心。一些群众主动给火线上的部队送饭，用牛车抢运伤兵。716团请的一个向导过去当过兵，他看到一个机枪手在作战中受了伤后，自己跑到阵地上搬起机枪对敌人开枪射击。

齐会战斗：120师威震冀中平原

八路军河间大捷

敌一联队伤亡殆尽

我在毒气弥漫中与敌苦战

1939.5.7

八路军河间大捷

敌一联队伤亡殆尽　我在毒气弥漫中与敌苦战

【本报前方三日专电】河北省河间县城敌第二十七师团之住蕊联队，主力二千余人，伪军二百余，大车百余辆，于上月二十二日黄昏由河间出发，向城东北运动，我八路军×部以一部兵力占领齐东，构筑工事扼守，敌于二十三日晨向我齐会（河间东北三十里）阵地攻击，激战终日，敌虽猛攻，均被我击退。二十四日晨敌以全力向我猛冲，我守御部队被敌四面包围，敌又施火攻毒攻，我军仍不顾一切牺牲，顽强抵抗，战至午时，敌锋渐挫，我××主力及×纵队一部，向敌两翼猛烈突击，又激战十余小时，敌受我三面夹攻，即大放毒瓦斯，图做最后挣扎。我军在毒气迷漫中，仍猛烈攻击，卒于二十五日晨将敌全部击溃，追至留古镇，残敌复被我尾追截击，大部消灭，余敌乘夜逃回河间。此次战斗历三昼夜，我全体官兵杀敌精神，殊堪钦佩。我虽有壮烈牺牲与负伤中毒，但终获取光荣之胜利，计敌伤亡七八百余人，敌死尸除焚毁外，尚被我方拾获百余具，生俘敌兵五名，敌伤兵二十余名，获步枪百余枝，短枪七枝，机枪十余挺，掷弹筒三个，山炮架一个，炮弹四十余箱，防毒面具七十余个，毒气十余筒，望远镜两个，子弹百余发，大车五十余辆（满载大米罐头及死尸），大衣二百余件，军毯二百床，其他军用品甚多。

我越襄河出击

克服〔复〕重要据点多处　鄂东克麻城逼宋埠　鄂南分路进攻崇阳

鄂　中

襄河东岸及钟祥之线，最近敌又增来一旅团，分向宜城京钟公路进攻，图驱逐我在襄河东之部队，但遭受到我军的打击。"三日拂晓我渡越襄河，向多宝湾罗汉寺街，洞港市三处之敌猛烈攻击，均被我击溃，汉宜路南之三要点，完全克复。我又向敌进击。一路已达观音湖渔新河，一路已至三合河（均在天门西）鄂中局势因我出击，敌已感受威胁，应山钟祥以北，敌攻势已挫，战事重心南移"。（宜城三日电）

鄂　东

随着鄂中数据点的克复，鄂东我军，亦正积极行动，配合鄂中我军的出击，"我某军三十日将克麻城之敌驱逐，复麻城，一日晨我又将中馆驿（麻城西南）收复。现我向宋埠进攻，宋埠之敌已呈动摇"。（宜城三日电）

鄂　南

"攻击羊楼司之我军，曾于一日晨一度冲入车站，以手溜〔榴〕弹，毙敌甚多。""我军

原载于《新中华报》1939 年 5 月 7 日第 1 版的报道《八路军河间大捷》

【本报前方三日专电】河北省河间县城敌第二十七师团之住蕊联队，主力二千余人，伪军二百余，大车百余辆，于上月二十二日黄昏由河间出发，向城东北运动，我八路军×部以一部兵力占领齐东，构筑工事扼守，敌于二十三日晨向我齐会（河间东北三十里）阵地攻击，激战终日，敌虽猛攻，均被我击退。二十四日晨敌以全力向我猛冲，我守御部队被敌四面包围，敌又施火攻毒攻，我军仍不顾一切牺牲，顽强抵抗，战至午时，敌锋渐挫，我××主力及×纵队一部，向敌两翼猛烈突击，又激战十余小时，敌受我三面夹攻，即大放毒瓦斯（毒气），图做最后挣扎。我军在毒气迷漫中，仍猛烈攻击，卒于二十五日晨将敌全部击溃，追至留古镇，残敌复被我尾追截击，大部消灭，余敌乘夜逃回河间。此次战斗历三昼夜，我全体官兵杀敌精神，殊堪钦佩。我虽有壮烈牺牲与负伤中毒，但终获取光荣之胜利，计敌伤亡七八百余人，敌死尸除焚毁外，尚被我方拾获百余具，生俘敌兵五名，敌伤兵二十余名，获步枪百余枝，短枪七枝，机枪十余挺，掷弹筒三个，山炮架一个，炮弹四十余箱，防毒面具七十余个，毒气十余筒，望远镜两个，子弹百余发，大车五十余辆（满载大米罐头及死尸），大衣二百余件，军毯二百床，共（其）他军用品甚多。

1939年4月23日，日军第27师团800多人，从河北省河间县（今河间市）以北三十里铺向齐会地区进攻，把八路军第120师的1个营包围在了齐会村。在地方武装配合下，第120师主力对进犯日军实施反包围，经3天激战，共歼灭日军70多人，同时击退任丘、大城和吕公堡的日伪援军。齐会一战，第120师威震冀中平原。这次战斗成为全民族抗日战争初期在平原游击战中大量歼敌精锐的首创模范战例。

在战斗中，日军丧心病狂地使用了毒气弹。在三次猛攻齐会村都没有得逞后，敌人气急败坏，不但放火烧毁村沿住房，还向周围施放了大量的毒气弹。因为此前曾受过敌人毒气的袭击，所以八路军早有防毒的准备，指战员们立即把大蒜嚼烂，塞在鼻孔里，再用湿毛巾把口鼻捂严。为保证机枪火力，共产党员纷纷把水壶送给机枪班备用，自己则忍着毒气的强烈刺激，虽然不停流眼泪、打喷嚏，有的还出现呼吸困难，但仍然奋不顾身地坚守着阵地。

毒气施放过后，很快，716团驻地小店和师部驻地大朱村村沿开始毒气弥漫。

此时贺龙师长正在村沿指挥作战，毒气袭来，他和司令部人员都中了毒，头晕目眩，泪流满面，呼吸困难。医务人员赶来抢救，要抬贺龙进村治疗。贺龙摆摆手，坚决不同意，要来一个蘸了水的口罩戴上，休息了一下，又起身坚持指挥战斗。

在贺龙的指挥下，八路军英勇作战，不但打破了日军的包围，粉碎其多次冲击，还在组织反击后，将敌压制于村西南的房屋和断墙残壁之间。经过八路军的昼夜打击，日军饥渴交加，死伤大半，已经草木皆兵。八路军发起总攻后，日军被歼灭大部，残部经沙河逃回河间城。

1939年5月，《新中华报》发表题为《华北新胜利与贺师长光荣负伤》的社论，指出此战不但给了敌人“扫荡”计划以有力回击，增加了敌后其他游击队胜利的信心，而且以事实揭破了部分别有用心的顽固分子对八路军造谣中伤、恶意宣传的诡计，称赞“贺龙亲率全体官兵，英勇出入敌阵地，冒烈火毒焰，击溃顽敌，虽不幸中毒负伤，但这是光荣伟大的，是为了国家民族的利益，证明了共产党员坚定不移的奋斗意志，英勇牺牲的伟大精神，是抗日前线的民族英雄”。

齐会战斗的胜利，揭穿了国民党顽固派对八路军“游而不击”的恶意中伤。蒋介石不得不承认八路军战功卓著，分别致电阎锡山、朱德和贺龙，表彰第120师。

官陡门战斗：
20分钟结束战斗

芜湖近郊的奇袭

1939.10.7

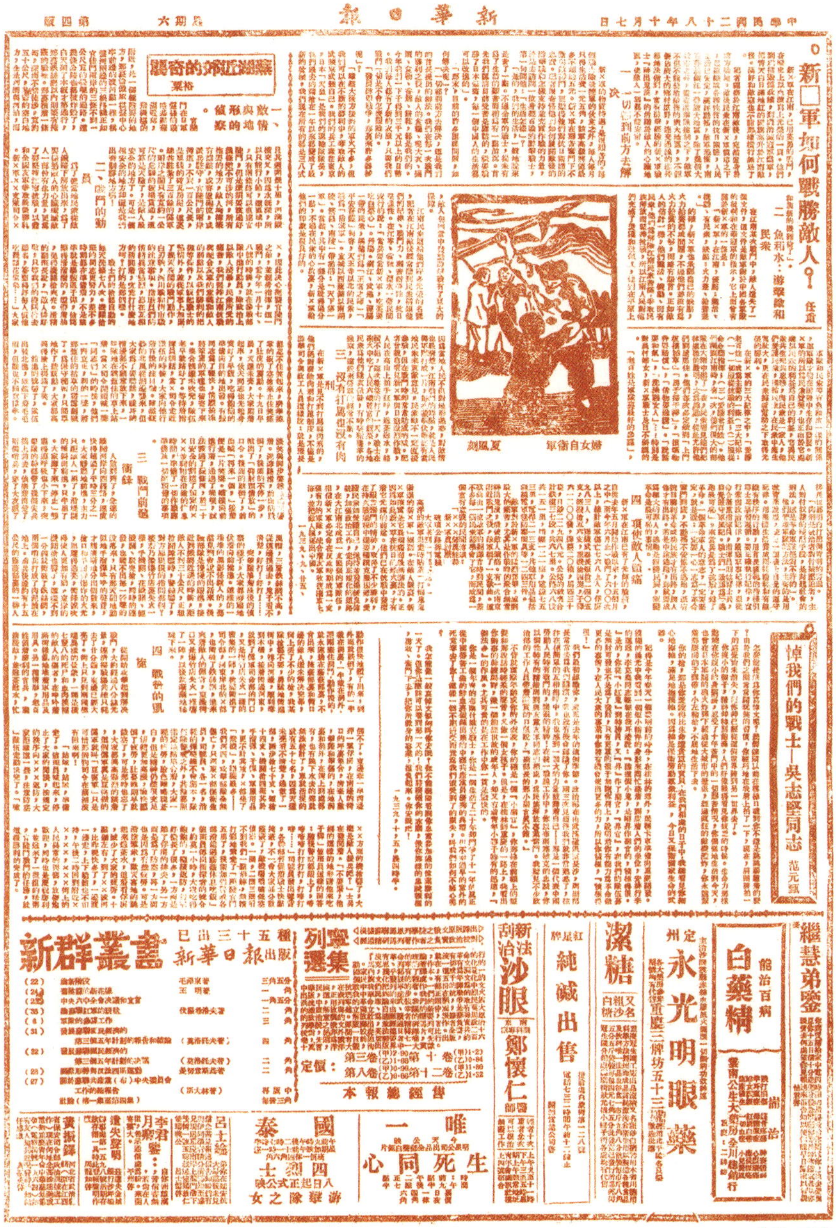

〔4〕238

《新华日报》1939 年 10 月 7 日第 4 版

…………

四、战后的凯旋

从开始攻击起到解决战斗，大约经过八分钟光景，连清扫战场共总只耗去了廿分钟。东边已经大亮了。街上只见到两种极端异样的景象：一种是横七竖八的死尸和血肉模糊的敌人的伤者，在呻吟着(。)满街杂乱的(地)堆着军用品及用具；另一种情形，老百姓领着胜利的官兵，肃清残敌，并送茶烧水，忙个不停。东边牵一串西边押一群的俘虏，在南边街口的坪里集合，清查人数，击毙和击伤的，在地洞里和洞外，在街上到处都有。也有跳下水去的（，）那就无法统计了。单就活捉的就有五十七名，因为天还未亮看不清楚，逃散了一部，缴步枪（机枪）六七十支，短枪十多支，机关枪（机枪）四挺（，）其于（余）手溜（榴）弹、子弹、军服用品，更不计其数，× 部坐了“飞机”，缴获最多——我们河西，攻击的部队全无伤亡，只河东 × 部伤卫生员，(、）司号员，各一名，消耗弹药总不会亏本，队伍除警戒之外，其余都照指定地点集合着，大家一晚的疲劳，脸色虽略现（显）苍白，但是精神仍然很充沛，情绪更加高涨，愉快压倒了疲劳……

…………

1939年初，为打破日军的分割、封锁和分区“扫荡”，在安徽省芜湖地区，新四军第2支队对位于日军飞机场外围的扁担河两岸官陡门据点实施了攻击作战。

官陡门驻有伪军200余人，据点周围设有三层铁丝网和掩蔽工事，与附近的青山、黄池等日伪军据点遥相呼应，一旦有个风吹草动，其增援部队半个小时就可以赶到，飞机出动不用两分钟就能飞临上空扫射。就在这样一个敌人认为最安全的地方，第2支队副司令员粟裕出其不意地发起了一场远程奔袭攻击作战。

粟裕认为，在交通发达的平原、水网地区同敌人作战，要求我们速战速决，必须采取突然的、短促的突击，打他个措手不及，让他没有还手的工夫。1月18日晨，粟裕率第3团冒雨出发，连续向北行军，次日下午悄悄乘船转向西行，到了丹阳湖西岸，又翻过堤埂，登上几只早已伪装好的肥料船，沿水道继续向西，于午夜秘密到达距目的地35公里的集结地点。到了21日凌晨2点，部队已步行前进逼近据点前沿。考虑到前方需要渡河，敌人恐怕早已封锁渡口，粟裕当即决定改走陆路，抢在天亮前发起攻击，于是率队疾行绕路5公里，在凌晨4点隐蔽到达敌据点前沿。

粟裕率第3团主力于扁担河西岸堤埂北进接敌，另一部沿东岸北进配合行动。西岸主力首先发起突然攻击，迅猛冲破障碍，突入街内。在枪声、爆炸声、呐喊声中，主力部队迅速冲破敌人设置的障碍物，攻占小木桥，冲过河东，在东岸部队的配合下，攻占了伪军司令部。

从战斗开始到清扫完战场，一共用了20分钟，附近的敌人还没有弄清发生了什么，粟裕的队伍已经押解着俘虏，带着战利品安全地撤退了。这次战斗新四军以轻伤2人的最小代价，歼灭伪军200余人，挫败了日伪军对芜湖、当涂等地实施分割、封锁的计划。

这场战斗，在新四军挺进江南敌后抗战史上写下了光辉篇章。战后粟裕专门写了一篇介绍战斗经验的文章《芜湖近郊的奇袭》，发表在1937年10月7日的《新华日报》。

黄土岭战斗：敌人的傲慢与溃败

晋西敌势益疲

我军苦战连克要地

武宁敌东窜我正追击中

1939.11.1

新華日報

中華民國二十八年十一月一日 星期三 第二版

晉西敵勢益疲

我軍苦戰連克要地

武寧敵東竄我正追擊中

擁護林主席蔣委員長

旅港僑胞二百餘團體

行政院決議 李品仙任皖主席 呈請國府褒揚廖磊

二期抗戰新階段中 我們重要的任務

馮玉祥將軍在中央紀念週報告

援助香港反汪工友

個人捐款踴躍

擴大反汪派的鬥爭 打擊暗藏投降份子

國府命令

財部規定 外幣定期存款

河北災民待救

反侵略中國分會 請美對日制裁

最後消息

〔4〕336

《新华日报》1939年11月1日第2版

（中央社讯）本月下半月（十月十六日起至十月三十一日止），全国各战场我军战绩，兹经关系方面发表如下：计晋、绥、豫、鄂、浙、皖、湘、赣、察、苏、冀、鲁等省，总计作战二百二十七次，毙敌官兵一万一千五百七十四名，俘敌官兵九十二名，获马一百三十五匹，步枪一千另（零）四十六支，机枪二十一挺，砲（炮）十门，手留（榴）弹及弹药共五千九百七十九发。此外击毁敌装甲车（指战车、装甲车、汽车、铁甲车而言），一百另（零）七辆，击沉敌舰艇五艘，破坏敌后方铁道三十五公里，公路八十四公里，卤（掳）获电杆八十三根，电线九百二十公斤。

（中央社讯）顷据某军事发人谈称，近一周来各处战事，要以晋西方面战况较为紧强（张）。原敌此次蠢动，目的乃在“扫荡”我黄河东岸部队，故其以盘踞临汾等处部队，沿蒲县（、）灵石（、）汾城三路西犯，同时并以太谷（、）平遥等处敌军南下增援，西进三路之敌，现已分别窜至午城（、）乡宁等地带，敌最初来势甚猛，我精锐部队沉着布围，将敌各路截成数段，敌非第不能发挥攻击力量，且已首尾不能顾，成束手待歼状态。查该处战局，南起河津，北迄军渡，长达数百里，其间山岭纵横，河流交织，我军凭借金汤天险，用运动战术，予敌以重大打击，故敌此来，实不啻自投罗网。

…………

（中央社修水三十一日电）武宁之敌，纷纷东窜，我军正加紧追击并予以包围中，昨日晨我军向武宁进击，敌顽强抵抗，我军猛烈突击，再四冲杀，一度冲抵城北关，与敌激战多时，毙敌无算，旋城郊敌大队增援，我复搏战时许，安全撤回。

…………

1939年10月下旬，日军华北方面军第110师团、第26师团及独立混成第2、第3、第8旅团各一部，共2万余人分多路对晋察冀抗日根据

地北岳区进行冬季“扫荡”。

10月底，晋察冀军区第1军分区司令员兼政委杨成武接到分区司令部的敌情报告：坐镇张家口的日军独立混成第2旅团旅团长阿部规秀，派出一个大队进犯涞源城，准备兵分三路向晋察冀军区第1军分区所属地区实施“扫荡”。涞源是敌我必争之地。杨成武立即向军区司令员聂荣臻请示报告，准备利用白石口至雁宿崖的峡谷伏击日军。

11月3日，日军独立混成第2旅团第1独立大队主力被八路军歼灭于雁宿崖。针对日军每遭歼灭必急于报复的特点，晋察冀军区第1、第3军分区立即做好连续作战的准备，隐蔽待机。果然，到了4日清晨，阿部规秀率独立步兵第2、第4营1500余人，再次向雁宿崖、银坊方向急进，企图寻歼第1军分区主力。

阿部规秀是在日本军界享有盛誉的“名将之花”，被称为擅长运用新战术的“俊才”和山地战专家，十分轻狂自负。战前，他在一封家信中写道：……乘汽车向涞源城出发了！我们打仗的时候是最悠闲而且最有趣的。支那已经逐渐衰弱下去了，再使一把劲就会投降……

杨成武受命统一指挥我6个多团的兵力，在民兵配合下，先以少数兵力调动、激怒日军，再将其诱至有利地形予以歼灭。6日，日军在游击队的诱击下，于黄昏进抵黄土岭。杨成武令部队分头占据各高地，做好战斗准备。阿部规秀率部侦察、前进，始终未发现我数千名伏兵。当其全部进入设伏地时，我部队分别从西、南、北三面展开猛烈攻击。日军猝不及防，急忙抢占上庄子东北高地，并向寨头阵地反扑。炮火硝烟弥漫在黄土岭东部。

战斗中，我1团团长陈正湘用望远镜发现，在黄土岭与上庄子之间的一座独立小院附近，有多名腰挎战刀的日军指挥官进出活动。陈正湘判断，那里就是敌人的指挥所，当即命令调炮兵连迅速上山，隐蔽构筑阵地。我炮兵果断开火，准确摧毁了目标。浓烟之中，指挥所的敌人抱着尸体和伤员向山下跑，异常慌乱。经过数小时激战，日军被歼过半，其残部连续突围 10 多次，均被击退。

从 11 月 3 日至 8 日，八路军 6 天之内连续取得了雁宿崖歼灭战和黄土岭围攻战的胜利，共歼灭日军 1400 多人，并缴获了一大批武器和军用物资。最让人意想不到的是，黄土岭战斗中被我炮兵击毙的指挥官中竟然有阿部规秀。这是我八路军在华北战场第一次击毙日军中将指挥官，在中国人民抗战史上也是首次。根据地的军民沉浸在胜利的喜悦之中，全国各地的报纸更是大幅报道黄土岭战斗经过，刊登各种祝捷诗文。

消息传到日本，朝野震动。《朝日新闻》连续三天刊登悼念文章，标题就叫“名将之花凋谢在太行山上”。曾经不可一世的侵略者，最终丧生于八路军正义的炮火之下。

磁武涉林战役：坚持与国民党顽固派斗争的策略

豫北捷报

×(八)路军克复涉县

豫东攻入商丘与敌巷战

1939.12.29

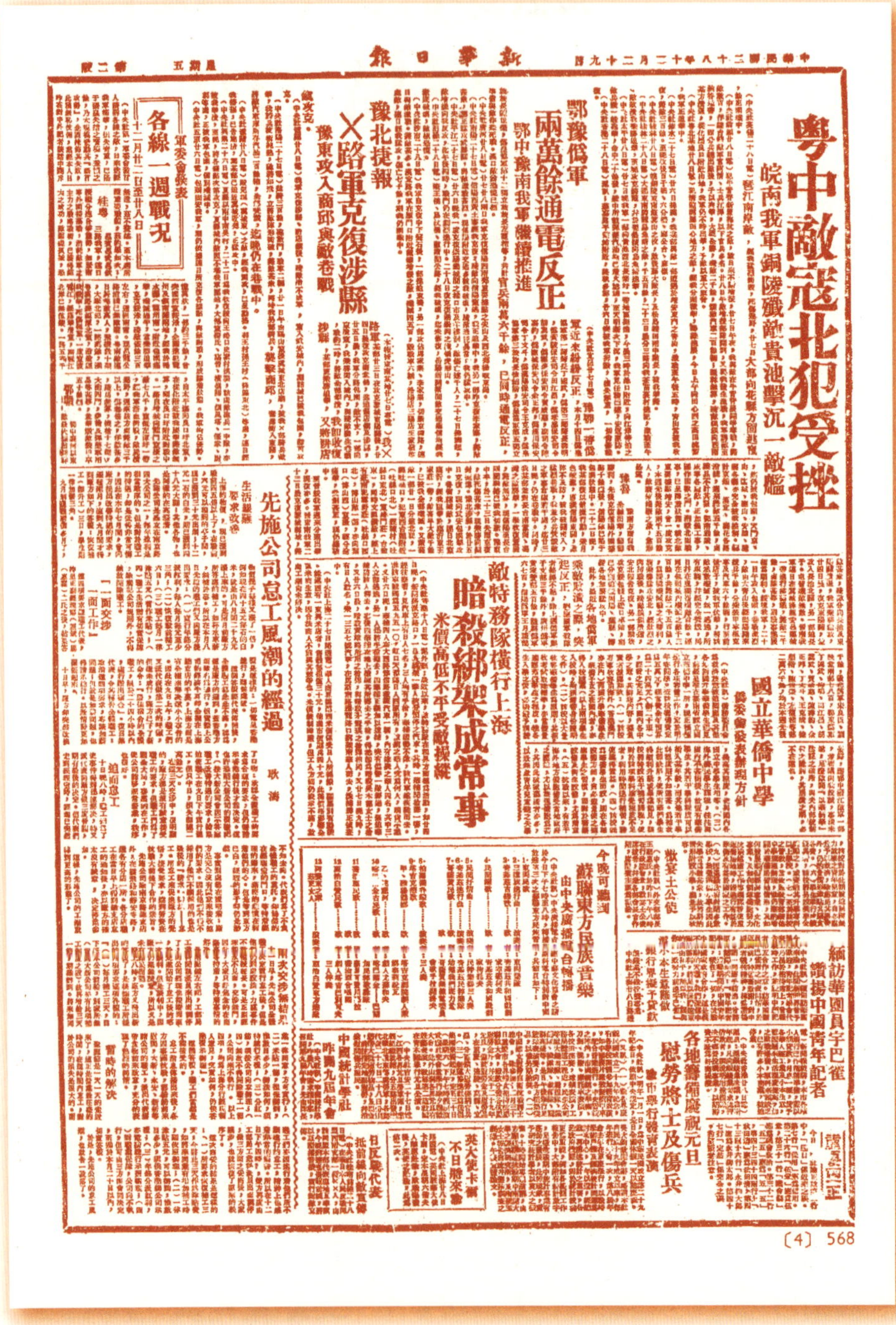

《新华日报》1939年12月29日第2版

（本报晋东南某地廿七日专电）我 ×（八）路军某部廿三日夜攻克黎城东阳关后，廿四日晨复攻克响堂铺，进迫偏店镇及涉县，廿五日晨，我军分路包围，敌不支，一部向东溃窜，我乘胜冲入城内，与残敌发生巷战，战约二时，将敌全部击溃，我即收复涉县，某部更乘胜追击，又将阱店镇攻克。

…………

1939 年 12 月上旬，国民党顽固派掀起第一次反共高潮，多次调集正规军和地方武装向华北各抗日根据地发起进攻。华北抗战面临严重危机。中共中央为了维护抗日民族统一战线，指示八路军对国民党顽固派军队的进犯，要采取“人不犯我，我不犯人；人若犯我，我必犯人”的自卫原则和“有理、有利、有节”的斗争策略。

1940 年 2 月，冀西地区的国民党顽固派军队第 97 军进犯武安，袭击八路军第 129 师先遣支队、青年纵队，造成我部伤亡。八路军总司令朱德、副总司令彭德怀致电国民党当局，呼吁消除摩擦团结对敌。而国民党顽固派置之不理，第 97 军等部即刻又准备发起大规模进攻。在这种形势下，第 129 师师长刘伯承、政委邓小平奉命在磁县、武安、涉县和林县地区组织反击第 97 军进攻的战役。

在研究作战计划时，邓小平说：第 97 军军长朱怀冰是进攻我们的急先锋，根据目前顽军的形势，我们的作战意图应该是集中主力歼灭朱怀冰部，监视鹿钟麟和孙殿英部，尽可能争取他们中立。

按照刘伯承的指示，八路军部队分左、中、右 3 个纵队，王树声指挥由先遣支队一大队组成的左翼队。李达指挥由青年组纵队、晋察冀挺进支队、冀中警备旅等部队组成的中央队。桂干生、周希汉指挥由 386 旅新编第 1 团一部和独立支队、师特务团组成的右翼队。邓小平统一指挥 3 个纵队。

3 月 5 日凌晨，随着邓小平一声令下，战役打响。右翼队穿插途中遇到孙殿英的部队，在做了说服工作、说明只打朱怀冰部后，孙部军官命令部队让开了道路。右翼队迅速攻占南王庄、齐家岭。中央队和左翼队从南北两面夹击朱怀冰部。顽军措手不及，丢下全部辎重和后方机关，向林县方向一路溃逃。

3月6日，邓小平命令部队全线追击。右翼队一部向南疾进，在漳河以南卡住敌人退路。因连续作战两昼夜没有休息，中央队追击速度减慢。刘伯承发电报鼓励部队，告诉大家在敌我双方都很疲劳的情形下，谁能坚持到最后，谁就能获得胜利！当李达把刘伯承的指示传达给指战员后，大家高呼着“响应刘师长号召，坚决消灭朱怀冰”的口号疾速行军，在林县姚村一带截住朱怀冰部主力。经过7小时激战，最终歼灭朱怀冰部第97军及其他武装1万余人。朱怀冰部几乎全军覆没，残部向林县以南溃逃。

3月9日，国民党军第一战区司令长官卫立煌要求八路军停止追击。考虑到以抗战大局为重，朱德总司令同意了他的要求。经过谈判，双方划定了两军界限，以临屯公路和长治、平顺、磁县之线为界，国民党军在南，八路军在北，彼此不得越界。

邓小平根据八路军总部的决定，率部撤到漳河以北地区，并释放了国民党军全部俘虏。至此，磁武涉林战役结束。这次斗争对斗争的策略掌握得恰到好处，斗得有理、有利、有节，做到了斗争但关系不破裂，斗到一定的时候就适可而止，国民党顽固派发动的第一次反共高潮就这样被彻底打退了。

黄桥战役：
烧饼飘香，军民情深

陈毅关于黄桥战役
简要经过和主要经验致叶挺等电

1940.10.7

陈毅关于黄桥战役简要经过和主要经验致叶挺等电

（1940年10月7日）[①]

叶、项并毛、朱、王[②]、胡服、克诚：

一、鱼日[③]，二纵队[④]追击至营溪，消灭韩残部三千余，缴获、俘虏无算。我一纵队俘敌十九旅长张能忍，报称八十九军军长李守维投[河]自杀。

二、总缴获尚待清查，现黄桥附近胜利品堆积如山，顽军十个团全部歼灭，逃脱者仅少数。

三、我伤亡九百余，空前恶战。

四、顽以三十三师沿分界攻黄桥，一一七师由古溪攻黄桥，有中央纵队独立[六]旅由古溪、高桥绕攻黄桥西北，右纵队其军部随一一七师。由四日开始进攻，上午四时即开始总攻击。

五、我以三纵队任黄桥守备，以一、二纵队集结顾高庄、铣〔横〕港桥之线，指挥部在严后〔徐〕庄。

六、四日下午十二时，三十三师已逼近黄桥工事前沿，以主力向东南进攻。一一七师继续进至野房〔屋〕基、何家塘之线。黄桥工事不稳固，三纵仅三[个]团，曾急电请援。同时，独六旅续进，乃急调一、二纵队经八字桥、八〔挖〕尺沟过河出击。

---

① 档案中注有1940年8月7日，现月份是编者考订的。

② 指叶挺、项英、毛泽东、朱德、王稼祥。

③ 鱼日，即6日。

④ 2纵队，指以王必成任司令员、刘培善任政治委员的第2纵队。1940年7月中旬苏南主力到苏北后，部队编成3个纵队，另两个纵队是以叶飞任司令员兼政治委员的第1纵队，以陶勇任司令员、刘先胜任政治委员的第3纵队。

110

刊载于《新华日报》1940年10月7日的电文

叶、项并毛、朱、王、胡服、克诚：

一、鱼日，二纵队追击至营溪，消灭韩残部三千余，缴获、俘虏无算。我一纵队俘敌十九旅（旅）长张能忍，报称八十九军军长李守维投［河］自杀。

二、总缴获尚待清查，现黄桥附近胜利品堆积如山，顽军十个团全部歼灭，逃脱者仅少数。

三、我伤亡九百余，空前恶战。

四、顽以三十三师沿分界攻黄桥，一一七师由古溪攻黄桥，有中央纵队独立［六］旅由古溪、高桥绕攻黄桥西北，右纵队其军部随一一七师。由四日开始进攻，上午四时即开始总攻击。

五、我以三纵队任黄桥守备，以一、二纵队集结顾高庄、铁〔横〕港桥之线，指挥部在严后〔徐〕庄。

六、四日下午十二时，三十三师已逼近黄桥工事前沿，以主力向东南进攻。一一七师继续进至野房〔屋〕基、何家塘之线。黄桥工事不稳固，三纵仅三［个］团，曾急电请援。同时，独六旅续进，乃急调一、二纵队经八字桥、八〔挖〕尺沟过河出击。

“黄桥烧饼黄又黄哎，黄黄烧饼慰劳忙嘿，烧饼要用热火烤哎，军队要靠老百姓帮……”优美动听的《黄桥烧饼歌》至今仍广为传唱。歌曲的背后，是一段战争年代我党我军与人民群众水乳交融、血浓于水、鱼水情深的佳话。

1940 年 7 月，新四军组建苏北指挥部，陈毅、粟裕分任正副指挥，下辖第 1、第 2、第 3 纵队，共 7000 余人，准备建立以黄桥为中心的抗日根据地。当时，以国民党鲁苏战区副总司令兼江苏省主席韩德勤为首的顽固派，为巩固其苏北反共阵地，乘新四军初到黄桥、立足未稳之际，妄图消灭新四军部队。1940 年 6 月 28 日起，韩德勤顽军多次对新四军进行攻击，均以失败告终。

10 月初，恼羞成怒的韩德勤调集 3 万余顽军，从东、北、西三个方向进攻黄桥地区，企图在黄桥地区聚歼新四军苏北部队。面对气势汹汹的顽军，新四军决定集中兵力，采取诱敌深入、各个击破的战法，在运动中歼击敌人。在战前，新四军采取联合“二李”（李明扬、李长江）部的策略，陈毅先后三次进入“二李”驻地进行统战工作；在黄桥战役打响后，再次派人对“二李”做工作，使“二李”在战斗中保持中立，韩德勤三路进攻失去了一路。接着，新四军部署第 3 纵队坚守黄桥；第 1、第 2 纵队隐蔽集结于黄桥西北地区，作为突击力量。10 月 4 日，不足 2000 人的第 3 纵队挡住了顽军 1 个师的猛烈攻击。当日晚，见到顽军全部进入包围圈后，第 1、第 2 纵队从顽军背后杀出，将顽军截成数段，歼灭其大部……10 月 10 日，新四军苏北指挥部所属第 2 纵队前锋与南下支援的八路军第 5 纵队先头部队，在东台以北的白驹镇胜利会师，黄桥战役结束。

这场战役，新四军共歼国民党顽固派韩德勤部 1.1 万余人，其中俘敌 3800 余名，使整个苏北抗日根据地连成一片，奠定了苏北抗日根据地的坚实基础。为了支援黄桥决战，黄桥镇的 66 家烧饼店炉火通红，13 家磨坊昼夜不息，夜以继日地赶做烧饼，几天内烤制了数以万计的烧饼支援部队。这天，新四军文工团团员李增援等人在黄桥镇上的一个小店铺吃烧饼、喝豆浆，为黄桥人民如火如荼的拥军热潮所感动，随即写下了《黄桥烧饼歌》的歌词，餐后音乐教员章枚吸收了苏北民歌曲调的特色，为这首歌谱了曲。

一首《黄桥烧饼歌》，见证了新四军一次以少胜多的著名战例，也谱写了一曲军民情深的动人战歌。

百团大战：一张经典照片背后的艰苦斗争

晋西北围歼顽寇

平绥铁路不断被我破坏

1941.1.25

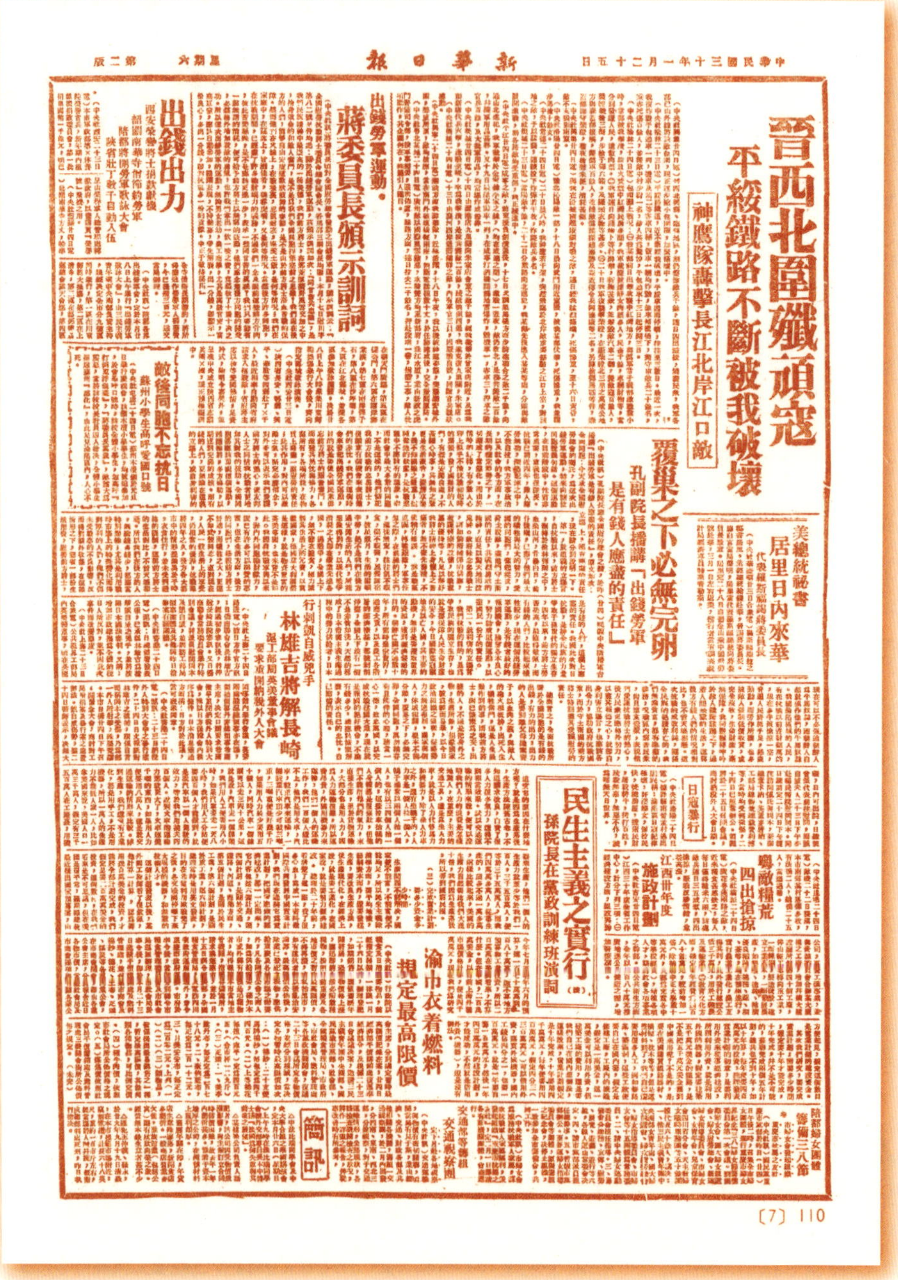

《新华日报》1941年1月25日第2版

（中央社兴集廿四日电）晋西北兴县、临县地区，刻仍盘据（踞）敌兵千余，连日四出滋扰，烧袭民众，我军各部已由外线将该敌包围，现正逐步缩小包围圈，加紧痛歼中。

（中央社榆林二十三日电）平绥路铁道，近不断经我破坏，平绥车因而停顿，往往至三数日。最近一次，我复炸毁平包通车一列，机车及头二等客车四辆，饭车一辆均炸毁，余车倾覆桥下，毙守车敌兵二十余名，乘客死伤百余人，并毙敌中村少尉一名，敌人甚为惊惶，平包通车十三日起停开三日。

…………

（中央社兴集廿四日电）与我在汾城南赵康镇对战之敌，连日经我猛烈痛歼，死伤惨重，至十六日黄昏，敌不支狼狈南窜。

…………

抗日战争中，八路军副总司令彭德怀在前线的一张照片广为流传。在这张由《新华日报》记者徐肖冰拍摄的照片中，彭德怀足抵战壕下沿，手举望远镜，仔细观察着敌人阵地。照片拍摄地就是晋中山区的小山村关家垴，而彭德怀当时所站之处，距离敌人控制的垴顶只有500米。

1940年夏，中国抗日战场进入战略相持阶段，日军加紧对国民党政府的军事讹诈和政治诱降，同时集中主要军事力量进攻中国共产党领导的敌后抗日根据地。为此，日军在华北地区构筑了3000余个据点、10000多个碉堡、5000余公里铁路、30000余公里公路，推行“以铁路为柱、公路为链、碉堡为锁”的“囚笼政策”，试图把华北抗日根据地分割成互不相连的若干块，各个击破，围困中国共产党及其领导的抗日武装。华北敌后抗日根据地遭遇严重危机。

为了粉碎日本侵略者的“囚笼政策”，争取华北战局更有利于我，以配合正面战场国民党军作战，克服国民党妥协投降的危险，1940年8月至1941年1月，朱德、彭德怀指挥八路军第129师、晋察冀军区、第

120师等部共105个团20余万人，在华北地区发动了震惊中外的百团大战。关家垴战斗是百团大战的最后一战，战斗打得异常艰苦。影视作品《亮剑》中李云龙在李家坡全歼山崎支队的故事就是以此战为原型的。

1940年10月，在遭到八路军连续两个阶段大规模进攻作战的打击后，日军调集重兵对华北各抗日根据地进行残酷的报复“扫荡”。敌独立混成第4旅的冈崎大队窜犯八路军黄烟洞（今名黄崖洞，编者注）兵工厂，破坏了兵工厂设施。这对于严重缺乏弹药的八路军来讲，无疑是令人痛心的损失。彭德怀大怒，决定调集正在蟠龙镇一带休整的第129师主力围歼冈崎大队。

29日夜，冈崎大队摸上关家垴高地。这里三面是悬崖，只有一条很窄的坡道通往垴顶。八路军调集第129师385旅和386旅主力、新编第10旅及决死一纵队2个团，将冈崎大队包围，于次日凌晨发起总攻，靠着顽强与勇敢的战斗作风，将武器优良的冈崎大队歼灭大半，冈崎也被炮弹炸死。

这场激烈的战斗持续了两昼夜，八路军发起10次猛攻。日军派飞机轮番对八路军进攻部队进行轰炸扫射。在消灭大部分日军后，彭德怀下令撤离。

战后，彭德怀和左权、刘伯承、陈赓等人又巡察了战场，发现敌人善于利用临时工事、暗堡掩体，这给八路军将领们很大的启发。

在这场战斗中，八路军也遭到很大伤亡，有的部队甚至伤了元气。但这一战，也说明了八路军是坚持抗战的主力军、正规军，不但会打游击，也能猛攻坚守，敢啃硬骨头。

在历时5个多月的百团大战中，八路军仅前3个半月就进行大小战斗1800余次，歼灭日伪军共4.6万余人，拔除据点2900多个，破坏铁路470多公里、公路1500多公里，缴获枪支5800多支（挺）、炮50多门。八路军也付出了伤亡1.7万多人的代价。百团大战给日伪军以沉重打击，鼓舞了全国人民夺取抗战胜利的信心，也提高了中国共产党和八路军的威望。

泰州战役：一举全歼大股伪军

八路军新四军二月份战报

1941.2

135

二月份戰報

八路軍　新四軍

甲　新四軍

本月份我新四軍各部完全處於敵偽和「反共」軍夾攻之中；向我進攻最烈者，爲韓德勤與李長江叛逆兩部積極配合敵偽之七路「掃蕩」，大舉進攻蘇北；此外，皖東桂軍一三八師及李本一等部，配合敵偽[illegible]，向我[illegible]「掃蕩」；皖北湯恩伯之九二軍配合敵偽及地方「反共」武裝，向我[illegible]師進攻，我第×師由新黃河邊被逼退肥河兩岸；在皖中，李品仙之一七一師、一七六師所部向桐（城）廬（江）邊之我軍步步逼進；鄂中湯恩伯之廿九軍（原新二軍）陳大慶部及×××游擊縱隊和×××軍之向我「圍剿」；在蘇南，冷欣之六三師，二五軍之四十師、五二師（[illegible]係皖南事變進攻我軍之主力）對我加緊進攻；而「忠救軍」四個團又正逐漸進攻無錫、武進地區我軍。凡我新四軍[illegible]在地區，莫不受「反共」軍之殘酷圍剿。

我軍[illegible]一再[illegible]讓，以明我之顧全大局，[illegible]團結，但終難稍緩親日派、反共派之滔天罪行，我新四軍爲了保衛抗戰前途和挽救中國人民的危難命運，惟有給親日派「反共軍」以嚴厲打擊，以求擊破其[illegible]進攻；乃於一方面集中全力進行反掃蕩，打擊敵偽外，并分兵迎擊「反共軍」之「圍剿」。茲將二月份我華中新四軍戰鬥情形，列述如下：

在蘇北：我軍除在[illegible]中出兵征討李長江叛逆獲得完全勝利外，據不完全之統計：我軍大小戰鬥，共計七十餘次，簡述大戰如次：

十九日，我各路大軍向叛逆李長江開始總攻，[illegible]七時我攻直泰州東之姜堰要地，十二時攻克蘇陳莊，將逆

136

軍丁聚堂、王李[illegible]等部千三百餘全部殲滅。廿日晨直抵泰州城下，一舉攻克城東關；至午再舉而克全城，將李逆所部全數解決，其中三個支隊當我軍入城之際，全部反正，李逆長江僅率數十人向揚州方向竄去。我軍斬獲人槍數千，軍糧亦夥，蘇北民衆見我軍討逆獲勝，莫不歡呼載道，熱烈慰勞我軍。

二十一日，我×師×旅一部，與如皋北犯東台之敵二千餘，在[illegible]（東台南）發生激戰，我該部與敵血戰一晝夜，東台被敵陷。

二十四日晨，敵軍二千餘配合飛機汽艇向泰州我軍進攻，我守城部隊與敵激戰至晚，終因兵力懸殊，該城亦於是日晚失陷。

二十七日，我以主力由姜堰向海安（如皋北）敵進攻，斬獲無算，殘敵向如皋回竄，海安遂爲我收復。同日，我[illegible]城部隊，亦擊潰由阜寧東陳家洋南犯上崗之敵千餘，繳槍六十餘枝；另一部，在如皋附近設伏，亦斃敵三十餘。最痛心者，韓德勤當敵人掃蕩開始，即率[illegible]而逃，鹽城、中[illegible]、沙溝等軍事要地，淪陷敵手，使蘇北民衆遭敵偽殘酷屠殺，而當新四軍向敵反攻之際，韓德勤又集中其主力一一七師六個團，由曹營（鹽城西）向我×師後方湖垛建陽進攻，牽制我軍反掃蕩；韓之用心，不問可知。

在皖東：五日起，定遠、滁縣、全椒敵偽，不斷向我津浦路西掃蕩，殷家、沙澗、[illegible]甲（定遠西北）等地均被敵佔領，并到處構築公路據點，我×師××旅對敵[illegible]鬥；是月份分途擊潰由定遠向南出犯之敵，但當我軍與敵激戰之際，反共軍一三八師八二四團配合地方武裝二千餘，經張橋三官集（定遠西南）向大橋我軍進攻；六日，我軍向[illegible]（定遠東）敵據點進襲時，桂軍一三八師八二三團二千餘人，由周家崗襲擊我軍側後，使我軍對敵作戰，受到極大牽制。

同日，我×師×旅在[illegible]橋（六合西北）擊退六合出犯之敵聯合兵種，斃敵六十餘。

七日，我×師××旅，在西高廟（盱眙東南）設伏，擒人槍二十餘。

同日我×師一部襲擊湯家溝（無爲東江邊），乘敵混亂之際，衝入街內，[illegible]三十餘人。

八日，我×師××旅，將淮南鐵路東關至林頭（巢縣南）段十餘里破壞，并將該段電桿電線全部破壞。

十一日，我×師××旅一部將天揚公路（天長至揚州）徹底破壞二十餘里，燬重要橋樑一座。

十二日，駐張橋（定遠南）桂軍一三八師八二四團乘我在大橋北與定

1941年2月《八路军军政杂志》刊登的《八路军新四军二月份战报》中关于泰州战役的记载

…………

在苏北：我军除在群情奋激中出兵征讨李长江叛逆获得完全胜利外，据不完全之统计：我军大小战斗，共计七十余次，简述大战如次：

十九日，我各路大军向叛逆李长江开始总攻，晨七时我攻克泰州东之姜堰要地，十二时攻克苏陈庄，将逆军丁聚堂、王孝礼等部千三百余全部歼灭。廿日晨直抵泰州城下，一举攻克城东关，至午再举而克全城，将李逆所部全数解决，其中三个支队当我军入城之际，全部反正，李逆长江仅率数百人向扬州方向窜去。我军斩获人枪数千，军辎亦夥，苏北民众见我军讨逆获胜，莫不欢呼载道，热烈慰劳我军。

…………

1940 年 10 月，国民党顽固派韩德勤率军进攻苏北地区的新四军，结果在黄桥地区惨败。蒋介石暴跳如雷，将失败责任归咎于驻守在泰州地区的苏鲁皖边区游击军李明扬、李长江部。李长江感到地位不保，立即与汪伪立法院副院长缪斌等汉奸搭上关系。1941 年 2 月 13 日，泰州上空出现数架日军飞机，抛撒下大量传单，传单上写着汪伪第一集团军总司令李长江的就职宣言——国民党苏鲁皖边区游击军副总指挥李长江率部万余人公开叛国投敌。

李长江叛国投敌后，阴谋配合日军，进攻新四军苏中部队，占领整个苏北地区。2 月 18 日，新四军军部发出《讨伐李长江命令》，任命粟裕为讨逆总指挥，叶飞为副总指挥，刘炎为政治委员，率领新四军第 1 师第 1、第 2、第 3 旅向泰州猛进。

2 月 19 日拂晓，新四军分中、北、南三路向泰州开进，中午便攻克了姜堰重镇，全歼守敌，俘获 800 多人，傍晚兵临泰州城下。此时，李长江正在泰州城里开庆祝大会，对姜堰的战事一无所知，直到泰州城外响起枪声，才仓促组织伪军迎战。20 日凌晨，新四军开始进攻泰州城，激战半小时后，中路军攻占泰州城东门，进入城内，捣毁汪伪第一集团军司令部，于拂晓全歼泰州守军，攻克泰州城。李长江率领数百人的残部仓皇向西南逃窜。

20日上午，扬州、高邮、如皋的日军全部出动增援李长江部。粟裕命令部队主动撤出泰州城。这次战役，一共歼灭汪伪军5000余人，争取伪军2个支队反正，沉重打击了投降势力。李长江从投敌到失败仅仅几天时间，他所拉拢的万余伪军很快被瓦解。

1941年2月，《八路军军政杂志》上刊登的《八路军新四军二月份战报》记载了出兵讨伐李长江叛逆取得完全胜利。这次事件后，日寇和汪伪开始嫌弃李长江的庸碌无能，李彻底失去日寇信任。

晋察冀边区 1941 年秋季反“扫荡”：“狼牙山五壮士”谱壮歌

晋察冀我军猛追败敌

续克陈南庄口头等要点

1941.10.4

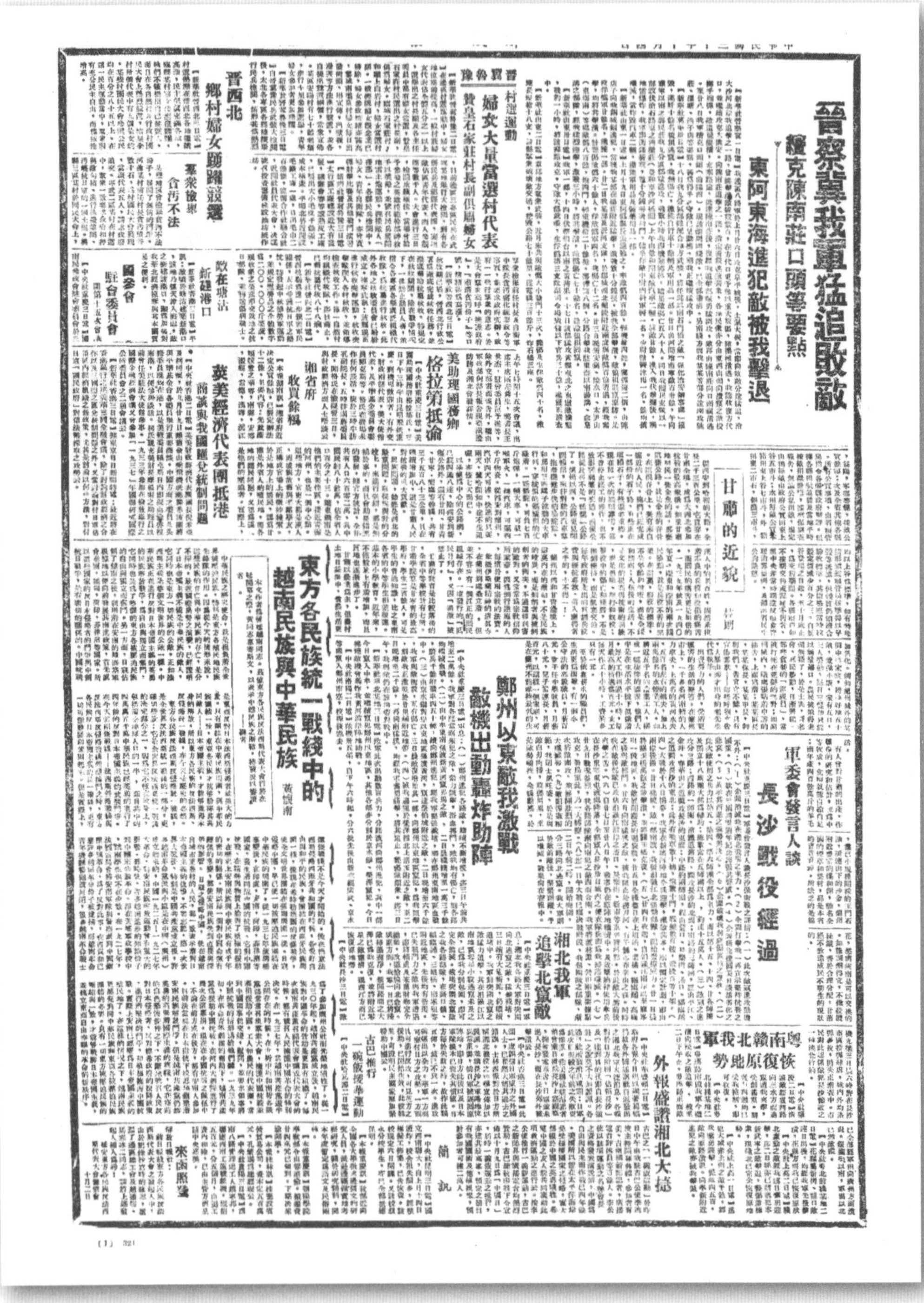
晋察冀我军猛追败敌

续克陈南庄口头等要点

东阿东海进犯敌被我击退

甘肃的近貌

军委会发言人谈长沙战役经过

郑州以东敌我激战 敌机出动轰炸助阵

东方各民族统一战线中的越南民族与中华民族

英美经济代表团抵港

晋西北乡村妇女踊跃竞选

村选运动 妇女大量当选村代表

湘北我军追击北窜敌

外报盛赞湘北大捷

《解放日报》1941年10月4日第3版

【新华社晋察冀一日电】我边区八路军于上月廿六日攻克阜平城后，士气大振，当即向败敌分途猛追，沿大沙河北岸我追击之一路，会腰击溃敌斩杀数百。在方代口更予敌以重大杀伤，敌抛械溃逃，我随收复方代口，并继续攻克大广安。向陈南庄追击之一路，沿途斩杀逃敌甚众，各地民众亦分由东西山头，向溃窜之敌投掷手榴弹，敌遗尸纵横，充塞路途，抵达陈南庄后，复经我追击部队勇猛围攻，敌再由陈南庄向口头镇溃逃。至廿八日我军续克口头镇（曲阳西）。现该镇周围残敌，已全部肃清。另南线方面我某某等部分途开攻陈庄、温塘、洪子店等要点，均未得手，守敌已呈动摇，我正继续猛攻中。

【新华社冀中卅日电】十八日我九分区部队配合地方武装，将任邱以南石门桥之敌“强化治安办事处”摧毁，汉奸十余名狼狈逃窜，我无伤亡，缴获自行车十余辆及军用品一部。廿日由河间增援肃宁敌人百卅余人，中午遭到肃宁以南郭民庄我九分区部队进攻，战数小时我即机动转移，结果敌伤亡五六十人。同日我回民支队以一部设伏沧石路东之西梁庄（景和至沙河桥间），上午由景和开来敌汽车二（两）辆，载敌廿余人，进入我伏击圈后，□地雷爆炸，我军即冲锋斩杀，数十分钟解决战斗，结果俘敌中尉内科军医一名，少尉兽医津田一名，余均被歼灭，当炸毁汽车二（两）辆，缴获军用品及医药用品一部。

…………

1941年8月中旬，日军为达到以战养战目的，调集7万余日伪军，开始“扫荡”晋察冀地区，妄图歼灭晋察冀地区的八路军主力，摧毁晋察冀抗日根据地。这时，晋察冀根据地所属部队仅4万多人，训练水平远远低于日伪军，且弹药物资缺乏。聂荣臻司令员命令部队避开日军锋芒，抽调精干兵力，以营连为单位与民兵配合，在根据地内线实施雷战、麻雀战等游击战术，大量地迟滞、消耗日伪军；机关和主力部队跳出敌人包围圈，转移到外线进行作战，不断破坏日伪军的交通线，袭击日伪军守备薄弱的

据点。9月1日，晋察冀军区机关和后勤部门、学校、主力部队8000多人，在北雷堡地区被日军包围。聂荣臻司令员立即派出一支50余人的小分队，伪装主力部队，携带电台突围到阜平城东北的台峪镇之后，故意暴露位置，吸引日伪军，根据地党政军领导机关乘机率部跳出敌人包围圈，转移到安全的地方。

9月7日，日军在作战企图破灭后，恼羞成怒，纠集2.7万余兵力开始对根据地分散进行“清剿”，大肆烧杀抢掠，残害抗日军民。晋察冀军区部队协同民兵、游击队积极开展游击战，掩护群众转移，选择有利时机集中主力部队狠狠地打击日军。9月25日，日伪军约3500余人围攻狼牙山地区，企图歼灭该地区的八路军和地方党政机关。面对来势汹汹的日伪军，八路军某部留下了5名战士担负后卫阻击任务，掩护全连进行转移。为了不让日伪军发现部队转移的方向，留下的战士们边打边撤，将日伪军引向狼牙山棋盘陀峰顶。战士们子弹打光后就用石头砸，消灭敌人90余人后弹尽粮绝，便毫不犹豫地纵身跳下数十丈深的悬崖，这便是著名的“狼牙山五壮士”。

9月26日，日伪军在经历多次失败后，不得不全线撤退。八路军乘胜追击，10月16日，日伪军在伤亡5500多人后，全部退出根据地，反“扫荡”取得完全胜利。10月4日《解放日报》发布号外：“晋察冀我军猛追败敌续克陈南庄口头等要点。”11月5日，《晋察冀日报》刊登长篇通讯《棋盘陀上的五个“神兵”》，生动讲述了此次反“扫荡”中狼牙山五位“神兵”的故事。11月7日，晋察冀军区司令员聂荣臻等在签署的训令中，正式称他们为“狼牙山五壮士”。从此，“狼牙山五壮士”的英雄事迹，从晋察冀边区传遍了长城内外，他们成为浴血抗战的中国军民的楷模。

黄烟洞战斗：
反“扫荡”模范战斗

八路军发言人谈黄烟洞大捷经过

本年度战斗总结

1941.12.6

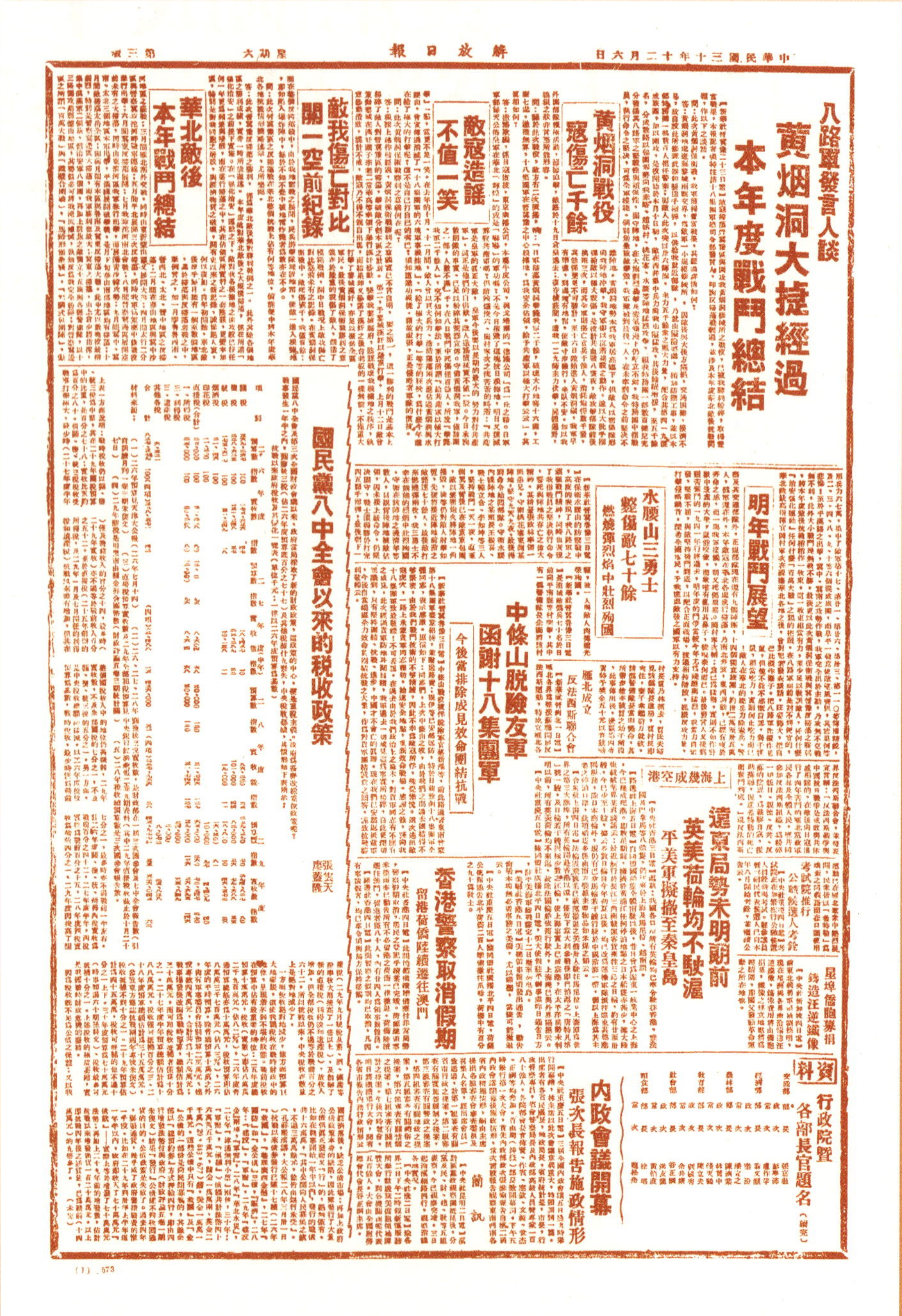

中華民國三十年十二月六日 解放日報 星期六 第三版

八路軍發言人談
黃烟洞大捷經過
本年度戰鬥總結

黃烟洞戰役
寇傷亡千餘

敵寇造謠
不值一笑

敵我傷亡對比
開一空前紀錄

華北敵後
本年戰鬥總結

國民黨八中全會以來的稅收政策

明年戰鬥展望

水腰山三勇士
斃傷敵七十餘
燃燒彈烈焰中壯烈殉國

中條山脫險友軍
函謝十八集團軍
今後當排除成見效命團結抗戰

上海幾成空港

遠東局勢未明朗前
英美荷輪均不駛滬
平美軍擬撤至秦皇島

香港警察取消假期
留港荷僑陸續遷往澳門

內政會議開幕
張次長報告施政情形

資料
行政院暨
各部長官題名

《解放日报》1941年12月6日第3版

【新华社晋冀豫二十三日电】敌寇扫荡晋冀豫区与围攻我黄烟洞修械所之战役，已被我胜利粉碎，取得丰富战果，本报记者顷特往敌后访十八集团军总司令部发言人，叩询反扫荡战经过，并涉及本年度华北抗战问题，作以下之谈话：

黄烟洞战役寇伤亡千余

问：此次黄烟洞保卫战，我军获得丰富战果，其经过详情如何？

答：黄烟洞地处辽县（、）黎城两县交界，为敝军一小规模修械所。因敌后与大后方隔绝，交通困难，接济不易，故自设此所修理武器和制造手榴弹，以供给我就近部队，乃就山隘险要处，稍加防御工事，并以本部特务团一部数百人担任警卫；而敌人此次突以卅六师团，主力五千余众之庞大力量，配合其第四一九混成旅团，加以围攻，是役开始于本月十日初，敌在西井集中兵力向我山隘猛攻，其后陆续增援，至五千余名，分成数路以包围形势向我赤峪、赵姑村、桃花寨、水腰等阵地剧烈攻击，赖我特务团一部数百健儿充分发扬其八路军之坚毅性与顽强性，固守阵地，在大炮猛烈轰击及毒气弥漫下仍屹立不动，我特务团中指战员，执行命令之坚决，可为全军模范。个别堡垒被敌击毁，我军虽战到最后一人，在未奉到命令之前坚决不离阵地。黄烟洞地势本为我军居高临下，但敌以密集队形向我阵地冲击，我守军即以沉着果毅之动作，遂以大批手榴弹给敌以极大杀伤。是役计共血战八昼夜，敌攻击部队前后换班三次，而其全军则伤亡官兵千余人，消耗炮弹数千发，其余弹药更不可胜计。至十六日敌始进入黄烟洞镇，我军早有准备，到处埋有地雷，使敌寸步难行，坐卧不安。加以我外围部队积极活动，节节追击，敌终于十九日仓皇逸去；复在横庄间，遭到我一二九师主力伏击，尸体遍野，狼狈之状非言语所能形容。

敌寇造谣不值一笑

问：关于此次战役，敌方有二（两）次广播，谓："日军扫荡黄烟洞击毙我军二两千余，破坏大小地窖十六处，工厂七处，缴获无算。十八集团军在晋冀豫之中心根据地，为我军完全占领，给予共产军以极大打击云云”（。）其真相如何？

答：造谣欺骗，系日寇惯技，东京广播公司，本属牛皮公司，与戈培尔的“造谣公司”为一丘之貉。日军军部每天公布皇军在华北“辉煌”的或是“嚇嚇（赫赫）”的军功吗？不是今日摧毁了这块抗日根据地，明日又扑灭那股共产军吗？但敌酋畑俊六、岗（冈）村宁次之流苦苦的（地）叫着（：）“共产军是皇军的真正大敌，皇军今后要以长期的最大的努力对付共产军”，这正是他们的自供状。敌人造谣惯技实不值一驳。今日承询数则铁的事实，已足以粉碎其荒谬宣传。守卫黄烟洞我军，仅该团之一部，人数不满一千，在八日战斗中死伤仅百余人，所说“击毙我军二（两）千余人”，究不知如何击法。至于所谓“给共产军以极大打击”一点，当更不足一笑。在去年的十月、十一月间，敌人曾以巨大兵力，浩浩荡荡两次进占过黄烟洞与水腰山，曾宣传过消灭了“十八集团军的六块军事根据地”，“给了极大的打击”等等的狂吠，为什么今年还在给了极大的打击呢？这不是自己打自己嘴巴？须知道邀功报捷，借故虚张，正是侵略者军队的惯技。

敌我伤亡对比开一空前纪录

问：此次黄烟洞保卫战胜利之意义何在呢？

答：根据上述作战经过，黄烟洞保卫战胜利之意义实已不言自明，要之第一，这一胜利的战斗是基本上粉碎了敌人对晋冀豫区的“扫荡”，击破敌分割本区之计划。第二，予黎城汉奸以严重打击。上月十二日敌曾策动黎城在汉奸头子李老二（、）常华高等率领下举行汉奸暴动，袭击我黎城县府，阴谋破坏我根据地之秩序。孰意（料）暴动溃败，诡计不成，敌寇乃不得不亲自出马，而结果却又暴露了汉奸之后台老板的一样无能。不仅重大打击了黎城汉奸，亦足以振奋全区军民。最后黄烟洞保卫战胜利之意义在于严重的（地）杀伤了敌人，创造了模范战例，开中日战况上我敌伤亡对比空前未有之纪录。在黄烟洞保卫战中，敌死伤逾千，我仅百余。而在整个反“扫荡”战中，由于我地雷战之展开，民兵游击队埋置地雷，使敌一进入根据地，即如陷入爆炸阵中，每于不知不觉中被地雷炸毙者为数亦在不少。

…………

1939年7月，位于山西黎城县北45公里的黄烟洞热闹起来了。为解决长期以来八路军武器供应不足、兵工厂容易被日军破坏等问题，八路军副总参谋长左权同志经过多次实地考察，选择在黄烟洞建立兵工厂，主要生产步枪、手榴弹、马尾弹、“50炮”等。作为八路军最大的兵工厂，黄烟洞兵工厂每年所生产的武器可装备16个团，朱德总司令曾称赞该兵工厂为“掌上明珠”。

1941年4月开始，八路军总部特务团担负起黄烟洞警卫任务。5月，左权带着129师工兵主任王耀南亲自到特务团指导设防工作。在友军配合下，特务团迅速在黄烟洞兵工厂构筑起坑道11节、堑壕9000米、掩蔽部和碉堡190个，工厂外围各口还构筑了2道防线、3道雷区，埋设地雷数千颗。

日军方面视黄烟洞兵工厂为心腹大患，欲除之而后快。1941年11月9日，日军在两次对黄烟洞地区“扫荡”无果后，派出5000余人，在飞机大炮掩护下，向黄烟洞进犯，妄图一举夺取险关，占领并捣毁兵工厂。八路军以变制变，灵活接敌，充分利用滚石雷和防御工事抵抗日军进攻。日军惨无人道地使用燃烧弹和毒气，均未成功。八路军牢牢守住了黄烟洞阵地。11月16日夜，八路军特务团在兵工厂职工和部分机器已安全转移后，主动撤出战斗，并在黄烟洞埋设了地雷。17日，日军窜入黄烟洞兵工厂，留给日军的只有几座空房和地雷。恼羞成怒的日军抓住了兵工厂附近的农民彭清理一家，逼迫他们说出兵工厂埋藏机器和粮食的地方。彭清理因为偶尔帮助八路军做饭知道部分内情，但是他大义凛然，宁死不屈，一家八口惨遭日军杀害。彭清理自己被残暴的日军用刺刀捅下悬崖，因八路军及时救助才幸免于难。

11 月 18 日深夜，左权命令八路军特务团开始全面反击，经过血战，至 19 日拂晓，收复全部失地，取得了黄烟洞保卫战的胜利。战斗结束后，兵工厂职工立即返厂，挖出机器，又投入了紧张的兵工生产。

1941 年 12 月 6 日，《解放日报》刊登《八路军发言人谈黄烟洞大捷经过本年度战斗总结》指出，日军“狼狈之状非言语所能形容”。此役，八路军特务团 1300 人与 4 倍于己之敌激战八个昼夜，毙伤敌人近 1000 余人，保卫了兵工厂，被中央军委评价为“1941 年以来反‘扫荡’的一次最成功的模范战斗”。

沂蒙山区 1941 年冬季反“铁壁合围”：“外国八路”血染战场

八路军进逼濮阳聊城

敌犯沂蒙惨败退守台潍线

1942.1.16

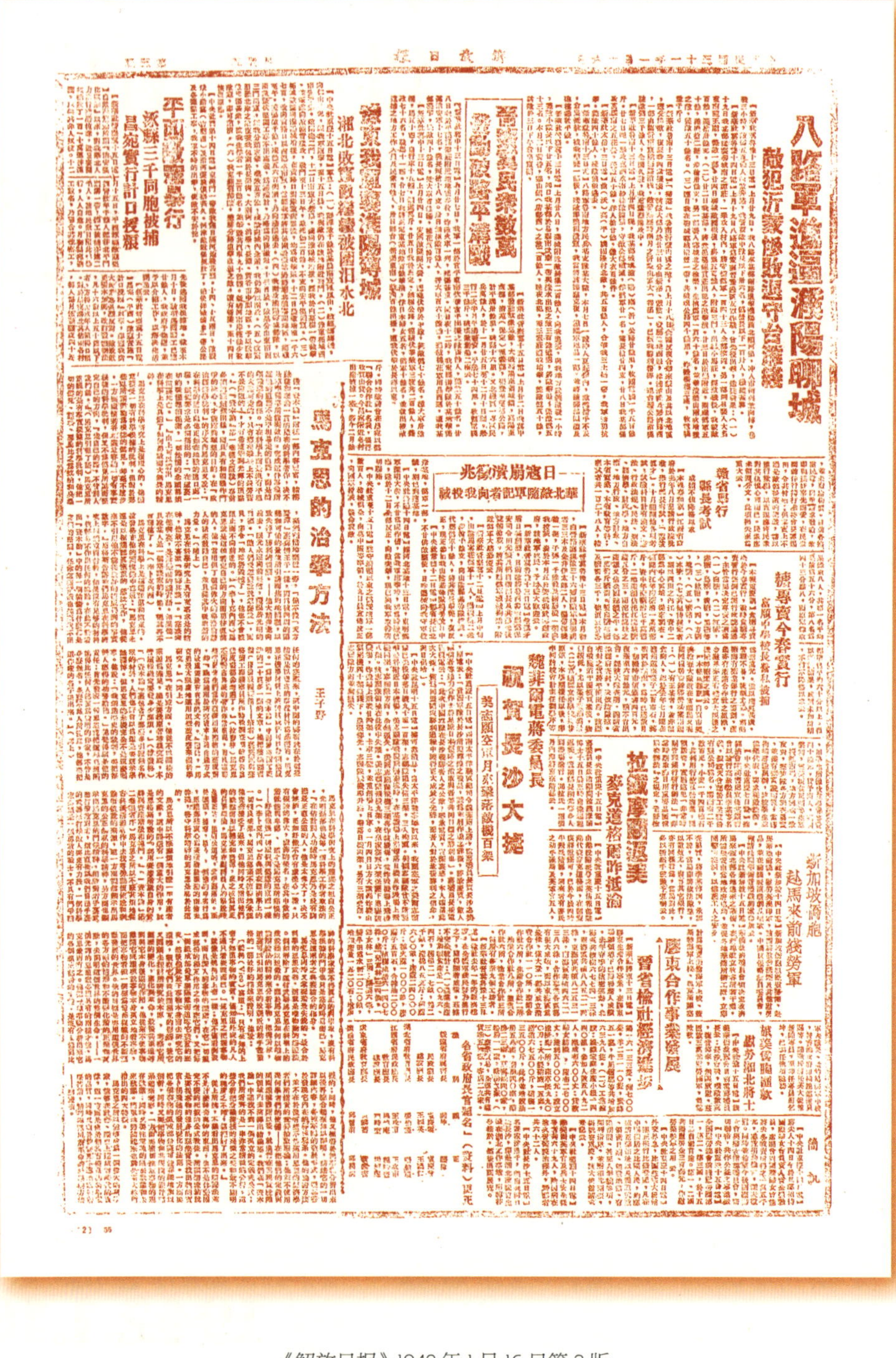
日寇崩潰徵兆
華北敵隨軍記者向我投誠
祝賀長沙大捷
馬克思的治學方法
王子野

《解放日报》1942年1月16日第3版

【据苏北冀鲁豫十三日电】上月廿九日，我八路军某部两路进击濮阳西北顺河集，冲入市街与敌肉搏，巷战三小时，敌军五百余人四散奔逃，我斩杀敌中队长以下卅六名，伪营长以下一百卅人，缴获甚夥。

【新华社冀鲁豫十四日电】上月十九日八路军为策应晋豫边区友军作战，曾先后出击，迭获战果：（一）十九日我某部猛袭聊城南之谭庄，一举攻入村内，将守备伪军一百四十三人全部擒获。另一部同日袭入大名东南龙王庙，毙敌一部。廿四日聊城敌图报复，纠集五百余人，附砲（炮）三门，出犯小马庄，经激战后，我杀敌百余，缴枪卅余支。（二）廿二日我某部，将堂邑县陈贯庄出犯之敌击溃。廿三日于南乐附近，围歼伪军五十余，获机枪二（两）挺，步枪卅余支，另一部袭入郓城北之徐乐，生擒伪军一百六十余名，并击溃梁山两次增援之敌，毙敌五十余名。（三）连日我在聊城郓城（、）清丰一带，共破坏公路四千余里，炸毁桥梁三座，收电线数千斤。

【新华社鲁南十三日电】“扫荡”我鲁南沂蒙山区之敌，自上月十八日企图反复合击来蒙山及其以北地区，遭受惨败；复经我四处绕袭，该敌大部乃于廿三日分由新泰、蒙阴、费县等地西退，津浦沿线及胶济路西，一部由临沂南窜陇海路沿线，敌发动历时两月之沂蒙山区大“扫荡”，已被我胜利粉碎。现台潍公路沿线驻敌伪三千余人，企图久驻，我正猛烈进攻中。

…………

从1941年9月开始，在侵华日军第12集团军司令官土桥一次的指挥下，山东境内日军准备对沂蒙山区抗日根据地进行“扫荡”，企图构筑以临沂、沂水、蒙阴为中心的沂蒙山区三角地带的封锁线，以多路多梯队的分进合击的方式，形成对沂蒙山区的“铁壁合围”，推行第三次“治安强化运动”，摧毁沂蒙山区抗日根据地。

10月初，中共中央山东分局和山东军政委员会就已经判断出日军会集中优势兵力，以沂蒙山为中心进行长期“扫荡”，于是紧急动员，做好了反“扫荡”的一切准备工作。日军“扫荡”开始后，八路军各部迅速行动，山东纵队领导机关、第115师师部等从日伪军包围圈的缝隙中，转移到安全地带。日伪军多次合击未达目的，11月12日开始进行分区“清剿”，实行残酷的“三光”政策，许多村庄被洗劫一空，房屋被焚毁。11月30日，山东分局和第115师师部在大青山遭到日伪军合围，在突围时的激战中，“外国八路”汉思·希伯等人不幸殉难，血染沂蒙。

汉思·希伯何许人也？汉斯·希伯是一名德国记者和共产党员，他来到中国后，“一手拿笔，一手拿枪”，是第一个拿起枪杆子保卫中华民族的欧洲人。1941年9月12日，汉斯·希伯来到山东，穿上灰军装，成为八路军战士。他来到山东后工作极其繁忙，写下了《在日寇占领区的旅行》《反“扫荡”日记》《八路军在山东》《为恢复山东而斗争》等文章，热情讴歌山东抗日根据地英勇善战的八路军和团结御敌的人民群众，极大地鼓舞了山东抗日军民的士气。他还拿起枪亲自参加作战。11月30日凌晨，他与部队在大青山被日军的一个旅团包围，形势十分险恶。在持枪奋战、击毙数个敌人后，他不幸中弹牺牲，时年44岁。

大青山突围后，八路军损失巨大，但是沂蒙山区的抗日军民并不气馁，继续与日伪军进行英勇顽强的斗争。在八路军和人民群众的积极打击下，12月23日，日伪军全部撤出沂蒙山区。八路军挫败了日伪军的“铁壁合围”，基本上恢复了沂蒙山区根据地。1942年1月16日，《解放日报》刊登《八路军进逼濮阳聊城 敌犯沂蒙惨败退守台潍线》文章，向全国人民报捷，沂蒙山区彻底粉碎了日寇“铁壁合围”的阴谋。

苏中 1943 年反“清乡”：就地坚持，机动作战挫败敌人

苏中我粉碎敌伪“清乡”

毙伤俘敌伪二千余

1943.4.19

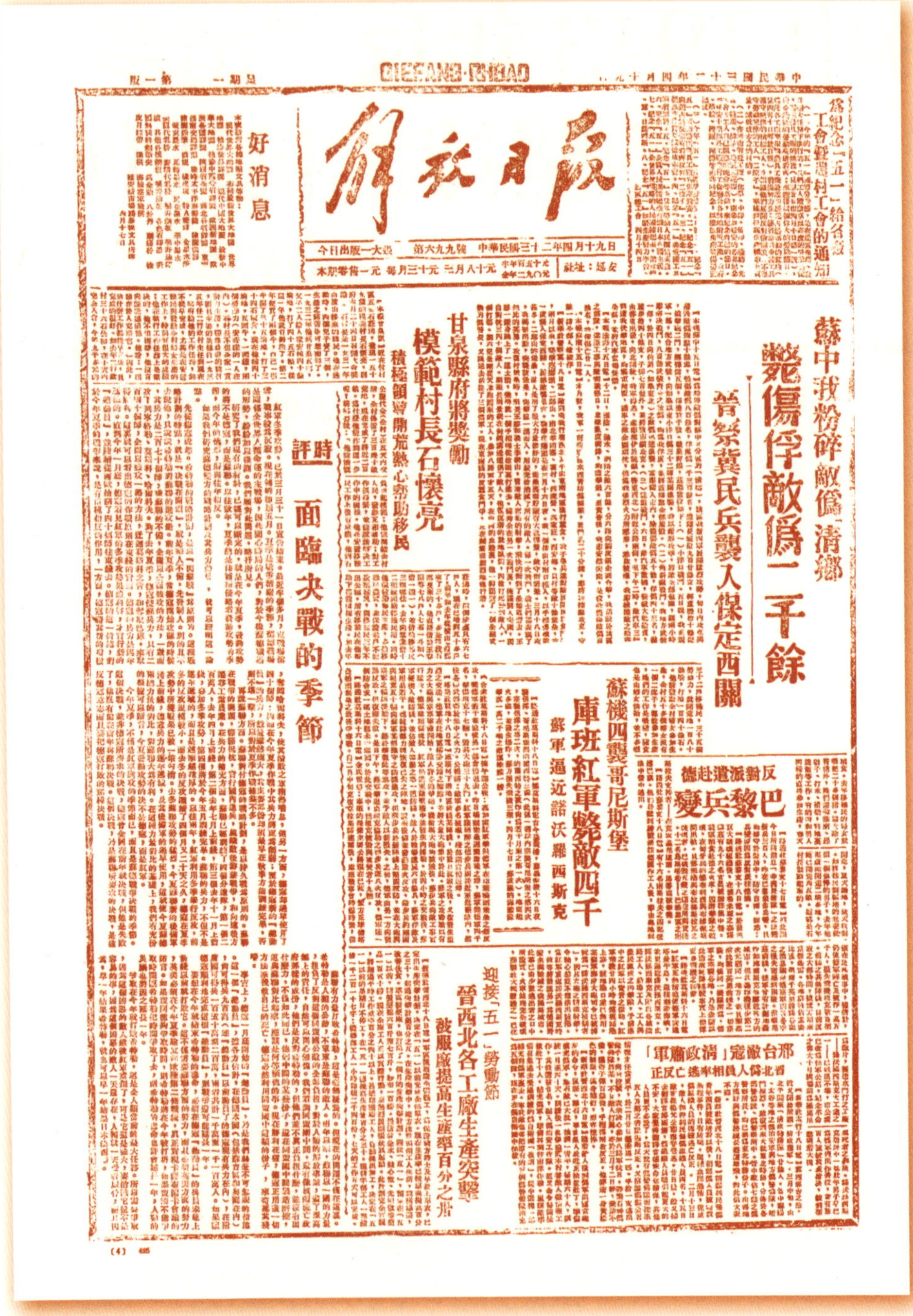

解放日報

好消息

爲紀念「五一」給各級工會轉農村工會的通知

蘇中我粉碎敵僞「清鄉」
斃傷俘敵僞一千餘

晉察冀民兵襲入保定西關

甘泉縣府獎勵
模範村長石懷亮
積極領導開荒熱心幫助移民

時評
一面臨決戰的季節

蘇機四襲哥尼斯堡
庫班紅軍斃敵四千
蘇軍逼近諾沃羅西斯克

反對派遣赴德
巴黎兵變

迎接「五一」勞動節
晉西北各工廠生產突擊
被服廠提高生產率百分之卅

邢台敵寇「清政肅軍」
晉北僞人員相率逃亡反正

《解放日报》1943年4月19日第1版

本报苏中十五日电：为粉碎敌伪对苏中 × 分区的“清乡”，该区我新四军展开猛烈攻势，旬日内攻克与捣毁敌伪据点十余座，毙伤敌伪八百余名，俘敌伪一千三百余名，缴获长短枪九百廿余支，轻重机枪十余挺，迫击炮二（两）门，掷弹筒五个，弹药数千发。战果辉煌，具体数如下：（一）小洋口战斗。五日晚，我正规军一部，配合地方武装，向如皋以东小洋口伪三十二师某团进袭，我以钳形攻势，将敌全部包围，经两小时即解决战斗，八百余武装齐全之敌伪，均为我俘虏，并将该据点全部摧毁。（二）角斜镇战斗。我地方武装一部，于四日向角斜（如皋东北）之敌伪迅速进袭，当即攻入市内，除毙伤敌伪五十余，俘伪四十三名，缴获步枪四十余支，子弹七百余发外，并将该市镇攻克。（三）龙镇战斗。六日，敌汽车数辆，装载大批给养，由启东出发，向北开驶，我军得悉，遂即埋伏于龙镇（启东西北）附近公路两侧，至下午二时，敌汽车三辆到达我伏击地区，均触雷倾倒，随车至敌企图顽抗，俱为我强烈火力所压制，悉数被歼，我即缴获敌之给养全部，并将汽车当场焚毁。

1943年4月1日，日伪军1.5万余人，对苏中军区四分区所在的南通、如皋、海门、启东等地区进行军事“清乡”。早在2月，日军已经利用搜刮来的500多万根毛竹和大量木材，完成对“清乡”区域绵延几百公里的竹篱笆修建，对“清乡”区形成严密封锁圈。苏中军区依据“以公开武装斗争为主，达到坚持原地斗争的目的”的方针，做好充分准备，“清乡”区内以游击战为主，以对日伪重点打击为辅，主力部队跳到“清乡”区外围随时抓住敌人的弱点，机动作战，对敌人薄弱地点进行有力打击。4月19日《解放日报》刊登《苏中我粉碎敌伪“清乡” 毙伤俘敌伪二千余》，对苏中反“清乡”进行专门报道，“我新四军展开猛烈攻势……毙伤敌伪800余名，俘敌伪1300余名……”。5月底，由于根据地军民有力的军事斗争，日军被迫结束军事“清乡”。

6月，日伪军转为政治“清乡”。新四军采取武装斗争为主，结合政治斗争的方针，以短枪队和民兵打击小股日伪军和“清乡”人员，并派人开展思想政治工作，瓦解敌伪组织，团结一切力量与日寇斗争，动员人民群众不断破坏封锁篱笆。7月，动员人民群众，将日伪封锁竹篱笆全部烧毁。

10月，不甘心失败的日伪军，采取“以游击对游击，以分散对分散”的方法，开始3个月的延期“清乡”，日伪军冒充新四军人员，诱骗群众，捕杀干部，企图割裂人民群众与新四军的关系。新四军马上改变斗争策略，组织群众进行隐蔽斗争，以麻痹敌人。日军在“清乡”圈内实行新战术之际，新四军则在“清乡”圈外不断袭击日伪军，以打击和调动敌人，采取游击战等方式让日伪军不得安宁，“清乡”运动以失败而告终。

苏中军民在反“清乡”斗争中，毙伤日伪人员2400余人，争取伪军等自首反正1700余人，拆毁碉堡200余座，保卫了苏中抗日根据地。

车桥战役：围点打援，虎口拔牙

苏北新四军大捷

收复车桥攻入涟水

1944.3.13

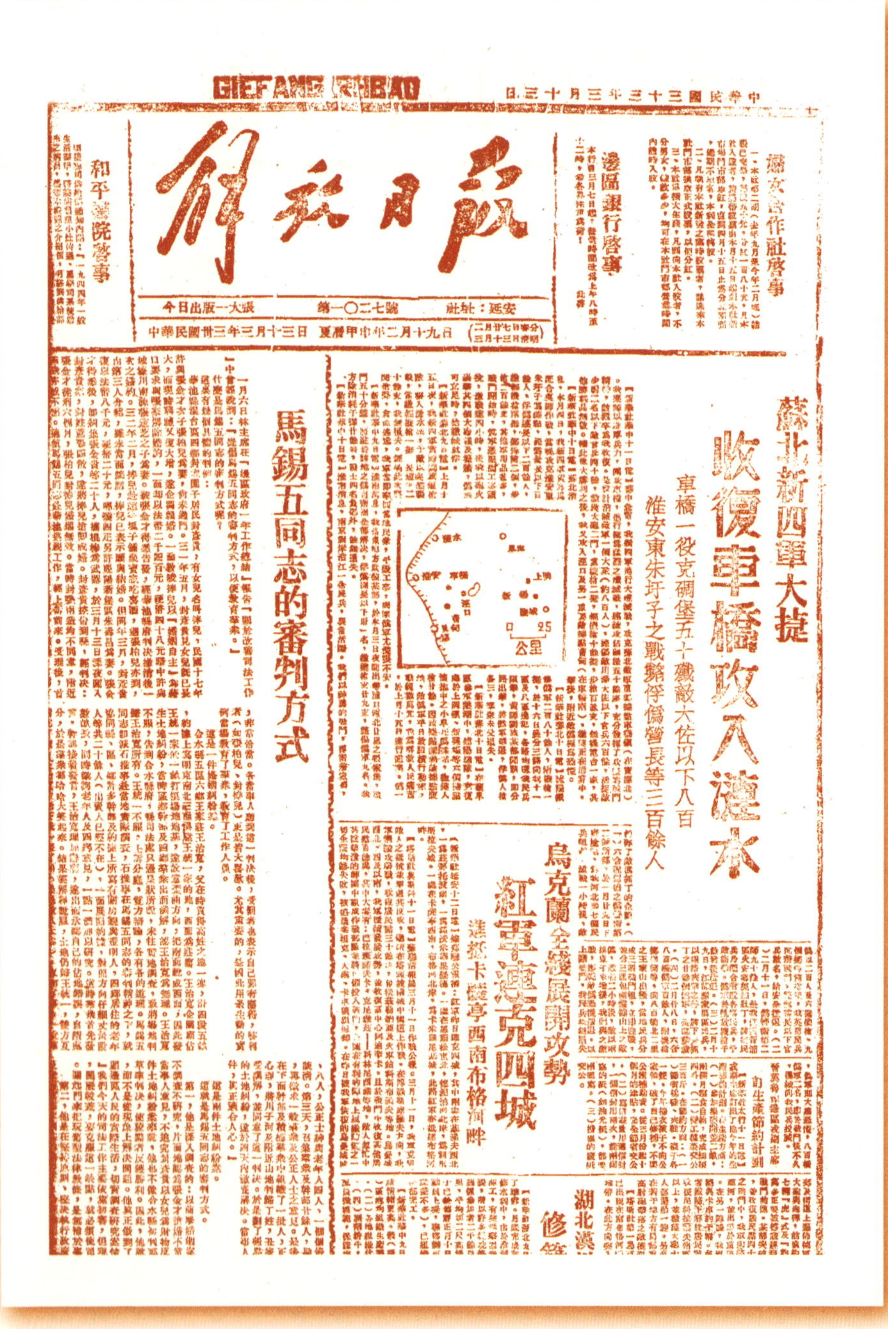
GIEFANG RIBAO
中華民國三十三年三月十三日
解放日報
延安：社址 號二〇一第 版一出日今 張一大
中華民國卅三年三月十三日 夏曆甲申年二月十九日
邊區銀行啓事
婦女合作社啓事
和平醫院啓事
蘇北新四軍大捷
收復車橋攻入漣水
車橋一役克碉堡五十餘座殲敵大佐以下八百
淮安東朱圩子之戰虜偽營長等三百餘人
烏克蘭全綫展開攻勢
紅軍連克四城
馬錫五同志的審判方式
湖北

《解放日报》1944年3月13日第1版

【新华社华中十一日电】苏中急电，我新四军进行大歼灭战，攻克苏北敌军重要据点车桥镇（在宝应北），我粟师以雄厚兵力，围攻车桥，进行极为猛烈之歼灭战，连续攻占碉堡五十余座，充分发挥了攻坚的战斗精神，该镇卒为我收复。是役计消灭敌军一个大队（约八百人），毙伤敌川泽大佐以下官兵六百余，活捉敌少尉二（两）名以下敌官兵四十余，缴获大炮二（两）门，重机枪二（两）挺，轻机枪十余挺，步枪百余支，无线电台一座，其他胜利品无数。继此伟大胜利之后，我军攻入泾口及另一重要敌据点曹甸（在车桥南），缴获正在清算中。

…………

【新华社苏北九日电】上月十五日夜，我新四军黄师刘旅短枪队，袭入涟水城，予敌以突然袭击，当缴轻机枪一挺，长短枪二十余支，我无损失。经过此次袭击后，附近敌伪极为恐慌。

…………

1944 年春天，为打通中国大陆交通线，将侵华日军各部贯通起来，日军从华中地区抽调部队南下参加作战。驻守在苏中地区的日军兵力日渐不足，开始收缩防区，依靠伪军进行防御。

车桥，处于日军第 64、第 65 师团的接合部，是淮安以东日伪军主要据点之一，仅有日军 1 个小队和伪军 1 个大队 600 余人据守。然而，车桥处于我苏中、苏北、淮南、淮北 4 块根据地交界的战略要地，拿下车桥，新四军的 4 块根据地将连成一片。

1944 年 3 月，粟裕决定采取掏心战术，围点打援，夺取车桥。3 月 4 日晚，新四军第 1 师第 7 团和炮兵大队远程奔袭，利用夜色的掩护，避开日伪军外围据点直插车桥。次日 1 时 50 分，在炮兵的火力支援下，新四军从南北两面同时向车桥发起突然袭击，迅速突破城围，进入市镇。经过一夜激战，伪军 1 个大队被全歼，日军被压缩在核心工事里面。

车桥被围，附近据点的日伪军纷纷出援。车桥西北的芦家滩，南靠东西界河，水流湍急，河岸险陡；北边是一片草荡，里面满是淤泥；中间形成狭窄口袋形地域，是日伪军自淮安增援车桥的必经之路。5日下午3点，日伪军第一批援军240多人到达芦家滩附近，立即被埋伏在此等候多时的新四军堵击，伤亡60多人……至下午6点，先后4批增援的日伪军都被新四军成功阻击在了芦家滩附近。到6日早晨，日军援军溃乱，四散逃窜。阻击任务顺利完成。

7日，在求援无望之下，车桥据点残余日军乘隙逃窜，车桥完全回到新四军手中。新四军乘胜扩大战果，相继收复泾口、曹甸等12处据点。

《新华日报》报道："车桥一役克碉堡五十，歼敌大佐以下八百。"这场战斗，打通了苏中与苏北、淮南、淮北3块根据地的战略联系，打响了华中地区抗战战略反攻的第一枪，从此日军在华中地区再也无力发动对抗日根据地的"扫荡"。

卡断广九路中段战斗：东江纵队威震港粤

《解放日报》报道：

东江纵队威震港粤

1944.8.17

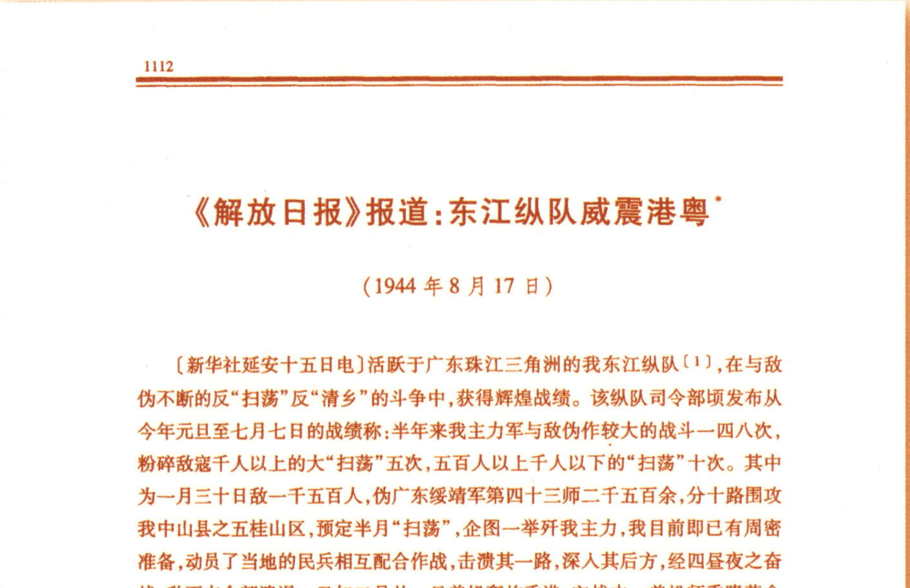

1112

《解放日报》报道：东江纵队威震港粤*

（1944年8月17日）

〔新华社延安十五日电〕活跃于广东珠江三角洲的我东江纵队〔1〕，在与敌伪不断的反“扫荡”反“清乡”的斗争中，获得辉煌战绩。该纵队司令部顷发布从今年元旦至七月七日的战绩称：半年来我主力军与敌伪作较大的战斗一四八次，粉碎敌寇千人以上的大“扫荡”五次，五百人以上千人以下的“扫荡”十次。其中为一月三十日敌一千五百人，伪广东绥靖军第四十三师二千五百余，分十路围攻我中山县之五桂山区，预定半月“扫荡”，企图一举歼我主力，我目前即已有周密准备，动员了当地的民兵相互配合作战，击溃其一路，深入其后方，经四昼夜之奋战，敌不支全部溃退。又如二月廿一日美机轰炸香港，空战中一美机师乘降落伞至九龙半岛，为我救获，翌日在驻港九敌千余，海陆并进，重重包围，实行严密搜索“扫荡”，并在各港湾路口筑工事，企图长期围歼灭我队。我为解港九队之围，惠阳队即向沙头角（宝安县）出击，港九市区的短枪队，则一面散发宣传，一面向敌伏击，使港敌大起恐慌，包围搜索“扫荡”之部队乃于廿四日全部撤退，我毫无损失，美机师得以安全送至惠阳地区。

出击广九路　攻入平湖等车站

当三月间敌集中伪广东绥靖军第三十师、二十师、四十四师、四十五师，向我宝安、东莞地区进行“清乡”时，该区我军展开了向广九路的出击，曾经数度攻入

* 《解放日报》是中共中央机关报。

〔1〕这里报道的东江纵队的战斗战绩，其中包括珠江纵队的战斗战绩。

刊载于《解放日报》1944年8月17日的报道

【新华社延安十五日电】活跃于广东珠江三角洲的我东江纵队，在与敌伪不断的反“扫荡”反“清乡”的斗争中，获得辉煌战绩。该纵队司令部顷发布从今年元旦至七月七日的战绩称：半年来我主力军与敌伪作较大的战斗一四八次，粉碎敌寇千人以上的大“扫荡”五次，五百人以上千人以下的“扫荡”十次。其中为一月三十日敌一千五百人，伪广东绥靖军第四十三师二千五百余，分十路围攻我中山县之五桂山区，预定半月“扫荡”，企图一举歼我主力，我目前即已有周密准备，动员了当地的民兵相互配合作战，击溃其一路，深入其后方，经四昼夜之奋战，敌不支全部溃退。又如二月廿一日美机轰炸香港，空战中一美机师乘降落伞至九龙半岛，为我救获，翌日在驻港九敌千余，海陆并进，重重包围，实行严密搜索“扫荡”，并在各港湾路口筑工事，企图长期围歼灭我队。我为解港九队之围，惠阳队即向沙头角（宝安县）出击，港九市区的短枪队，则一面散发宣传，一面向敌伏击，使港敌大起恐慌，包围搜索“扫荡”之部队乃于廿四日全部撤退，我毫无损失，美机师得以安全送至惠阳地区。

东江纵队是中国共产党在广东省东江地区领导创建的一支抗日游击队，是开辟华南敌后战场和坚持华南抗战的人民抗日游击队主力部队之一。1943年11月，日军占领了广九铁路沿线各点，企图修通铁路，连接粤汉、平汉、北宁线以构成“大陆交通线”，达到挽救其战略上颓势的目的。1944年1月，东江纵队派出代号“飞鹰队”的独立第三中队挺进广九铁路以东，在东莞县的塘沥、三峰、官井头一带打击日伪军，卡断广九铁路中段。

1944年2月底，日军派出川口中队约100人入侵清溪圩，砍伐松树用做枕木，妄图尽快修通广九铁路。3月底的一天，飞鹰队队长何通带领5名手枪队员，化装成赶圩群众，在清溪以东的一个茶亭与砍树的日军混坐饮茶，乘敌不备时开枪毙敌8人，伤2人，击毁汽车3辆，缴步枪1支。5月13日，飞鹰队又在磨泥圩榄树头设伏，毙伤日军大半个班。次日，藤本大队及樟木头日军500多人兵分5路合击黄洞，飞鹰队勇敢迎敌，毙伤日寇10余人。同时，飞鹰队教育争取了清溪圩伪联防队小队长蓝文星和队员李明等人，于5月26日夜袭伪联防队和税警队，一枪不发解除了伪联防队一个中队的武装，击毙顽抗的税警队队长，其余伪警全部投降，共俘敌32人，缴枪50多支，而我无一伤亡。川口中队虽侵占清溪3个月，但屡遭飞鹰队打击，被迫于6月7日逃回樟木头，其修复广九铁路中段的企图彻底破灭。

9月初，藤本大队协同伪军对广九铁路发动大“扫荡”。飞鹰队受命出击广九线上之敌，配合路西部队粉碎敌人“扫荡”。飞鹰队将天堂围北两公里石马河铁桥日军碉堡设定为袭击目标。为确保战斗胜利，何通还研究制成了一枚定时地雷。9月20日，手枪队长、小队长、爆破班长等人化装成修路民工，趁日军外出时，悄悄潜入碉堡，将定时地雷安置于床下。是夜11时30分，只听一声巨响，酣睡中的日伪1个班9人被炸死。飞鹰队闻声迅速冲过石马河铁桥，肃清附近残敌，缴获机枪步枪若干及一批军用物资。东江纵队司令部战后通令嘉奖飞鹰队，表彰他们：“定时地雷研制成功，是爆破技术一大进步。”

从1944年1月至9月，飞鹰队近10个月时间英勇作战20余次，以伤亡20余人的代价，取得了毙伤日军60余人、俘伪军200余人，缴获轻机枪2挺、长短枪支200余支的重要战绩。

庆祝抗日胜利：中华民族解放万岁

日本政府无条件投降

接受波茨坦宣言

向中美英苏投降

1945.8.11

日本政府無條件投降

接受波茨坦宣言 向中美英蘇投降

唯一要求是保留日本天皇

杜魯門召集內閣特別會議

社論

日本法西斯無條件投降 中國抗戰勝利萬歲！

蒙古人民共和國 昨晨向日本宣戰

蘇軍克呼倫綏芬河 並沿遼關前綫進攻朝鮮

《新华日报》1945年8月11日第2版

…………

（中央社讯）据东京十日广播：日本政府本日以下列照会分致瑞士和瑞典政府，托其转致中美英苏四国，“日本天皇希望促进世界和平，早日停止战争，以使天下生灵得免因战争的持续而沦于浩劫，日本政府为服从天皇陛下的圣旨起见，已于数星期前请当时仍居中立地位的苏联政府，出面斡旋，以使对诸敌国得恢复和平，不幸这些为促致和平的努力，业已失败。日本政府为遵从天皇陛下恢复全面和平，希望战争造成之不可言状痛苦能迅速告终结起见，乃作下列决定：

日本政府准备接受中美英三国政府领袖于一九四五年七月二十六日在波茨坦所发表其后经苏联政府赞成的联合宣言所列举的条款，而附以一项谅解：上述宣言并不包含任何要求有损天皇陛下为至高统治者的皇权。日本政府竭诚希望这一谅解能获得保证，且切望关于远东的明白表示，能迅速获胜。

…………

1945年5月8日，德国法西斯战败投降，日本军国主义陷入四面楚歌，濒临覆灭。1945年7月26日，苏美英三国首脑发表对日最后通牒式公告《中美英三国促令日本投降之波茨坦公告》，督促日本无条件投降。1945年8月6日和9日，美军对日本广岛和长崎投掷原子弹，摧毁了日本大量军事设施及军工企业。1945年8月8日，苏联对日宣战，随即150万苏联红军越过中苏边境进入中国东北，横扫日本关东军……

1945年8月9日，毛泽东发表《对日寇的最后一战》的著名演讲，号召中国一切抗日力量立即发起全国规模的大反攻，与盟国一起对日本进行最后的决战。8月10、11日，中共中央延安总部向八路军、新四军等连续发布7道反攻命令，限令敌伪向共产党领导的武装力量缴械投降。随后，中国共产党领导的抗日军队势如破竹，从1945年8月11日至9月2日，解放县以上城市达到150座。

1945年8月11日，《新华日报》刊登了《日本政府无条件投降》的消息。15日正午，日本裕仁天皇通过广播宣布日本无条件投降。1945年8月21日，日本乞降使节今井武夫等一行8人来到湖南芷江，正式与国民政府商讨投降事宜，桥岛芳雄代表日方毕恭毕敬地向中美受降代表呈交了百万侵华日军兵力分布图，今井武夫代表日方在《受领证》上签字盖章。

经过14年艰苦卓绝的战斗，中国人民付出了3500万军民伤亡的巨大牺牲，终于将日本侵略者赶出了中国。1945年9月2日上午9时，日本投降仪式在停泊在东京湾的美国战列舰“密苏里”号上举行，中国代表徐永昌将军代表中国出席盟军接受日本投降仪式，日本正式向盟军投降。

1945年9月3日，重庆《新华日报》发表毛泽东题词：“庆祝抗日胜利，中华民族解放万岁！”当天下午2时，延安各界举行了盛大集会，庆祝抗战胜利，整个延安城再次沸腾起来！“日本投降了！”“我们胜利了！”的欢呼声此起彼伏……

高邮战役：对日寇最后一战

生俘守城敌伪五千

苏中我军解放高邮

1945.12.27

《新华日报》1945年12月27日第1版

【新华社苏中廿七日电】苏中敌伪重要据点高邮城，已于廿六日为我军解放。自南京“受降”以来，扬州、高邮等地敌伪从未解除武装，本月初旬，原驻扬州之敌军三千人及伪第二方面军一部，在国民党反动派驱策下，进至高邮，积极布置进攻我苏中解放区，扬言奉命收复失地。我军为保卫华中人民生命财产之安全，认真执行收缴敌伪武装之庄严任务，乃于本月十九日向高邮城发动强大攻势，至廿日上午，已攻克城北土城、碉堡、洋面厂，及城东北之双庙、泰山庙、黄家渡等据点，廿一日扫除城南敌伪之最后强固据点车逻，至此高邮城外围据点全部攻克。廿五日下午五时，我对城内拒降敌伪发动总攻，六时半，我英勇健儿已突入城内，敌伪反复冲锋达七八次之多，经五小时激烈巷战后，敌伪全部就歼，无一漏网。据已知战果：计击毙敌军百余人、伪军二百余人，俘敌官兵九百余人，伪军官兵四千余人，缴获山砲（炮）一门，连射砲（炮）二门，迫击砲（炮）十余门，掷弹筒二十个，轻重机枪一百四十余挺，步枪三千余支，子弹十万发，炮弹数十箱，战马数百匹及其他汽艇、汽车、卡车、军用品甚多。

【新华社华中廿七日电】我军于本月廿一日解放苏中敌伪据点邵伯镇（高邮城以南六十六里，在运河边上）。邵伯驻有敌军左田部队及伪军警察等一千五百余人。十九日晚我军向邵伯镇发动攻势，当即攻入该镇，敌伪退守街中心之三个营房负隅顽抗，经二日激战后，守敌大部就歼，残存之敌军廿三名逃至仙女庙（邵伯镇南）附近，为我预伏部队全部活捉，战斗乃告结束。是役除伪军八百窜逃镇江外，计击毙日军中队长以下一百一十余名，伪军百余名，俘日军小队长二（两）名，士兵卅八名，俘伪军官兵五百五十余名，缴九二式步兵砲（炮）一门，重机枪一挺，步枪三百支，其他军用品甚多。北至高邮，南抵仙女庙百里运河上，已全无敌踪。

1945 年 8 月 15 日，日本天皇裕仁以广播形式发布《终战诏书》，日本无条件投降。但驻守在高邮等地的日军按照蒋介石“不准向八路军、新四军投降”的密令，直到 1945 年底仍拒不放下武器投降。仅在高邮城内就盘踞着日军1200余人，伪军8000余人。

12月19日晚7时，在粟裕的指挥下，新四军在南北40公里、东西20公里的战线上，向高邮外围据点发起攻击。21日，新四军攻克邵伯等日伪据点,共清理高邮外围据点16处,歼灭日军100余人、伪军4000余人,切断了高邮城日伪军的退路。接着，新四军在邵伯、丁沟一线构筑对扬州、泰州蒋军的防线，准备打击援军。

清理外围据点后，新四军大力开展政治攻势，用大喇叭对城内日军宣读天皇投降诏书,播放日本歌曲。新四军战士用弓箭、迫击炮、“土坦克”等将大批传单送进城里，日伪军士气低落，军心动摇。12月25日夜，新四军在强大炮火支援下，从西北、东、南三个方向猛攻高邮，快速攻入了高邮城内,与日伪军展开激烈巷战。26日下午，日军司令部被新四军包围，眼看大势已去，不得不同新四军谈判。

26日凌晨4时，日军驻高邮最高司令官岩崎大佐，率部向新四军正式无条件投降。受降仪式在高邮城内的“洪部”大厅举行，岩崎大佐双手捧着日军花名册、军需军械登记册，交给新四军代表韩念龙，被日军侵占七年之久的高邮终于回到人民的怀抱。这是新四军接受日军投降规模最大的一次受降仪式。

各大报刊对高邮战役的辉煌战果竞相报道。这是新四军对日本侵略者的最后一战，也是中国军队对日寇的最后一战。此役歼灭和俘虏日伪军近万人，缴获各种炮60余门、枪支4000余支、军用品无数，使得苏中、苏北、淮南、淮北解放区连成一片，形成完整的华中解放区。

解放战

争时期

上党战役：打了胜仗谈判就容易些

刘邓张李关于歼击阎援军及全区战况报军委电

1945.9.29

四　刘邓張李关于歼击閻援軍及全区战况报軍委电：

（1945年9月29日）

1. 閻以最大决心争夺上党。据繳获文件判明其計划。包括武乡、辽县、昔城、阳城。由史泽波率领的部队为三个师。兩个縱队及原有伪軍共六万七千人。我攻佔襄、屯、潞、壶五县已消灭六千。长治現有縱（部？ ）队八千。其他二千余。現閻又派八十三軍三个师及改編之伪杨誠軍兩个师南援长治。加以現仍留沁州之伪軍千余（另有日軍千余）共約一万二千人。我以一万人継續包围长治。二万人准备消灭八十三軍。尔后是否仍攻长治。依情况决定（因逐日天雨影响上党作战拖延）。

2. 道清綫除沁阳县城外。余全部控制。現已集結六七千人。由黄新友指揮。相机攻佔之。

3. 平汉綫我太行一个主力。及地方团队。已佔领元氏及沙河。武安段。現正同冀南部队进攻邯鄲、磁县；尔后即集結南下。配合冀魯豫部队攻佔安阳。湯陰、洪县三城。阻蒋北上。太行之七分区三个团。現位新乡以南活动。曾一度攻佔原武。

4. 現平汉东側。尚有临漳、成安、永年。肥乡。曲周。任县。尧山等十余城。尚在伪手。

5. 同蒲路介休以南已无日軍。洪赵以北至平遥段破路有成績。該綫除太岳五分区外。均无主力兵团。胡宗南十六軍之九十四师先头已到平介。前进頗快。但我在霍县山区对十六軍机动已失时机。

6. 正太綫太行兵力极少。赵尔陆破路有成績。但敌控制大兵（榆次娘子关段即有八九千人）。随即恢复交通。現仍在困难条件下輾轉破路。

7. 我軍組成情况。太行扩兵兩万五千。太岳扩兵一万。原有兵团

刊载于《上党战役资料汇编》

（西南军区军战史编审委员会二野组1954年10月编）的电文

1. 阎以最大决心争夺上党。据缴获文件判明其计划，包括武乡、辽县、昔城、阳城，由史泽波率领的部队为三个师，两个纵队及原有伪军共六万七千人。我攻占襄、屯、潞、壶五县已消灭六千，长治现有纵（部？）队八千，其他二千余。现阎又派八十三军三个师及改编之伪杨诚军两个师南援长治，加以现仍留沁州之伪军千余（另有日军千余）共约一万二千人。我以一万人继续包围长治，二万人准备消灭八十三军，尔后是否仍攻长治，依情况决定（因连日天雨影响上党作战拖延）。

2. 道清线除沁阳县城外，余全部控制。现已集结六七千人，由黄新友指挥，相机攻占之。

3. 平汉线我太行一个主力，及地方团队，已占领元氏及沙河、武安段，现正同冀南部队进攻邯郸、磁县；尔后即集结南下，配合冀鲁豫部队攻占安阳、汤阴、洪县三城，阻蒋北上。太行之七分区三个团，现位新乡以南活动，曾一度攻占原武。

4. 现平汉东侧，尚有临漳、成安、永年、肥乡、曲周、任县、尧山等十余城，尚在伪手。

5. 同蒲路介休以南已无日军，洪赵以北至平遥段破路有成绩。该线除太岳五分区外，均无主力兵团。胡宗南十六军之九十四师先头已到平介，前进颇快，但我在霍县山区对十六军机动已失时机。

6. 正太线太行兵力极少，赵尔陆破路有成绩，但敌控制大兵（榆次娘子关段即有八九千人），随即恢复交通，现仍在困难条件下辘（辗）转破路。

…………

上党战役，是晋冀鲁豫军区部队在抗日战争胜利后与国民党军队进行的第一个大战役，也是我军由分散的游击战转入集中运动战的第一次作战，意义重大。这次战役共歼敌3.5万余人，不仅巩固了晋冀鲁豫解放区的后方，而且提高了中国共产党在重庆谈判中的地位。

1945年8月23日，在延安杨家岭的窑洞里，中共中央主席毛泽东正认真读着来自重庆的电报。这已是蒋介石发来的第3封邀请毛泽东赴重庆“共定大计”的电报了。

很显然，这是蒋介石的“一箭三雕”之计：其一，如果毛泽东拒绝到重庆，就给共产党安上拒绝谈判、蓄意内战的罪名，借机发动内战，把战争之责推到共产党身上；其二，如果毛泽东到重庆来，就给共产党几个内阁职位，迫使共产党交出解放区、交出军队；其三，蒋介石可以利用谈判来赢得准备全面内战的时间。

蒋介石未免高兴得太早了，中共中央早就识破了这一阴谋诡计。毛泽东一针见血地指出，“这是蒋介石迫于国内国际形势，迫不得已做出的‘假和平、真备战’的缓兵之计”，无非是企图用“和平谈判”麻痹共产党，欺骗人民群众，同时为他调兵遣将、部署内战争取时间。

绝不能让蒋介石的阴谋得逞。面对蒋介石在重庆摆下的“鸿门宴”，毛泽东大手一挥，“可以去，必须去”，“这样可以取得全部主动权”。

毛泽东在离开延安赴重庆谈判前说：“同志们担心我去谈判的安全。蒋介石这个人我们是了解的。你们在前线打得好，我就安全一些；打得不好，我就危险一些。你们打了胜仗，我谈判就容易些，否则就困难一些。”

“文官把笔守天下，武将提刀定太平。”国共两党代表团在重庆的谈判桌前进行唇枪舌剑的斗争时，国共两军则在晋东南战场上真刀真枪地大打出手了。

果然不出毛泽东所料，在战场上屡遭重击的蒋介石，不得不在谈判桌前收敛起嚣张的气焰，同意了共产党的提议。就在上党战役结束前两天，10月10日，经过43天的商谈，国共双方终于签署了《国民政府与中共代表会谈纪要》（即《双十协定》），宣布必须以和平、民主、团结为基础，坚决避免内战，建立独立、自由和富强的新中国。

邯郸战役：立体式战斗夺崔曲

冀南我军自卫战大捷

高树勋将军所部新八军起义

拒绝国民党反动派进攻命令

1945.11.5

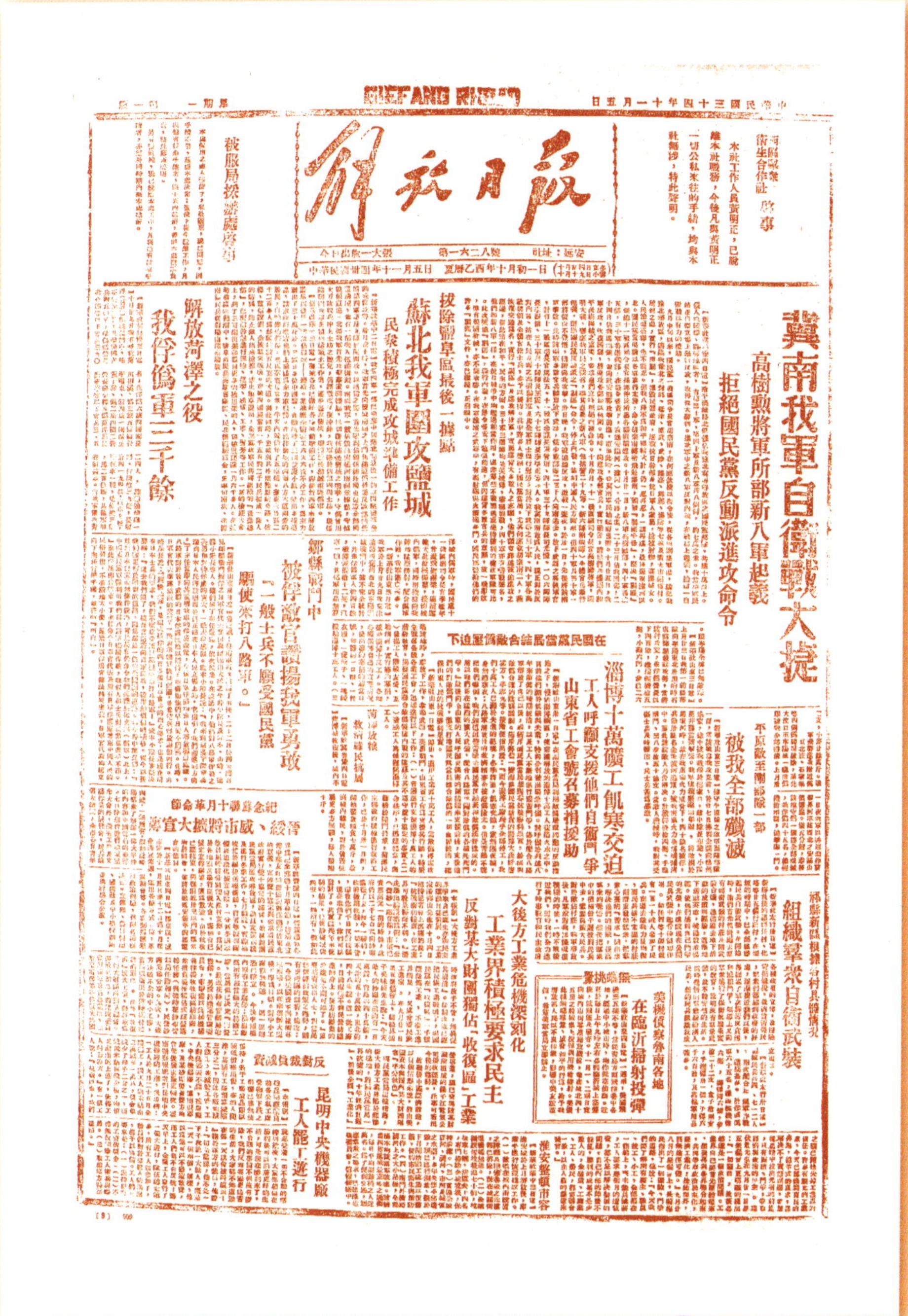
解放日報

冀南我軍自衛戰大捷

高樹勛將軍所部新八軍起義

拒絕國民黨反動派進攻命令

蘇北我軍圍攻鹽城

拔除阜寧區最後一據點

民衆積極完成攻城準備工作

解放菏澤之役

我俘偽軍三千餘

被俘敵官讚揚我軍勇敢

淄博十萬礦工飢寒交迫

被我全部殲滅

大後方工業危機深刻化

工業界積極要求民主

組織羣衆自衛武裝

在臨沂掃射投彈

昆明中央機器廠工人罷工遊行

《解放日报》1945年11月5日第1版

【新华社冀鲁豫四日急电】沿平汉铁路北犯侵占我豫北冀南解放区之国民党部队，共达十万以上。侵入我磁县、邯郸地区者，有第三十军、第四十军及新八军共八个师，约七万之众。我当地军民站在自卫立场上举行反攻，取得伟大胜利。进攻军中之新八军反对内战，在战场上起义，给这一自卫战以有力的援助。

九月中旬以来，国民党一战区司令长官胡宗南，在何应钦授以密令之后，从各地调集军队，猛犯我豫北解放区，连陷我豫北之封邱（丘）、延津、原武、武陟、获嘉、辉县、汤阴等七城及广大市镇乡村。所到之处，实行"清剿"，摧毁民选政府，屠杀抗日干部及抗日军人家属，抢掠财物，奸淫妇女。

人民惨遭荼毒，忿不能忍。但我八路军为和平团结大计，仍一忍再忍，一让再让，最后退至漳河以北。国民党当局犹以各军进得太慢，命令胡宗南秘密飞赴郑州，颁发"剿匪手册"，坚决"剿匪"，强迫十一战区司令长官孙连仲氏所属各部限期进攻。十月廿一日，新八军高树勋部，四十军马法五部，三十军鲁崇义部，在严令督责下，渡过安阳河（漳河），分路北进。二十三日占我磁县，二十四日占我马头镇，并向武安（、）邯郸攻击前进。直至此时，我冀南军民始起而自卫。十月廿五日，我军反攻，收复磁县，将进攻各部加以包围。同时，向进攻各部官兵，实行劝告，请他们共体国内和平民族团结之重要，要求他们立时拒绝内战命令。十月卅日，十一战区副司令长官高树勋将军，深明大义，响应我军民之号召，率其直属之新八军（包括暂二十九师、新六师两个师）全体官兵举行起义，拒绝国民党反动派之"剿匪"命令，停止内战，站到中国人民方面来。但四十军与三十军一部将领尚不觉悟，继续向我攻击。卅日晚，我军被迫总反攻，激战一昼夜，于卅一日，先后将该两军击败。此时该两军多数官兵愿意放下武器，仅少数部队二三千人向南逃去。放下武器之高级军官，计有十一战区副长官马法五、十一战区参谋长宋肯唐、四十军三十九师师长司光恺、一〇六师师长李振清、三十军三十师师长王震、六十七师师长李学正等多人。我冀南解放区人民，现正对于反对内战、站在人民方面之高树勋将军及其全军将士举行慰劳。对于放下武器之三十军、四十军各高级将领及全体官佐士兵，亦予以优待。其中许多人声称：国民党当局，尤其何应钦（、）胡宗南二人，借恢复交通为名，实行“剿匪”及进攻解放区，实属违背大多数人之志愿，他们愿意详述被迫进攻之经过，从此站在和平、民主的方面。三十军三个师均是美械师，素称能战，四十军亦有善战声名，他们和新八军一样，在抗日战争中均起过相当作用，远非那些不战而逃或坐待胜利的腐败军队可比。此次被迫“剿匪”，举行内战，在严令督责下勉强前进，但因违背多数官兵的意愿，故一战即败，虽有美国枪械，亦不能取胜。在我军缴获之武器中，有高射砲（炮）与火箭砲（炮）多门。国民党发给他们的许多“剿匪”文件，亦已缴获，正清理中。

邯郸战役是我晋冀鲁豫军区部队为反击国民党军队进犯解放区，于1945年10月24日至11月2日进行的一次大规模歼灭战。1959年，台湾当局编了一部《戡乱战史》，对此战役作了如下评述：“是役之后，我军对平汉路既未打通，匪更奄有晋冀、冀鲁边之有利态势，对华中形成极大威胁；对华北更肆意窜扰，南北隔离，使我对接收华北工作发生极大的困难，尔后惟依空运部队接收平津，究以兵力有限，形成孤立，使政略、战略陷于被动，影响尔后之作战实至深钜。”

崔曲是个有二三百户人家的大村，距邯郸只有十几里地，被敌106师突破占据。崔曲虽不是城，但周围有土围子。村子四周的平顶房，则起着类似城墙上碉堡的作用。我军当时重武器少，还不太会用炸药，所以，要夺取这些天然堡垒，一是靠梯子，二是靠手榴弹。攻击部队决定分别以两个营的兵力并肩猛攻，主攻部队的前面组织了200人的投弹队。投弹手们除腰系肩挎，每人还提一个装满手榴弹的柳条篮子。梯子队紧紧跟随，最后边是全团集中起来的火力队。这种配备表示了主攻部队不怕一切牺牲，不打则已，一打就要前仆后继夺取胜利的决心。

夜幕刚刚降下，攻击命令便发出了。在火力队的掩护下，投弹队和梯子队首先投入了战斗。敌人是有准备的，但他们没有估计到我军会这样快地组织反击，更没有料到我军会组织200人的投弹队，直奔他们村前沿的“房顶阵地”。这200人的投弹队简直可以说等于几十门小炮。他们拼命投掷，梯子队的同志奋力冒死攀登，只3个多小时，就把村头前沿“房顶阵地”上的敌人全部赶了下去。后继部队乘机突入村内。这时，实际上进行着立体式的三层战斗：一层是对“房顶阵地”的攻击，这算“空中格斗”；一层是依托门窗逐屋抢占，这算“中间争夺”；一层是敌我将房屋的墙壁炸毁，力争控制街道，这算是“地面战斗”。小小的崔曲敌我混杂在了一起，一片火海，战斗异常残酷。午夜时分，崔曲及其四周的小路，基本上已被尸体和的树木堵塞了。106师师长李铁头见大势已去，孤注一掷，只身带着一个多连的队伍，利用夜色乘隙逃窜了。

晋北战役：严守入城纪律

鲁晋我军拯救人民

解放即墨朔县

朔县战役中俘伪六百余

缴获轻重机枪五十余挺

1946.6.20

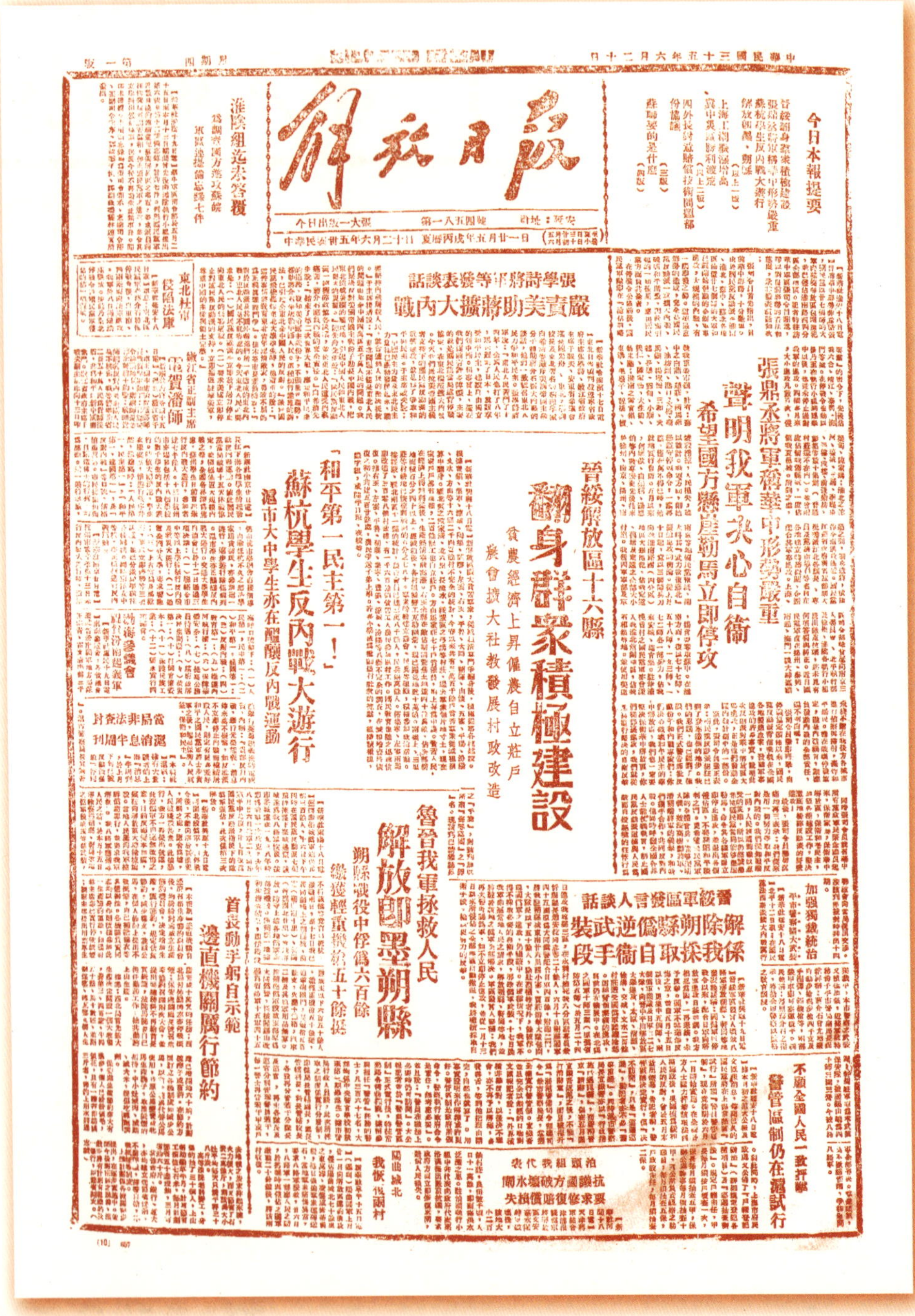

《解放日报》1946年6月20日第1版

…………

【新华社兴县十九日电】同蒲北段伪军，自停战令后，不断向解放区进犯，所到之处，庐舍为墟，人民被残杀甚众。此种暴行，我方一再提出抗议，此群伪军不但毫无改悔之意，目前反而变本加厉，疯狂向解放区大肆抢掠烧杀。当地人民屡向我军控诉伪逆罪行，并要求我军解救。我八路军应朔崞人民之请，于本月十五日解除盘据（踞）朔县、轩岗等地之伪军殷成玉等部武装，不料该伪军等竟盲目抵抗。激战两日，至十七日我已将同蒲线上之朔县城、前寨（朔县南十里）、轩岗（崞县西北廿里）等地解放。防守上述各地伪军全部被歼灭。仅朔县一地初步清查结果，即俘殷逆成玉以下六百五十余人，缴轻重机枪五十余挺，迫击砲（炮）两门，长短枪五百余支，火药十余箱，汽车二（两）辆及其他军用品无算。按朔县伪军殷成玉部原为大同伪警，后被阎锡山改编为省防军十五军四十五团，轩岗驻军原为宁武伪保安队，被阎锡山编为四十师三团三营。今被八路军全部解决。群众闻讯，莫不欢腾雀跃，争往慰问八路军。

1946年6月，晋绥军区和晋察冀军区根据中共中央的战略部署，组织晋北野战军进行晋北战役。此役，解放军共歼灭国民党军8000余人，击落飞机1架，解放10余座城镇，控制了同蒲铁路南起忻县、北至大同以南近200公里地段，使大同之阎锡山部陷于孤立，为随后举行的大同战役创造了有利条件。

晋北战役由攻取朔县、宁武揭开战幕。6月16日晚，独2旅36团和一个地方团突袭朔县，全歼守敌1200余名，接着乘胜南下，于6月29、30日再克宁武。但在首克朔县时，发生了部队擅自没收工商企业资财、违反政策纪律的问题。为此，晋绥军区首长给晋北野司发来《对攻朔部队违犯纪律之训令》。遵照训令，晋北野战军派攻朔部队协同地方政府组成工作团，返回朔县调查违纪情况，逐户道歉、赔偿，并在所有部队和全体指战员中进行深刻检讨，开展政策纪律和人民军队思想的教育，使部队牢固树立起这样一个观念：今后，随着解放区的扩大，我们必须更加注意以我党我军的正确政策和优良纪律去争取群众，瓦解敌人，开展工作，人民的城市、人民的财产绝不允许有丝毫的损害，必须加倍地爱惜和保护！

经过总结、整顿，晋北野战军以更加旺盛的斗志，继续执行战役第二阶段攻打崞县、忻州的任务。为了杜绝朔县违纪现象的再次发生，晋北野战军自上而下地逐级进行政治动员和政策教育，颁布了严格的入城纪律。

崞县打下后，独2旅按照野司战前部署担负城防任务，迅速稳定社会秩序。由野司和独2旅共同组成的物资管理委员会统一清理物资，妥善保护工商企业和群众利益。我军纪律严明，秋毫无犯，所有仓库、商店、学校、教堂、公共机关和民房都受到良好保护，各家店铺照常开门营业。老百姓涌上街头欢庆解放，主动烧水做饭腾房子，慰劳我军。

战后，周士第、贺炳炎和廖汉生联名发电报，把攻崞情况向晋绥军区首长作了报告。贺龙司令员、李井泉政委、陈漫远参谋长向军委转报《攻崞城部队纪律均良好》，随后把战斗经过报告军委。毛泽东拟写了军委指示电，肯定“攻崞经验甚好”，通报其他地区作为攻城参考。

繁峙战斗：挺起刺刀夺鼓楼

五台山麓频传喜讯

繁峙代县齐获解放

1946.7.10

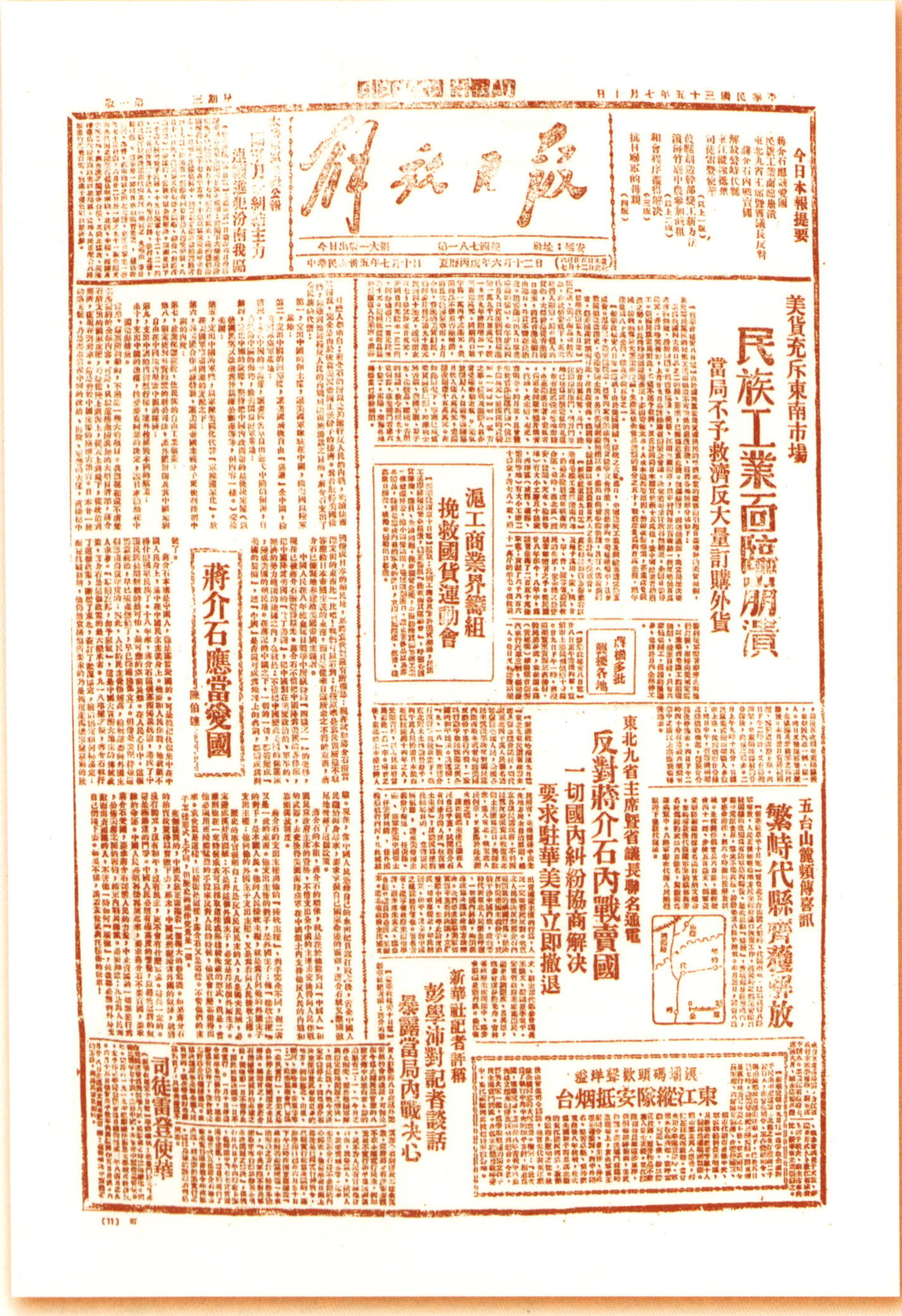

中華民國三十五年七月十日

解放日報

今日本報提要

美貨充斥東南市場

民族工業面臨崩潰

當局不予救濟反大量訂購外貨

滬工商業界籌組挽救國貨運動會

蔣介石應當愛國

陳伯達

東北九省主席暨省議長聯名通電

反對蔣介石內戰賣國

一切國內糾紛協商解決

要求駐華美軍立即撤退

五台山簡頻傳喜訊

繁峙代縣齊獲解放

新華社記者評稱

彭學沛對記者談話

暴露當局內戰決心

司徒雷登使華

東江縱隊安抵烟台

《解放日报》1946年7月10日第1版

【新华社阜平十日电】晋东北五台山麓之繁峙、代县两城，已为冀晋八路军解放，人民正积极帮助地方政府进行恢复工作。□繁峙之伪保安团自被阎锡山改编为省防军第四师后，屡次出动“骚扰”，致城郊卅余里境内，尽成荒凉世界，群众不堪其扰，纷纷要求八路军解救。本月三日，冀晋八路军应命前往，经六小时激战后解放该城。是役毙俘伪官兵六百余，缴轻机枪四十一挺、步枪五百余支，伪军长兼联防副总指挥著名汉奸宫炳文殒命，繁峙解放后代县阎军秦驹骐部与著名汉奸伪郎豹武部六百余名，惊骇向崞县逃窜中。八路军即在代县人民热烈欢迎下进驻代县城。

1946年7月上旬，英雄的冀晋第4纵队11旅，一举解放了繁峙县城，全歼守敌1000余人，给予背信弃义的国民党反动派以沉重的打击。

7月3日晚9点，我部队全部进入阵地。3颗红色信号弹腾空而起，激烈的攻城战斗开始了。鼓楼，位于城中心，楼基高达10米，砖砌而成，明万历十四年繁峙县城初建时修筑，为城中高层建筑，实属战略要地。敌人盘踞后，凭险防守，频频向我疯狂扫射。夺取鼓楼，是整个战斗的关键。

在向鼓楼敌阵地冲锋时，战士们发扬了勇敢、机智、不怕牺牲的大无畏精神，第一个倒下了，第二个又冲上去，争先恐后，前仆后继，战斗打到了白热化，我军还是攻不上去。这时英雄的一排长杨玉西手提大刀，纵身直奔鼓楼马道，在快到达楼的顶端时，他却佯装倒下。乘敌人换弹间隙，机灵的杨玉西从地上一跃而起，迅速冲上去结果了那个守门的机枪射手。战士们像潮水般冲上鼓楼，终于把敌人包围了。敌人往外冲冲不出去，要守又展不开火力，急得大声怪叫。我军用机枪、手榴弹狠砸猛扫，敌人虽然不断组织反冲锋，但我军死死控制了鼓楼的围道，敌人冲出一个消灭一个，冲出一群消灭一群，除了更多人倒地外，别无所得。我军发起了最后冲锋。英雄排长杨玉西端着雪亮的刺刀高喊着：“同志们跟我上，用刺刀狠狠地戳呀！”战士们挺起刺刀冲了进去，一排的二三十把刺刀闪着一片光亮刺向敌人。当杨排长冲入鼓楼的其中一个房间时，有3个脸上、肩上流满鲜血的敌人，又端起刺刀向他杀来，杨排长毫无惧色地怒视着敌人的丑态，等对面敌人一枪刺来，他“咔”的一声，拨开枪，怒吼一声把刺刀捅进了敌人胸膛，接着拔枪转身，一枪托把重重砸向身后的敌人。瞬间，3 个敌人都被他报销了。就这样，英雄的一排占领了鼓楼。在清查鼓楼战场时，还活捉了守敌总指挥阎匪二团长宫志成。

7 月 4 日早晨 6 点多，我部队在东门外追悼死难烈士。会后，冀晋 11 旅全体指战员，高唱战歌，这战歌伴随着有节奏的脚步声，响彻云霄：

谁种的庄稼谁收割，
谁栽的果树谁得果，
我们流血抗战八年多，
胜利果实谁也不能夺……

闻夏战役：严格执行群众纪律

晋南我军自卫续捷

蒋军千余又被消灭

1946.7.21

《解放日报》1946年7月21日第1版

【新华社阳城二十二日电】自本月三日起，国民党军八师之众，分路猛犯晋南解放区，侵占了闻喜、堰掌镇、侯马、茅津、张店、水头等大小城镇乡村三百余处。蒋军的疯狂进攻，已遇到八路军的坚决抵抗。八路军于十三日收复闻喜东南之堰掌镇，在此一役中，蒋军三十一师之九一、九二两个团被歼。但蒋军仍进兵不已，十五日在闻喜镇东南下晁、如意等地与八路军激战，蒋军一六七师的一个团，又被毙伤八百余人。十六日侵占□头车站之蒋军向北进犯，八路军起而自卫，歼灭蒋军新二师一个营。蒋军死伤三百余人，放下武器者四百余人。现各路蒋军仍在继续进犯，战事仍在日益扩大中。

闻夏战役，是1946年7月13日至22日，晋冀鲁豫野战军第4纵队司令员陈赓遵照中央军委和晋冀鲁豫野战军的指示，统一指挥所部和太岳军区部队，在晋绥军区之吕梁军区部队的配合下，在山西省南部闻喜、夏县地区，对国民党军第一战区胡宗南部进行的一次歼灭战战役。此役，歼灭敌6300余人，迟滞了敌军北犯行动，粉碎了敌1个月内打通同蒲路南段的企图，大大鼓舞了全区军民的士气。胡宗南遭此打击，锐气大减。我军则在与国民党美械装备嫡系军队的首次交锋中，初步了解了其作战特点和规律，丰富了夜战、近战歼敌的作战经验，为以后作战打下了良好基础。

7月12日，陈赓司令员命令第10旅、第13旅全部及第11旅1个团，连夜向胡张镇东北侧及堰掌镇（今埝掌镇）地区急进，要求部队到达目的地后即隐蔽起来，准备于次日发起攻击。其间，第10旅部队发生了违犯群众纪律的事。

22日，陈赓司令员下令结束战役后，即于次日召集旅以上干部开总结会。会上，他强调了在新区作战执行群众纪律的重要性，并严肃地对第10旅指出：“你们10旅夜间打仗吃了老乡的西瓜，必须进行赔偿，就是当了裤子也得赔偿。对那个强奸妇女的解放战士，必须召开群众大会，宣布他的罪状，然后枪毙！”

“吃西瓜的事，是因为找不到水，部队有组织地吃的，当时就决定找瓜田主人给钱，没有找到。现在已经赔偿了。”第10旅副旅长楚大明同志红着脸低声解释，“另外，我同意在新区作战要严格执行群众纪律，但我认为这主要靠加强教育，光靠枪毙人不行。那个解放战士打仗不错，群众也不同意枪毙，是不是让他戴罪立功？”

“赔偿了就好！”看到楚大明同志激动的神态，陈赓司令员的口气缓和下来，“大明同志的意见很对，执行群众纪律主要靠政治思想教育，不能靠惩办！不过强奸妇女影响太坏，不能姑息。要知道我们今后主要是在外线、在新区打运动战，往往打了仗就转移，这样，部队的行为就成为最有力、最重要的宣传，群众会根据我们的行为来看待我们党的，这可是个马虎不得的问题啊！”

同蒲路战役：负重伤仍不肯离开战场的楚大明

击溃阎伪打击南线进犯者

我军解放洪洞赵城

1946.8.19

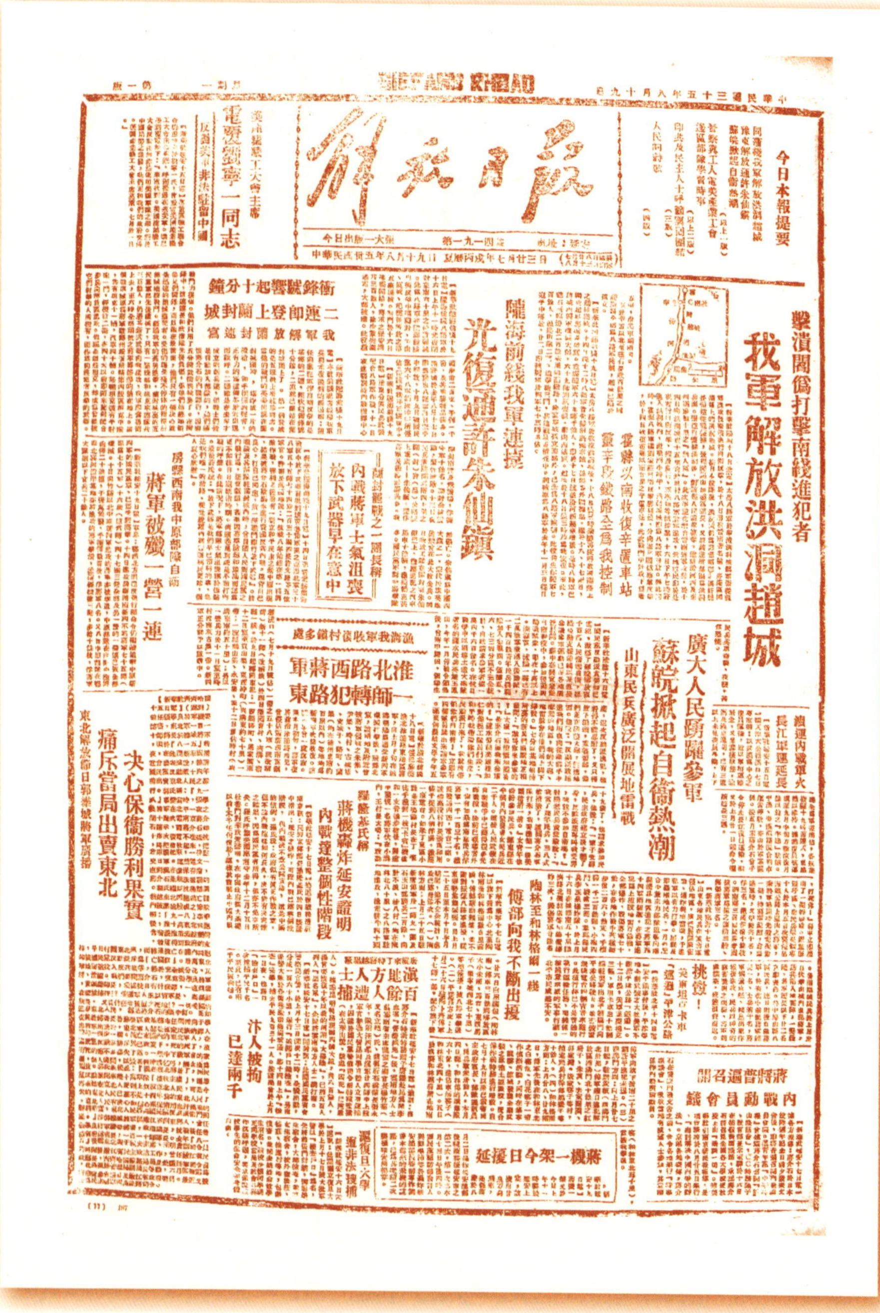

《解放日报》1946年8月19日第1版

【新华社阳城十八日急电】太岳八路军于击溃洪洞城伪军张从龙部进攻后继续进行自卫反击，于十八日解放晋东南著名棉、麦产区同蒲路上的洪洞县城。按日本投降后，洪洞城仍为罪恶昭彰之汉奸县长张逆从龙盘据（踞），后经阎锡山加委为县长，又将该逆所部编为洪洞兵团。张逆自盘据（踞）洪洞后，对该县人民烧杀掠夺，造成汾河西及东西冯□数十里之“无人区”。此次张逆竟配合晋东南蒋军攻势，于十四日向洪洞城东十五里的封里村八路军驻军进攻，当地军民即于是夜实行自卫反击，摧毁良村、玉峰如等伪据点，十六日下午七时许进入洪洞城内，激战两小时半，洪洞县城即为八路军解放。与此同时，霍县八路军继刘家庄自卫反击胜利后，分向霍县阎伪据点反击，于十四日收复霍县以南廿里之辛置车站，此次战斗中计攻下碉堡五座，缴获车头两个。

至此辛置以北至灵石长近百余里之同蒲铁路全部为八路军控制，赵城已陷于孤立。

同蒲路战役是我晋冀鲁豫野战军第4纵队和太岳军区部队，于1946年8月间对同蒲路洪洞至灵石段之敌进行的一次进攻战役。半个月之内，我连克洪洞、赵城、霍县、灵石、汾西5城，并控制铁路260余公里，为继续歼击北进的胡宗南部开辟了有利的战场。

赵城战斗中，第4纵队10旅副旅长楚大明总是在战斗最激烈的地方指挥作战。他曾被授予“特等战斗英雄”称号。他随20团3营攻占了赵城南关外高地上一座庙，在这里可用火力控制整个南城墙。敌人为了堵住这个缺口，用密集的火力轰击这座孤庙，并组织一个营在炮火掩护下向孤庙发起攻击，战斗十分激烈。

楚大明涨红了脸，眼睛瞪得溜圆，声音像洪钟一样喊着突击排长的名字，组织反冲锋。这时，一颗子弹把楚大明的胳膊打了个穿皮，战士们愣住了。可是楚大明往胳膊上瞅了一眼，开玩笑似的骂了一句：“瞎了眼睛了，连老子也打呀！”

傍晚，团里打电话向旅里报告："副旅长挂了轻花，不肯下来，别人也不敢让他下来……"旅长周希汉正要催他回指挥所来，楚大明却先来了电话。周旅长说："老楚，你挂花了，怎么还不回指挥所来？"楚大明却兴冲冲地说："旅长，好机会，我打算……"他讲了一下南关的地势和刚才从俘虏口里得到的情报，并且提出了个进攻敌人的建议。周旅长同刘忠政委商量了一下，同意了，末尾又问："你胳膊上的花怎么样？还是回指挥所来吧！"楚大明斩钉截铁地回答："旅长，我挂什么花了？！只是擦破了点皮。蚊子叮一下，跳蚤踢了一脚，就下火线，那还得了！让我在这里指挥吧！"

夜里，楚大明指挥部队攻下了南关。之后，他又到前沿炮兵阵地去组织攻城火力，负了重伤仍不肯离开战场。周旅长以党委的名义作出决定，要他立刻到后方去治疗。他沉吟了一会才说："好，我坚决执行党委的决定，到医院去！"担架抬起来要走了，楚大明又把3营唐荣华教导员叫到跟前嘱咐说："上次进赵城，我们执行城市纪律有缺点，这次可要坚决执行党委的决议，进城后要做到秋毫无犯呢！"末了，他又望了望城头上纷飞的烟火，才恋恋不舍地离开了前沿阵地。

定陶战役：活捉中将师长赵锡田

冀鲁豫西线自卫重大胜利

蒋军两师被我歼灭

生俘第十军军长及其八大处全部人员

1946.9.8

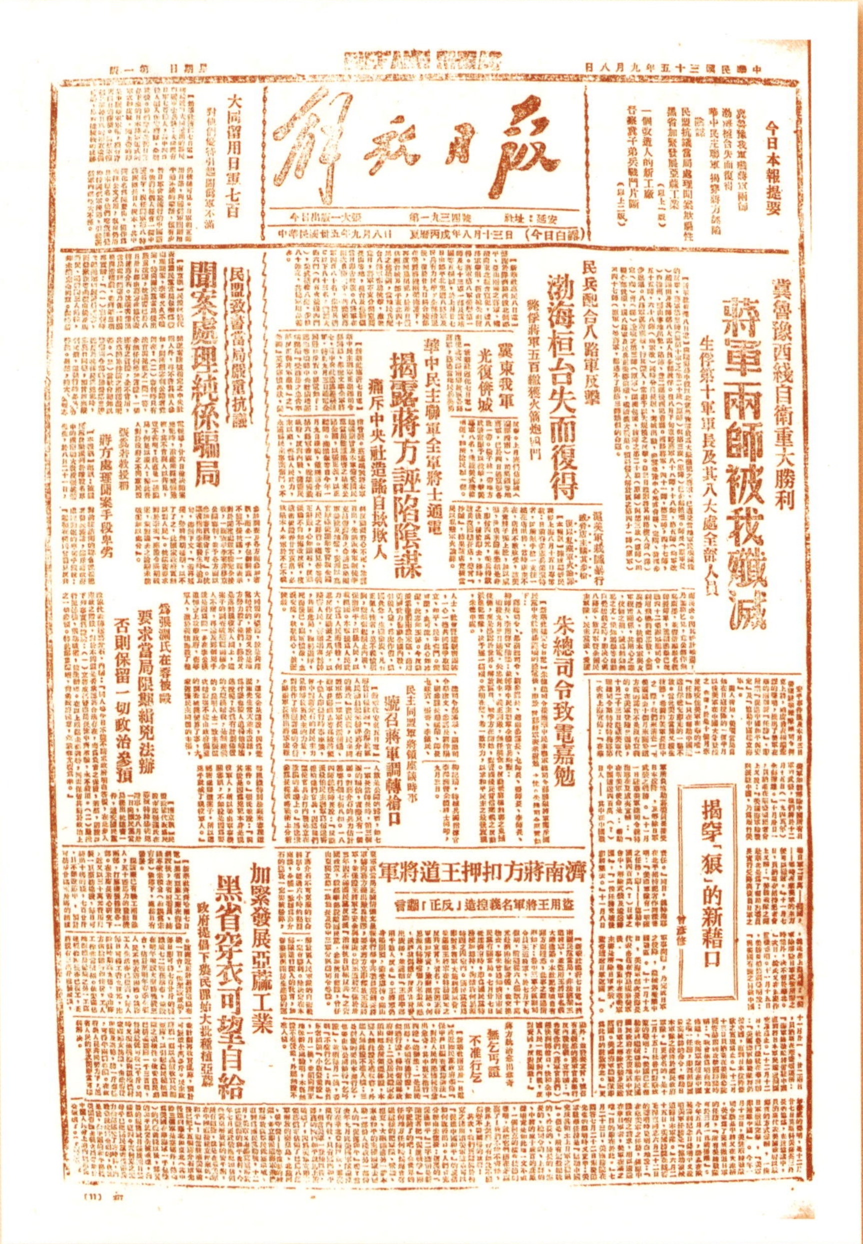
中華民國三十五年九月八日 星期日 第一版

解放日報

今日本報提要

冀魯豫西綫自衛重大勝利

蔣軍兩師被我殲滅

生俘第十軍軍長及其八大處全部人員

民兵配合八路軍反擊

渤海桓台失而復得

華中民主聯軍全軍將士通電

揭露蔣方誣陷陰謀

朱總司令致電嘉勉

閻案處理純係騙局

濟南蔣方扣押王道將軍

揭穿「猥」的新藉口

加緊發展亞麻工業

黑省穿衣可望自給

《解放日报》1946年9月8日第1版

【新华社菏泽八日电】向陇海路中段以北冀鲁豫解放区大举进犯之蒋军，已遭受当地军民歼灭性的反击，蒋军第三师（原第十军）之第二十旅（原师）与第三旅（原师）已全部被歼。师长（原军长）赵锡田及其师部八大处人员全部就俘。自八月下旬东路蒋军八十八师，（、）十八师，（、）第五师（均军改）自徐州、砀山等地出犯，陷沛、丰二县后西犯曹县。西路蒋军，四十一师，（、）第三师，（、）四十七师，（、）五十五师，（、）六十八师（均军改）同时分自长垣、考城出动，向冀鲁豫中心地区曹县、定陶、菏泽步步进逼。八路军沉着应战，待其深入，当即予以大规模之反击。自三日起即将其两路楔入菏（泽）定（陶）曹（县）边境之第三师（原军）团团包围，该师之第二十旅（原师）与第三旅（原师）相继全部就歼。现八路军及民兵正乘胜追歼，继续扩大战果。预料侵入解放区之第四十一师（原军）与四十七师（原军）等蒋军，都逃不了与第三师类似的命运。

定陶战役，是晋冀鲁豫野战军主力于1946年9月上旬在内线打的第一仗，是“集中优势兵力，各个歼灭敌人”的一个范例，正如《解放日报》1946年9月12日在题为《蒋军必败》的社论中所指出的：“这是继中原我军突围胜利与苏中大捷之后又一次大胜利。这三个胜利，对于整个解放区南方战线，起了扭转局面的重要作用。蒋军必败，我军必胜的局面是定下来了。”

国民党军整3师是蒋介石嫡系的王牌部队，装备精良，中将师长赵锡田自恃黄埔一期毕业，又是蒋军陆军总司令顾祝同的外甥，骄横跋扈。

战役打响后，我军以节节抗击的手段杀伤敌人，诱其深入。敌整3师见我节节后退，误认为我不敢决战，更加大胆冒进。赵锡田竟认为我“溃不成军”，扬言“不用两个礼拜，就可以占领整个晋冀鲁豫，把共军赶上太行山”。9月3日该敌进至大杨湖后，已处于孤立地位，还毫不在意。纵队首长见歼敌时机成熟，遂命各路大军以“回马枪”战术，自两翼折回，对敌形成袋形包围。赵锡田遭到我军猛烈阻击后，知道碰上了硬钉子，也摆下了与我决一死战的疯狂架势！

9月5日夜，总攻大杨湖的战斗开始了！漆黑的夜空升腾起3颗红色信号弹，紧接着，全纵队的炮火一齐向大杨湖猛轰。火炮硝烟中，敌人的鹿砦、铁丝网、地堡等工事被摧毁。炮火延伸后，我攻击部队，高喊杀声，以排山倒海之势向着预定目标冲了上去！

赵锡田见主力59团被全歼，顿时惊慌失措，只好率残部从大黄集逃到天爷庙，以图最后挣扎。刘伯承司令员、邓小平政委岂能容许赵锡田逃跑！迅速给各纵队下达了命令："全线敌人都要退却，我们要坚决把进攻发展为追击，把战斗胜利发展为战役胜利！"

我军从几个方向向敌扫去，不到半天，整3师被我全歼，赵锡田被活捉。当时，他脸上抹满了黑灰，自称"军械主任"，但是，其他俘虏揭发了这个冒牌货，指出他就是师长赵锡田。

刘伯承在战地俘虏收容所对赵锡田说："赵先生东奔西跑，很疲惫了，还负了伤，到解放区可以安心休养了，不要有任何顾虑，生活上我们尽力而为。"赵锡田当即表示了感激。

临浮战役：“天下第一旅”覆灭

晋南浮山城郊我军大胜

歼灭胡军精锐第一师

另一旅一团亦被击溃

1946.9.26

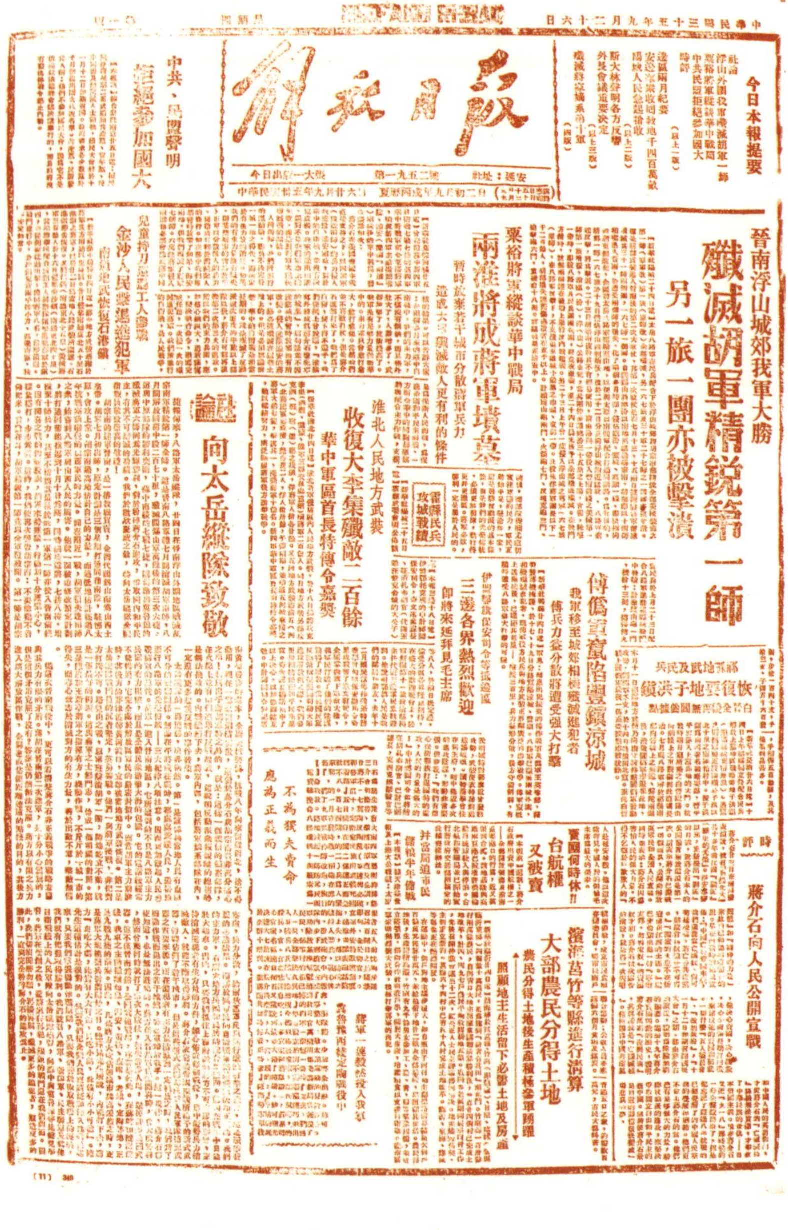

解放日報

今日本報提要

晉南浮山城郊我軍大勝

殲滅胡軍精銳第一師

另一旅一團亦被擊潰

粟裕將軍縱談華中戰局

兩淮將成蔣軍墳墓

中共、民盟聲明

拒絕參加國大

社論

向太岳縱隊致敬

淮北人民地方武裝

收復大李集殲敵二百餘

華中軍區首長特傳令嘉獎

三邊各界熱烈歡迎

即將來延拜見毛主席

時評

蔣介石向人民公開宣戰

賣國何時休!!

台航權又被賣

濱海莒竹等縣進行清算

大部農民分得土地

不爲獨夫賣命

應爲正義而生

《解放日报》1946年9月26日第1版

【新华社阳城二十四日电】太岳八路军在民兵配合下于浮山城郊将胡宗南部精锐全部美械装备之第一师（原军改）第一旅（原师改）全部歼灭，另一六七旅及三十军二十七师之一个团亦被击溃。这是胡部贪婪进入晋南后的第二次大败仗，其第一次败仗是在七月十三、十五两日被陈赓将军部队歼灭其三十一师两个团，一六七师一个团。自阎锡山将临汾以南地区让给胡宗南，胡部即以十个师相继进入晋南，于遭受两个师的损失，化（花）了两个多月时间，侵占临汾、蒙城、高显一线，即积极向同蒲东侧进犯，企图将太岳八路军压缩至山地，以便与太原以南阎军配合打通同蒲路。为此目的，胡部一师一六七旅于十九日侵占浮山西判桥后，复于二十二日分兵向浮山城附近猛攻，八路军奋起反击，将其击退。二十三日胡宗南复将其不肯轻易使用，（、）甫由洛阳一带投入晋南前线之美械第一师第一旅增援，沿临（汾），（、）浮（山）公路东犯，当其刚伸至离临汾三十五里之上阳，（、）官雀，（、）陈堰一带时，即被八路军及民兵团团包围，经竟夜激战，至二十四日晨先后予以全部彻底歼灭。在战斗方酣时，该部两个连在战场上举行反内战起义。另二十三日上午曾一度侵入浮山城之蒋军一六七旅（原师），在八路军反击下，不支溃退至离城十余里之巾头、东郭一带，此役生俘蒋军团长以下一千两百余人，胡部损失连毙伤逃散者在五千以上。计缴获山砲（炮）两门、火箭砲（炮）七门、反坦克砲（炮）三门、迫击砲（炮）六门，重机枪十八挺。详细战果正清查中。

临（汾）浮（山）战役是1946年9月下旬，我晋冀鲁豫野战军第4纵队和太岳军区部队，继同蒲路战役之后，在山西省临汾、浮山地区进行的一次歼灭战战役。此役，我军攻得勇猛，守得顽强，在短短2天时间内，全歼蒋介石嫡系胡宗南部的精锐“天下第一旅”，重创其第27旅、第167旅，毙敌2000余人，俘敌中将旅长黄正诚及以下2500余人，沉重地打击了进攻之敌。

9月22日，位于北面介休、平遥一线的阎锡山军队，遭我太岳军区部队的阻击以后，消极怕战，迟迟不前。胡宗南的军队则不同，依仗着其所谓王牌军“天下第一旅”，凭借其全是美械装备而气势汹汹，不可一世。

当敌人刚刚进入我主力部队预设的战场官雀村一带时，我军迅速将敌人包围并发起猛攻。我军由于有良好的群众条件，又有地方武装的有力配合，部队行动十分隐蔽，因而保持了战斗的突然性。战斗从 9 月 22 日 24 时发起，至 24 日拂晓，国民党军队的精锐王牌军“天下第一旅”被我军全部歼灭，旅长黄正诚被活捉，引起了蒋介石和国民党军队内部的巨大震惊。其他敌人闻知“天下第一旅”被我军全歼，士气非常低落，惧怕被歼不敢滞留，纷纷逃离战场。

黄正诚被活捉时，化名为杨原彩副旅长。被带到我军司令部时，他对我参谋人员说：你们仗打得不正规，我不服输。见到陈赓司令时，他要求不要广播第 1 旅被消灭的新闻，不然会使胡先生（指胡宗南）太难堪了。太岳军区司令员王新亭当时就说：这是你打内战的下场，要公之于众，使天下人都知道才好！黄正诚只好沮丧着脸蹒跚而去。

作战结束的第三天，延安《解放日报》发表了题为《向太岳纵队致敬》的社论，赞扬道：“捷报传来，八路军太岳纵队，24 日在晋南浮山外围地区歼灭胡宗南军精锐第 1 旅全部。这是晋南我军继 7 月间消灭胡军 2 个师，8 月间解放同蒲中段 270 里，歼灭阎锡山军万余后的第三次大捷。这与中原部队的胜利突围，苏中南线的七战七捷，陇海路与冀鲁豫的歼灭蒋军 6 师同为光辉胜利，对于粉碎蒋介石进攻，争取国内和平民主，有着不可磨灭的功绩。”

胡景铎部起义：并肩奋斗粉碎蒋胡进攻

横山驻军五千起义

胡景铎将军等率部发表通电

反对蒋胡卖国内战消灭异己

拥护邓宝珊将军等为和平建国奋斗

1946.10.23

解放日報

中華民國三十五年十月二十三日

今日本報提要

橫山駐軍五千起義

胡景鐸將軍等率部發表通電

反對蔣胡賣國內戰消滅異己

擁護鄧寶珊將軍等爲和平建國奮鬥

林彪將軍斥蔣無理要求

實爲大舉進攻東北藉口

東北人民定打它回原來位置

提出賠償懲兇要求

津律師界亦將集會表示

各地美軍暴行錄

民盟發言人對記者表示

堅主駐華美軍撤退

蔣軍一連被殲一連潰敗

我軍解放宜溝車站

要求真正的停戰令

恢復一月十三日位置

《解放日报》1946年10月23日第1版

【新华社延安二十二日电】中央社连日造谣，谓延安方面发动对横山一带之进攻。兹派本社记者采访所□事实真相如下：本月十三日，陕北保安队副指挥西北革命先烈胡景翼将军之六弟胡景铎，因不堪西北军民遭受蒋介石、胡宗南之蹂躏与歧视，及反对蒋胡内战乱命，率二十二军八十六师，新编十一旅及榆林保安指挥部保安九团官兵五千余人，在横山一带举行起义，□□内战，并发表致邓宝珊将军、左世允将军、高桂滋将军及马鸿逵将军之通电。中央社指鹿为马，实则无聊□极。兹见得胡景铎将军等五千余人通电全文，披露如下：

榆林邓副长官，左军长，西安高副长官，宁夏马主席钧鉴：□□西北子弟，投身戎伍，追随邓高左诸公左右，盖欲张（彰）靖国军之大义，效命□邦也。年来驻守榆横一带，兢业受命，但求无忝厥职。惟（唯）我西北军旧部，既痛遭□削，本军亦备受歧视。溯抗战之始，中央即以徐子佳派入本军，阴谋篡夺，此后陈长捷、董钊、何文鼎等相继而至，无非排除所谓“异己”，实行压迫吞并。特工人员纷纷随来，名为政工，实则专事破坏。徐某居中策划，挑□分化，无所不用其极，司马昭之心，□已路人皆知。去岁以还，两次严令整编，中央嫡系原封未动，所谓“杂牌”则大肆裁缩，部队横遭兼并，军官则强迫退役，对我西北军在□军人□除军官及其眷属则恣意蹂躏，对于西北耆宿民主人士则纷纷屠杀。反之昔日之伪军类皆升官晋级。官兵不平，痛心疾首。而□□□中，胡蛮当道，特务横行，绥傅助纣，虐我蒙胞，征索聚敛，人民草芥，父老泣途，妻子夜啼，胡假美威，国难无已，论者谓亡秦者胡也，亡中国者蒋也。我西北人宁为蒋胡一家利而沦为美国奴耶？每一思及，中心如焚。今抗战甫胜，而蒋胡攻击中共边区之令下矣。战祸既起，败则一任我军之覆亡，胜亦驱而再战，旦旦戕伐，终至消灭，借刀杀人，其计至毒，我军处境，至此已极端危险。职等不忍见我陕甘父老重历刀兵之劫，□不忍见我靖国军备存之部队毁于一旦，为自救自保计，不得已拒绝乱命，退出内战，清除特务，还我纯洁。今后仍当一本初衷，拥护邓副长官、左军长，继承靖国军精神，为和平建国而奋斗。并望我西北袍泽，幡然猛省（醒），奋起图存，驱逐徐贼，拒绝内战，则西北军幸甚，西北同胞幸甚。区区愚诚，披沥以陈，谨电奉闻，尚乞明鉴。胡景铎、王永清、薛宏道、张子亚、秦悦文、杨宪臣、郑子明、张伟如、魏茂臣、张亚雄、杨汉三、姚绍文、杜学仁、高乐天、白树梅、吴凤德、梅廷栋，率二十二军八十六师，新编十一旅及榆林保安指挥部保安九团全部反内战官兵五千余人同叩。十月十三日。

抗日战争胜利后，国民党军准备发动全面内战，派胡宗南指挥部队对我陕甘宁边区形成包围态势。鉴此，中共中央指示西北局要加强对国民党方面的统战工作，号召他们在内战爆发前起义。

在中共西北局书记习仲勋的领导下，西北各分区积极行动起来。根据各方面的汇报，习仲勋将工作重点放在了国民党陕北保安指挥部副总指挥胡景铎身上。为了保证起义的顺利进行，中共西北局派出统战部部长师源前往沟通，了解胡景铎的态度，并征求其具体意见。

1946 年 6 月，国民党发动全面内战，陕甘宁边区形势日趋紧张，胡景铎部起义正式被提上日程。为此，中共西北局召开专题会议，研究起义的具体问题，并召集陕甘宁晋绥联防军领导开会，共同分析国民党军布防情况，拟定作战计划，派出部队接应胡景铎起义部队。

10 月 12 日，胡景铎部按照预定计划，发动起义，脱离反动的国民党政府。10 月 23 日《解放日报》刊登《并肩战斗粉碎蒋胡进攻 团结一致共谋西北安宁》一文，向全国人民宣告胡部起义的好消息。12 月 17 日胡景铎部骑六师高举“向毛主席、朱总司令致敬”的横幅向延安前进，受到中共中央、延安人民的热烈欢迎。

胡景铎部起义，解放了陕北的 30 多个城镇、12 万人口、5000 多平方公里的土地，削弱了国民党军对陕甘宁边区的军事威胁，为中共中央胜利转战陕北创造了条件。

新开岭战役：俘虏“千里驹”师座李正谊

安东前线我军自卫大捷
蒋军被歼六千五百
生擒二十五师正副师长
缴砲（炮）数十门机枪百余挺

1946.11.4

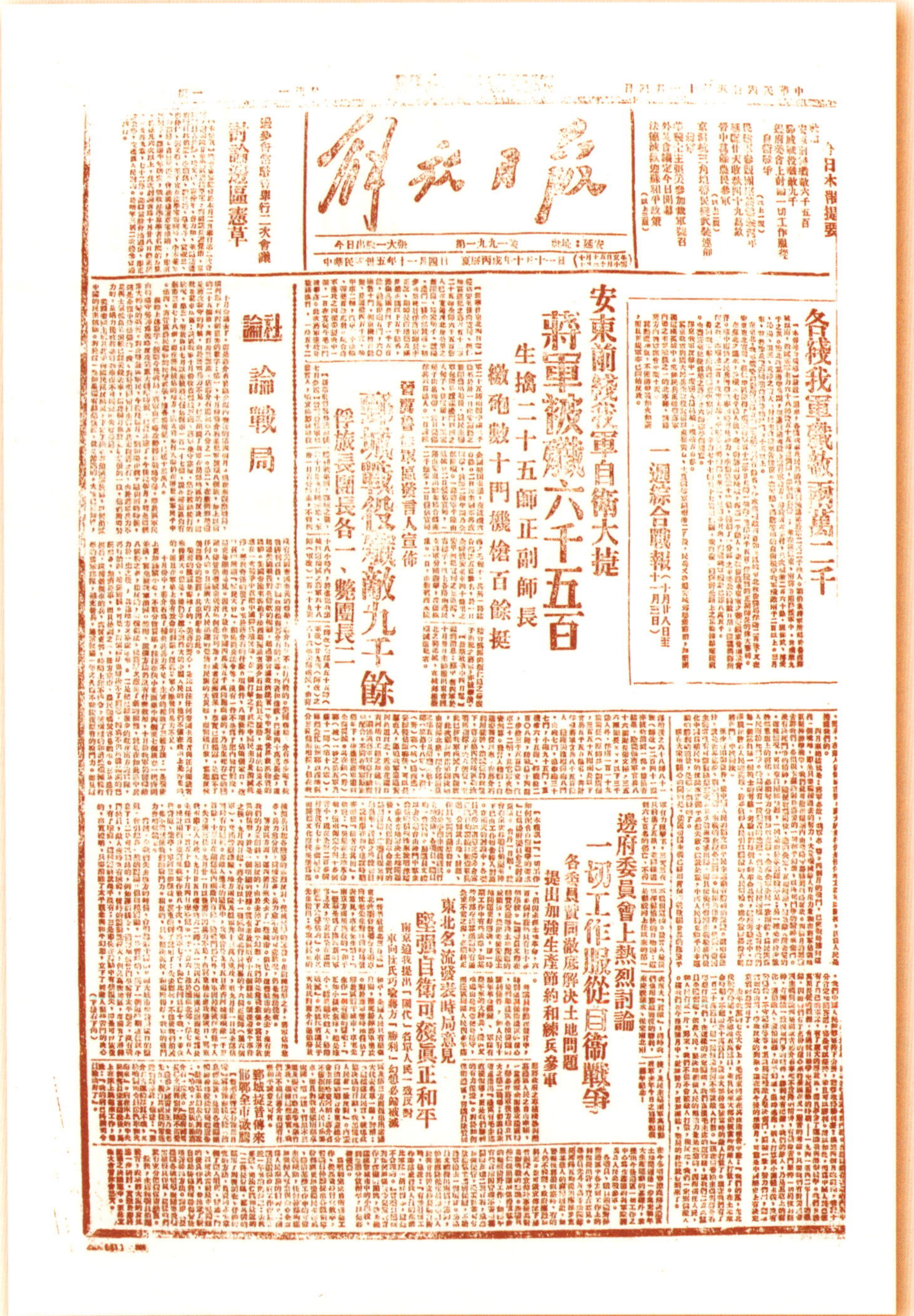

解放日報

各綫我軍殲敵兩萬二千

一週綜合戰報（十月廿八日至十一月三日）

安東前綫我軍自衛大捷

蔣軍被殲六千五百

生擒二十五師正副師長

繳砲數十門機槍百餘挺

晉冀魯豫軍區發言人宣佈

鄆城戰役殲敵九千餘

俘旅長團長各一、斃團長二

社論

論戰局

邊參會常駐會舉行一次會議

討論邊區憲草

邊府委員會上熱烈討論

一切工作服從自衛戰爭

各委員贊同徹底解決土地問題

提出加強生產節約和練兵參軍

東北名流發表時局意見

堅強自衛可獲真正和平

《解放日报》1946年11月4日第1版

【新华社东北四日电】侵占安东后向宽甸、桓仁地区进犯之蒋军五十二军二十五师全师六千五百余人已在宽甸西北卅公里之新开岭、韩家堡子、瑷阳、边门一线全部被歼。初步战果统计俘蒋军师长李正谊、副师长段培德及团长赵正国以下五千余名，毙伤其团长以下一千五百余，缴获山砲（炮）五门，六〇砲（炮）数十门，轻重机枪百余挺，长短枪四五千支，装甲车二（两）辆，汽车二十余辆，弹药百余万发。配合蒋军进攻之四架美制机中一架，一日在宽甸牛毛沟门被击落。此次蒋军进攻分数路进行，一路五十二军二十五师两个半团三千余名于卅一日由安沈路之新开岭出动后，被民主联军包围于瑷阳边门以西之大甸子、孙家堡子、王家堡子山岳地带，当日毙伤俘共六百余人。一日该敌企图突围未逞，后被歼六百余。二日民主联军再度围击，该师二个半团乃全部被歼。一路蒋军千余由凤城于二日侵占宽甸，一路由安东出动并结合伪匪二千余众，二日侵占宽甸西之毛甸子，其另一路结合伪匪五百余名，于一日企图渡安东东四十余里之安平河犯宽甸之三道湾、古楼子，以上各路均遭民主联军分头迎击，杀伤极重。一日，由新宾西永陵结合伪匪向桓仁□之□嵌子进犯之蒋军，亦被击溃。

新开岭战役，是我东北民主联军第4纵队于1946年10月19日至11月2日，在辽宁省宽甸县新开岭地区进行的一次成功的运动战战役。此役，我军全歼蒋军嫡系部队号称“千里驹”的第25师。

战役结束后，我军开始进行清查俘虏的工作。敌工部对上送的俘虏初步做了清查，发现25师的团以上军官几乎都在，唯独没有敌师长李正谊。敌工部的全体同志经过两天观察、审问和核实，把李正谊的侍卫查出来了。正在提审这个侍卫时，开饭的哨声响了。好几桶高粱米饭和炖大白菜往院子当中一放，俘虏们像饿虎扑食一样向饭菜冲去，不到20分钟，饭菜被抢得一干二净。俘虏抢饭时，一个40岁左右的人在抢饭的人群外边转来转去，饭菜抢光了，他才蹲在桶的旁边掏里边的剩饭。这时，侍卫从办公室的窗子里往外一指："他就是李正谊！"

敌工干事走到他的面前说："李正谊，你这个伙夫怎么连一碗饭都抢不到呢？看来你还是缺少一点真伙夫的本事。走吧！不必在这里打扫战场了，我们已准备了饭菜，跟我们去吃吧。"李正谊一听有人叫他的名字，全身一震，但很快又镇定下来，头也不抬仍旧刮桶里的剩饭。敌工干事有些火了，大吼一声："李正谊！你别装蒜了，快跟我们到办公室里去！"

为了使这位少将"伙夫"现出原形，李正谊被带到25师团以上军官的就餐室。刚一进屋，30多名团以上军官立刻站起来，齐声惊异地说："是师座！师座终于来了！"李正谊举目一看，2个副师长、各团的团长、政工室主任都当了俘虏，便哀叹一声，瘫坐在椅子上。这时，敌工部李显部长走进了餐室，高声说道："你们赶快吃饭，饭后出发到我们解放区去。你们有什么要求可以提出来，我们尽量给予解决。"李正谊从椅子上站起来，说："我的脚扭伤了，难以行走，能不能给我一头毛驴？"李部长当即作了回答："我们共产党人对放下武器的俘虏一向是宽待的，你既然脚有伤走不动，我们可以找一辆牛车。李师长和两位副师长都可坐车，其他人只好步行了。"李正谊和2个副师长迅速向李部长行了一个大礼，说："感谢贵军的优待！"

吕梁战役：司令员捡手榴弹

祝寿声中捷报频传

吕梁我军自卫反击中歼敌二千

解放蒲县隰县石楼三城

苏皖亳县西北俘敌七百收复枣子集

东北盖平等地毙伤俘进犯蒋军近千

1946.11.30

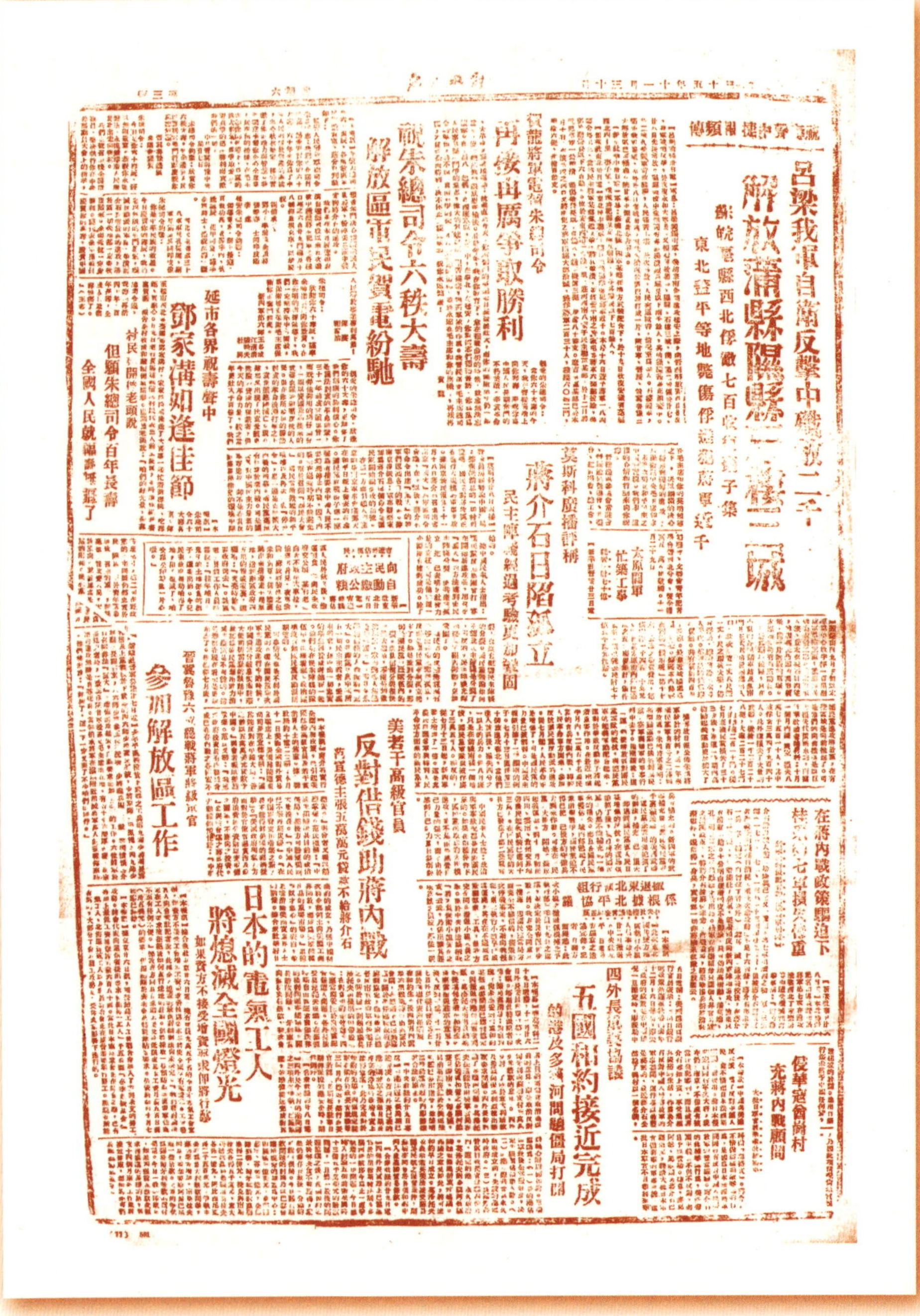

《解放日报》1946 年 11 月 30 日第 3 版

【吕梁□□卅日电】军息：吕梁阎锡山军，乘胡宗南企图进攻延安之际，向晋西解放区□□进犯，我军被迫反击，于收复永和大宁后，又相机解放蒲县、隰县、石楼三城，蒲、隰二城（系）于廿七、廿八日先后解放。隰县战役中生俘阎□□□杨澄源及县长以下两千余人，其他缴获甚多正清查中。□二城□□阎军苛政蹂躏，人民痛苦不堪。此次解放，人民夹道欢迎，情况至为动人。石楼阎军，鉴于我军声威，亦于廿八日弃城而逃。至此吕梁解放区已经打成一片，陕甘宁、晋绥、晋冀鲁豫三大解放区已可畅通。陕甘宁中侧威胁亦告解除。

…………

吕梁战役（又称晋西南战役），是晋冀鲁豫野战军第4纵队会同晋绥军区第2纵队等部，于1946年11月22日至1947年1月2日，在山西省西南部吕梁地区向敌发起的一次进攻战役。

晋冀鲁豫野战军第4纵队司令员是陈赓，而晋绥军区第2纵队司令员是王震，他们是老战友。两人在土地革命战争时期就已经熟识，但是这样纵队规模的联合作战，两人还是第一次指挥。

为了打好这一仗，陈赓先在第4纵队中开了一个会，他说："王震同志斗志顽强，这在我军中是有口皆碑的。他坦诚直率，有时候脾气不好，爱批评人，但是对工作高度负责。你们日后作战中，挨了王震司令的批评，一定要虚心接受，谁要是抬杠，我要先打你们'三十大板'！"

而此时，王震所部刚刚参加过中原突围，部队消耗较大。为此，陈赓坚决让第4纵队担负了这次作战的主要任务，即攻打隰县、蒲县、吉县等城防较为坚固的县城。

隰县解放后，陈赓和王震一起从南关进城。王震发现沿途有不少阎锡山军队遗弃的手榴弹，一看就是部队打扫战场后落下的。王震当即弯腰去捡，陈赓拦住了老战友，说："老兄，你别捡啦。我们有经验，阎锡山造的手雷和手榴弹一个样子，很容易爆炸，别弄响了一个，把咱们俩都'报销’了。”

王震看着如此多的手榴弹，实在看不下去，还是边走边捡，说：“我是穷小子，这么多手榴弹丢了，我心疼。”

陈赓说：“对呀！我们部队有点大少爷作风了，大手大脚的。我们马上改。”他回身对参谋说：“去，叫部队派人再来打扫战场，看看这些手榴弹，真把自己当成‘富家少爷’了。”

参谋传达命令去了，但是王震还在弯着腰捡地上的手榴弹。陈赓把他拦住，说：“老兄，我没有开玩笑，阎锡山部队真诡呢！你停一停，先别捡了。”王震听说第4纵队安排了工兵来捡手榴弹，这才把捡到的手榴弹交给身边的战士，不再捡了。

事后，陈赓对部队讲：“王震同志给我上了一课。这是我们部队的老毛病了。打长子城和洪洞、赵城、霍县、灵石等地都是这样，由于当时参战的民兵多，代劳了，这个毛病才没有明显暴露。这次，我看见遗弃的手榴弹，真是捡不胜捡。我们这个老毛病真该改一改啦！”

宿北战役：敌军狗咬狗

自卫战中空前大捷

苏北我军歼敌两万

1946.12.19

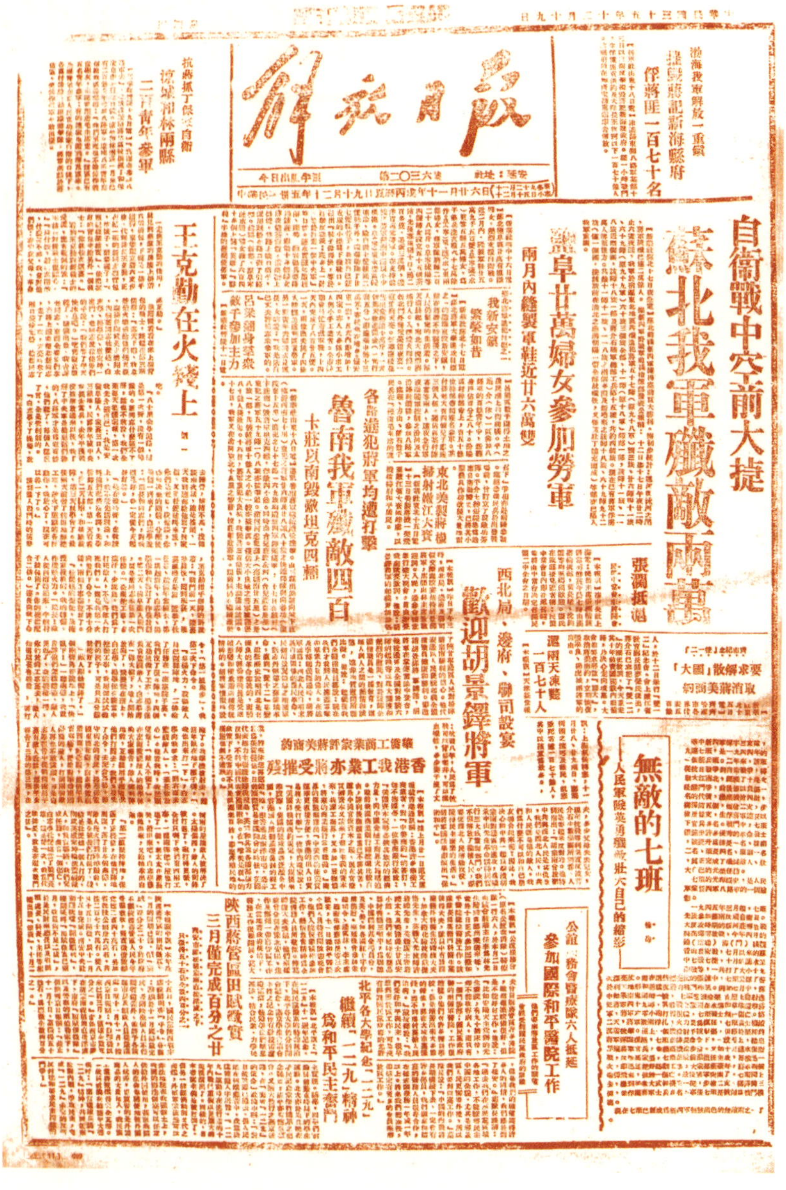
解放日報
自衛戰中空前大捷
蘇北我軍殲敵兩萬
王克勤在火綫上
魯南我軍殲敵四百
歡迎胡景鐸將軍
無敵的七班

《解放日报》1946年12月19日第11版

【新华社苏北十七日夜急电】苏北前线新四军获得空前巨大胜利。据初步统计：运河与沭河之间，蒋军被歼已达二万余人。据新四军野战军前线指挥部发表公报称：十二日迄十七日午夜廿二时止六昼夜间，我军于宿迁东北地区共歼进犯蒋军五十七师（原九十八军）预三旅、廿六师四十一旅、六十九师（原九十九军）六十三旅三个旅全部、（，）十一师（原十八军）师部一部，该师十一旅、一一八旅近两个团，该师十八旅一部及蒋介石陆军总部工兵第十五团，共约四个旅。现在已有蒋军俘虏万人解至后方。共余十一师十一旅、一一八旅之两个多团及新增来之该师十八旅、六十九旅九十二旅（仅一个团，按该旅前在淮北之渔沟朝阳一带全部就歼后，又强抓壮丁补充而成）等部亦已陷入我军重围。

宿北战役是1946年12月15日至19日，我山东野战军和华中野战军在江苏省宿迁以北地区共同进行的一次规模较大的运动战战役。此役，全歼国民党军整编第69师，并给整编第11师以沉重打击，共计歼敌2.1万人。这是解放战争以来一次作战歼敌人数最多的战役，初步取得了大兵团协同作战的经验。

敌整编第11师是国民党军参谋总长陈诚一手调教出来的，是蒋中央军五大王牌之一。师长胡琏多次与我军作战，但都被打得灰头土脸，所以在进攻发起后行动谨慎。

而敌整编第69师是一支刚建立的杂牌部队，并且刚从外地调来苏北作战。师长戴之奇与我交战不多，对我了解很少，认为我军装备落后，没有受过正规训练，加之其年轻气盛，因此非常狂妄骄横，进攻发起后，一个劲地向前冲。

15日，胡琏以宿新兵团前线指挥官的名义召开作战会议。会上，胡琏批评整编第69师轻举冒进，不够稳重；而戴之奇则指责整编第11师进展缓慢。在狗咬狗的争吵之中，一条无形的缝隙已经形成！

16日，敌整编第69师已陷入我重围，戴之奇不断向胡琏呼救。“请戴师长先坚持着，我们这就发兵增援。”胡琏只是口头上答应，实际上虽然不停地开枪放炮，部队却一动不动地待在原地。

戴之奇左盼右盼不见援兵来，他想起在开会时的争吵，心里明白，胡琏不但不会出援，而且有可能落井下石、看他的笑话。他没有料到，作为宿新兵团前线指挥官的胡琏毫无大局意识，仅仅是为了保存派系实力而按兵不动。一怒之下，戴之奇直接急电蒋介石求救，并顺便告了胡琏一状。

蒋介石震怒：“陈总长，命令胡琏立即派兵解围，救不出戴之奇，拿他的脑袋来见我！”陈诚立即电令胡琏全力救援！胡琏再也不敢怠慢，随即向山东野战军第 1 纵队阵地发动了猛攻。

但战至 18 日，整编第 69 师仍得不到友邻的有力支援。师长戴之奇不得不发出哀叹，“解围之希望已断绝，余受友邻之欺”，令所属部队“速设法相机突围”，但为时已晚！我军勇猛出击，战至午夜，全歼守敌整编第 69 师师部及第 267 团，师长戴之奇自杀，副师长饶少伟就擒。

三下江南
四保临江战役：
以顽强意志战胜困难

吉北民主联军屡战屡捷

再歼蒋军一千二百

美械新一军被歼达三千二百

1947.1.17

解放日報

中共中央負責人發表談話

揭穿蔣方"和談"欺騙性

蔣介石假喊和平 真要大打

集結主力進犯冀魯豫

我軍生俘蔣偽三千

發展小型合作社

再殲蔣軍一千二百

《解放日报》1947年1月17日第1版

【新华社东北十六日电】吉北民主联军继十二日于九台以城北（北城）子街全部歼灭出扰之蒋军保安十九团后，十三日又在九台东北之沭石河将其保安四三团全部歼灭。两次战斗初步战果统计，共消灭蒋军一千二百余名，缴获步枪七百余支，轻机枪廿余挺，子弹十万余发。在此之前，本月七日至九日，民主联军在此地区之其塔木等地自卫反击中，曾歼灭蒋方精锐部队美械新一军两个团（缺一个步兵营）及一个战车连，两个保安中队，毙伤俘蒋军团长以下三千二百五十余人。

三下江南四保临江战役，从1946年12月17日开始至1947年4月3日结束，历时3个半月，我东北民主联军先后歼敌4万余人，收复城镇11座，迫使国民党军在东北战场上由攻势转为守势，从而扭转了整个东北战局，为我军转入反攻创造了有利条件。

一保临江，是在极其艰苦的环境下进行的。当时，天寒地冻，风雪弥漫，许多战士连棉鞋、大衣、被子都没有，有的穿着单鞋在深雪中行军，鞋袜冻在脚上脱不下来。小荒沟战斗，一仗就冻伤400多人。吃的是冻得硬邦邦的苞米饼子，渴了只能抓把积雪吃。萧劲光曾回忆道："在零下三四十度的严寒下，我们不少同志由于没有棉衣棉裤，不得不将草绑在身上御寒。在伤亡的人数中，冻伤多于枪伤。我记得战斗打响以前，我让参谋通知保三旅旅长彭龙飞到指挥所受领任务。彭龙飞冒着风雪赶到指挥所时，连件大衣都没有，胡子眉毛上都是冰，冻得浑身哆嗦，半天说不出话来。我一阵心酸，连忙让他坐到炉子边烤烤火，他半天才缓过劲来，流着泪，向我报告了部队坚持斗争的艰苦情况。一个旅长冻成这样，部队便可想而知。"

东北民主联军在经过四平保卫战、尚未完全恢复元气的情况下，坚持在南满、北满两个战场作战，受到气候、地形和群众条件的很大制约。在北满，由于松花江的阻隔，只能在1—3月份江面封冻，人马辎重能通行无阻时，才能前出进行大兵团的机动作战，但部队御寒装备严重不足，在严寒季节冻伤的可能性很大，难以坚持长时间的作战行动。在南满，长白山中气候更加寒冷，不仅根据地地域狭窄，回旋余地小，而且敌后广大地区伪满遗留的反动势力较强，群众基础较差，部队侦察敌情、安置伤员、增补粮弹、补充兵员均有很大困难。加之东北地区的铁路、公路交通比较发达，交通干线大多为国民党军所控制，有利于其迅速机动。

面对这些不利因素，英勇的东北民主联军指战员顶风冒雪，忍饥受寒，以顽强的意志战胜了极端恶劣的天气与优势敌人。广大干部战士斗志昂扬、英勇奋战，部队行军作战 19 昼夜，作战 43 次，歼灭国民党军 4900 余人，收复与巩固了通化以南地区，积极创造制胜条件，圆满完成了作战任务。

鲁南战役：缴敌装备建纵队

我军伟大的新春献礼

收复枣庄歼敌万余

缴十生的五之

榴弹砲（炮）十二门 汽车百辆

1947.1.24

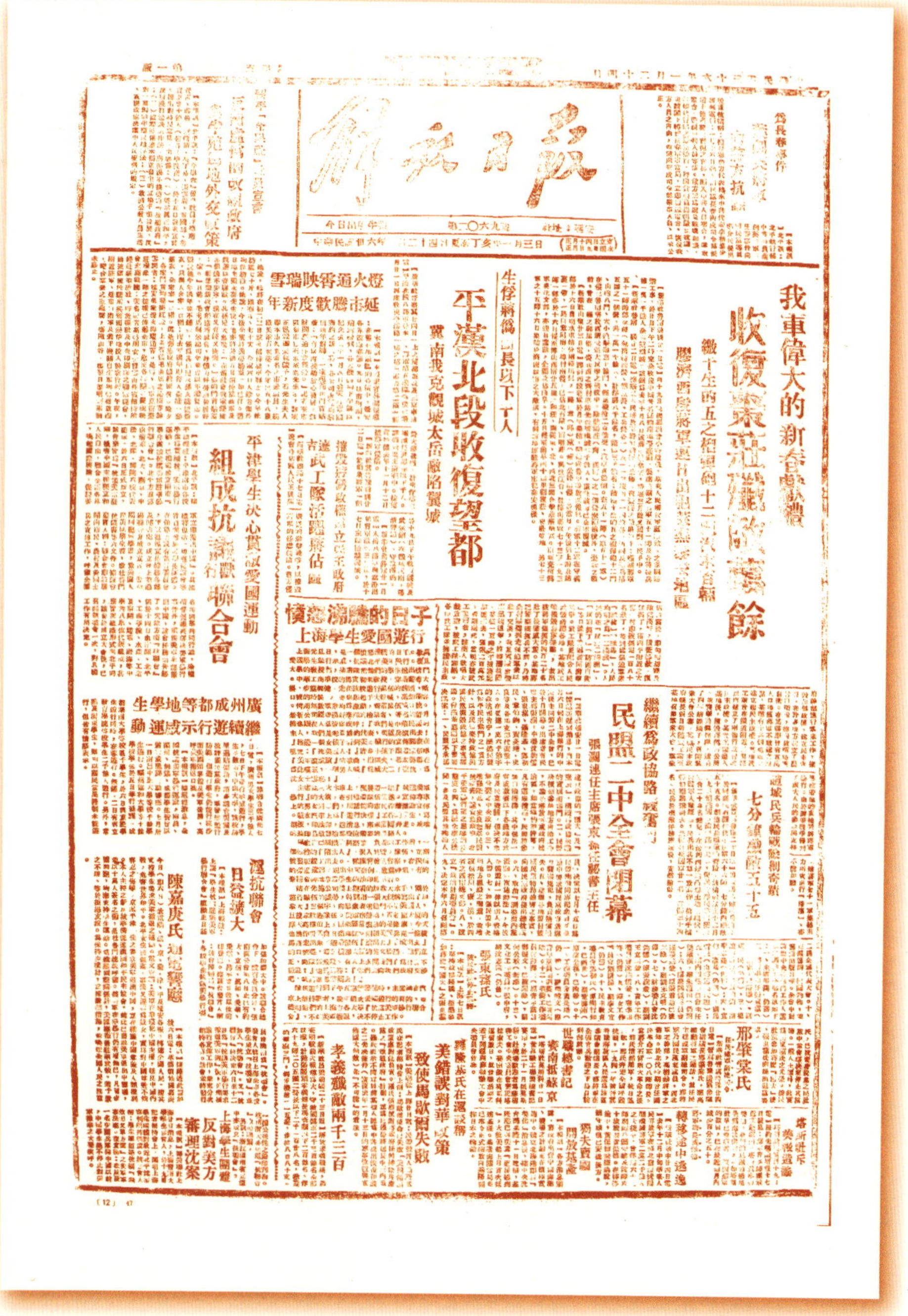

解放日報

平漢北段收復望都

燈火通霄映瑞雪
延市騰歡度新年

平津學生決心貫徹愛國運動

廣州成都等地學生
繼續遊行示威運動

上海學生愛國遊行

民盟二中全會閉幕

孝義殲敵兩千三百

致使馬歇爾失敗

《解放日报》1947年1月24日第1版

【新华社鲁南前线廿一日电】自十九日晚起经过廿小时激战，华东人民解放军铲除敌人之强固防御工事，于廿日下午二时完全收复中国著名煤矿产地枣庄镇，盘踞该镇之蒋军五十一师及各特种兵种一万一千余人全部被歼灭。该镇为去年十月八日被蒋军侵占着，时隔三月余又回到人民手中。

【新华社鲁南前线廿二日电】据华东人民解放军野战指挥部公布（，）收复枣庄之战果如下：歼灭蒋军五十一师师部全部（包括特务营、辎重营、工兵营各一）及一一三旅与一一四旅各一个团及砲（炮）兵第五团之一个营，共一万一千余人，计俘虏八千余名，毙伤三千余名，缴获十生的五之榴弹砲（炮）十二门、山砲（炮）八门、大小迫击砲（炮）三十余门、轻重机枪二百余挺、汽车百余辆。查五十一师（原五十一军）在侵犯鲁南解放区遭受强大反击之战役中，除驻汤庄（齐村西南）之一个营乘隙逃脱外，枣庄之战前，曾在□县之郭里集、枣庄西之齐村车站先后被歼灭四千余人，至此该师已全军覆灭。

【新华社山东廿三日电】胶济西段蒋军于月中集结，开始向鲁中解放区侵犯。蒋军十二军霍守义部于十六日自明水车站分两路出犯，一路由章（邱）（丘）莱（芜）公路南侵，于当日中午侵占上游庄站里一带，一路自章邱（丘）南之埠村南侵，已占北石屋、南明庄。与此配合，驻博山蒋军七十三军一九三师一部亦于十六日侵至博山西南廿五里之和庄，图从东、北、西北三面合击莱芜地区。南面兖州伪军吴化文部，亦连日蠢动，企图攻占曲阜。十五日侵至曲阜西十余里顾家庄、史庄等地。另七十三军之十五师十六日集结于济南以南之大敌沟，有与该地原驻蒋军南犯泰安模样。

鲁南战役，是1947年1月2日至20日，山东野战军与华中野战军会合进行的第二个大歼灭战。此役历时19天，取得歼敌5.3万余人及缴获坦克24辆、各种大炮200余门、汽车474辆的重大胜利，首创华东战场一次歼敌2个整编师、1个快速纵队的纪录。战后，我军以这次缴获的

坦克、火炮、汽车等装备为主，组建了特种兵纵队。

敌第1快速纵队，是国民党军中少有的机械化部队。1942年抗战中期，蒋介石号召“知识青年从军”，在昆明组建国民党第一支坦克部队，把1个营的官兵送到印度新德里，由美军顾问开办战车训练队进行正规化训练。然后配备美式坦克，成立坦克1营参加滇缅公路作战。3年间，他们在与日本军队的作战中勇敢冲锋，从未打过败仗，得到美军顾问的称赞和尊重。抗战结束后，蒋介石用缴获的日军轻型坦克组建2个团，与坦克1营合并成为第1快速纵队，任命其次子蒋纬国为指挥。蒋纬国身份特殊，并不亲临前线，此时正在徐州。快速纵队士兵的军装、皮靴、用具都是完全的美式装备，论作战技术、战斗力、行军速度都是国民党军中第一流的。因而快速纵队的官兵们都带着一股傲气，根本不把我军放在眼里。

1月4日上午，天气由阴转雨夹雪，敌机活动受限；道路泥泞，田野松湿，敌机械化部队行动遇到严重困难。我抓住这一有利时机，乘胜从各个方向对第1快速纵队展开猛攻。经过4个小时的战斗，到15时，除7辆坦克漏网逃到峄县外，整编第26师和第1快速纵队基本被歼灭。

战斗结束后，陈毅、粟裕等赶到战场视察。只见漫山遍野美制坦克、大炮和汽车横七竖八地停放着，枪支、弹药、通信器材堆积如山，生活用具、食品、药物、被服遍地皆是。

大批浑身沾满泥浆的国民党军俘虏被押下战场。一名坦克兵垂头丧气地说：“我们在印度、缅甸打了三年，一直是向前冲的，美国人对我们也看得起，想不到今天会败得这样惨。”陈毅听了哈哈大笑，即兴作诗一首：“快速部队走如飞，印缅归来自鼓吹。鲁南泥泞行不得，坦克都成废铁堆。快速部队今已矣，二十六师汝何为？徐州薛岳掩面哭，南京蒋贼应泪垂！”

莱芜战役：
运动战歼敌的范例

爱国自卫战争空前大捷

山东会战第一阶段全胜

鲁中聚歼蒋军七个师

消灭敌精锐五万余人

1947.2.25

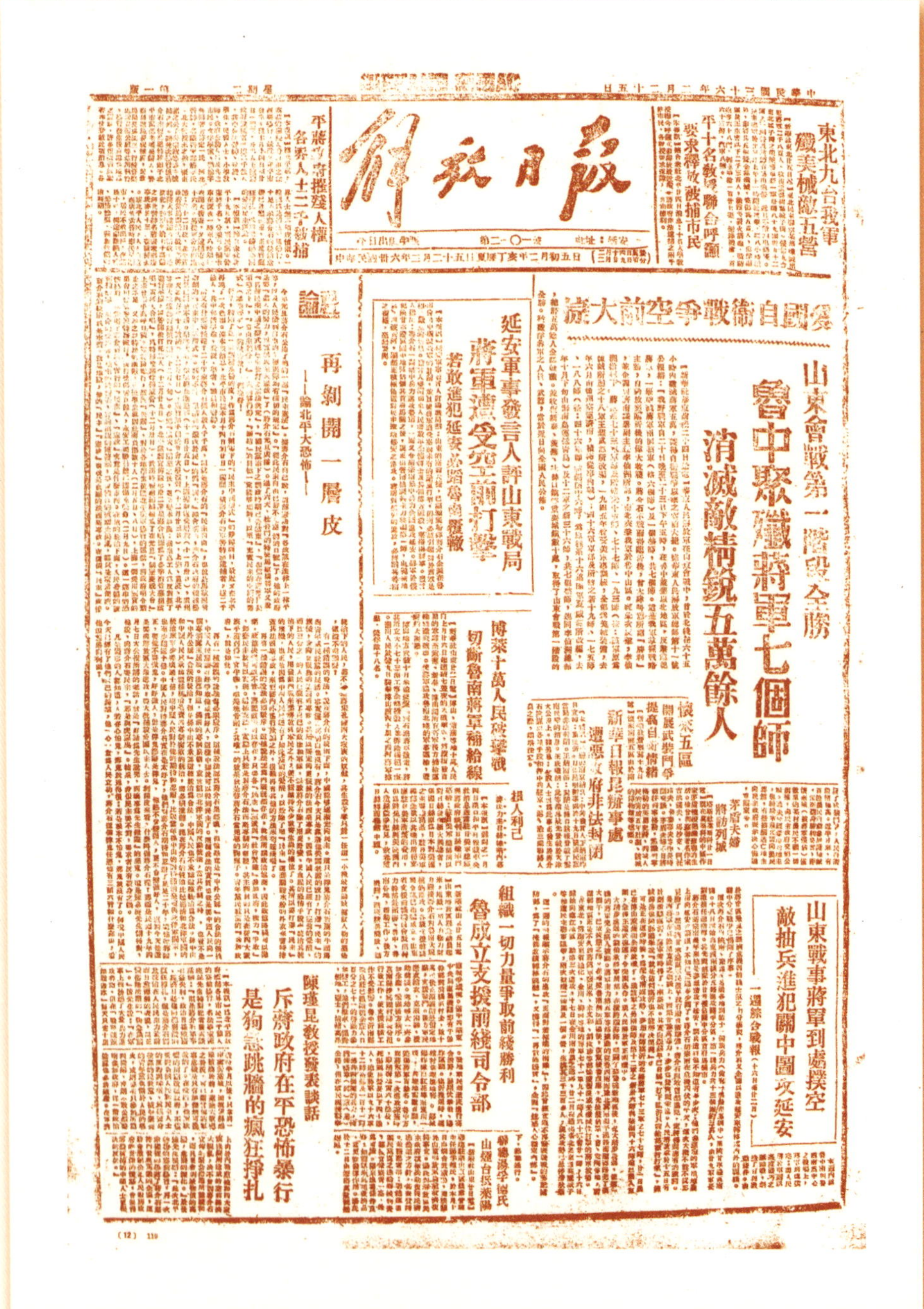

解放日報

中華民國三十六年二月二十五日 星期二

東北九台我軍殲美械敵五營

平十名教授聯合呼籲 要求釋放被捕市民

愛國自衛戰爭空前大捷

山東會戰第一階段全勝

魯中聚殲蔣軍七個師

消滅敵精銳五萬餘人

延安軍事發言人評山東戰局

蔣軍遭受空前打擊

若敢進犯延安必陷覆滅

社論

再剝開一層皮

——論北平大恐怖——

博萊十萬人民破擊戰

切斷魯南蔣軍補給線

懷來五區

開展武裝鬥爭

提高自衛情緒

新華日報昆明辦事處

遭惡政府非法封閉

山東戰事蔣軍到處撲空

敵抽兵進犯關中圖攻延安

組織一切力量爭取前綫勝利

魯成立支援前綫司令部

陳瑾昆教授發表談話

斥蔣政府在平恐怖暴行

是狗急跳牆的瘋狂掙扎

《解放日报》1947年2月25日第1版

【新华社华东前线二十四日急电】华东人民解放军在山东会战中，首于北线在六十五小时内歼灭蒋军五万，获得自卫战争以来之空前大捷。据华东人民解放军总部第十一号公报称："我野战军自二十日晚至二十三日下午五时，在鲁中莱芜以北地区，反击进犯蒋军，一举歼灭蒋军两个整军（辖六个师）及一个整师，共七个师。这是我军掌握战略主动，（、）自动放弃临沂后的伟大收获。蒋介石不战而得临沂后，曾大肆叫嚣所谓"胜利"，并企图以济南绥署副主任李仙洲所部，南北夹击我军于鲁中山区。经此次反击，李仙洲指挥下，蒋□系第七十三军军部及所辖之十五师、七十七师、一九三师（按：该军原为陈诚所属之十八军王耀武部所改编，一九四五年曾受美军事训练，全部为美械装备，去年六月由徐州空运济南，积极从事内战），四十六军军部及所辖之新十九师、一七五师、一八八师（按：四十六军即整编四十六师，为原桂系十六集团军夏威部所改编，去年十月下旬由海南岛运抵青岛）及十二军之新三十六师，共七个整师，连同李仙洲总部，总计五万余人全部就歼。并收复新泰、莱芜、吐丝口镇等重要城镇数十处，取得了山东会战第一阶段的全胜。被歼俘蒋军之人员、武器，当于近日向全国人民公布。

莱芜战役，是山东野战军、华中野战军和山东军区部队合编为华东野战军后，于1947年2月20日至23日，以放弃山东解放区中心城市——临沂为代价，换取大量歼敌有生力量的一次成功的运动歼灭战。

当时，国民党军参谋总长陈诚错误地判断华东野战军放弃苏皖地区，认为经此两役我军已"伤亡惨重，续战能力不强"，并面陈蒋介石，声称"共军大势已去"。蒋介石亲自主持制定了"鲁南会战"计划，妄图在临沂地区寻求与华东野战军决战，进而占领华东解放区。在兵力配备上，陈诚煞费苦心，采取"烂葡萄里夹硬核桃"的部署，将整编第74师、整编第11师这两支一等王牌主力部队及战斗力相当强的整编第25师作为"硬核桃"，分别摆在南线欧震集团的三路部队中，左右两翼各配备几支作为"烂葡萄"

的杂牌军和二流部队。

为迷惑南线敌人，华野部队特意在临沂及其以南构筑3道阵地，摆出一副决战架势。待主力秘密北移后，留下2个纵队佯装主力，使敌产生华野主力仍在南线准备与之决战的错觉；同时准备放弃临沂，制造出连续作战后疲惫不堪、作战不力的假象；组织地方武装进逼兖州，大张旗鼓地在运河上架设浮桥，在黄河边筹集渡船，诱敌产生华东野战军西进与晋冀鲁豫野战军会合的错误判断。粟裕特意使出一招“瞒天过海”之计，指示渡河部队声势一定要大。如果兵力不够，可以白天过河，晚上悄悄回来，次日白天再过去。在这一系列的“假动作”后，鲁南前线国民党军队的指挥官们被搞得晕头转向，根本无法辨别华野北上作战的真实意图，频频向南京和徐州上报“空前大捷”，谎称“在临沂外围歼灭共军16个旅”。

然而，华东野战军在3天之内，就歼灭国民党1个“绥靖”区前方指挥所、2个军部、7个师5.6万余人，生擒第二“绥靖”区中将副司令官李仙洲，解放博山、淄川等13座县城，使渤海、鲁中、胶东解放区连成一片，粉碎了国民党军的“鲁南会战”计划，提前完成了中共中央下达的一个月至一个半月歼敌10个旅左右的作战任务。奏捷之快、歼敌之多、代价之小，创造了解放战争以来华东战场的空前纪录。

延安保卫战：胜利完成战役掩护

蒋胡军两路冒险犯延安

我军英勇抵抗 一排击退敌一个团

1947.3.19

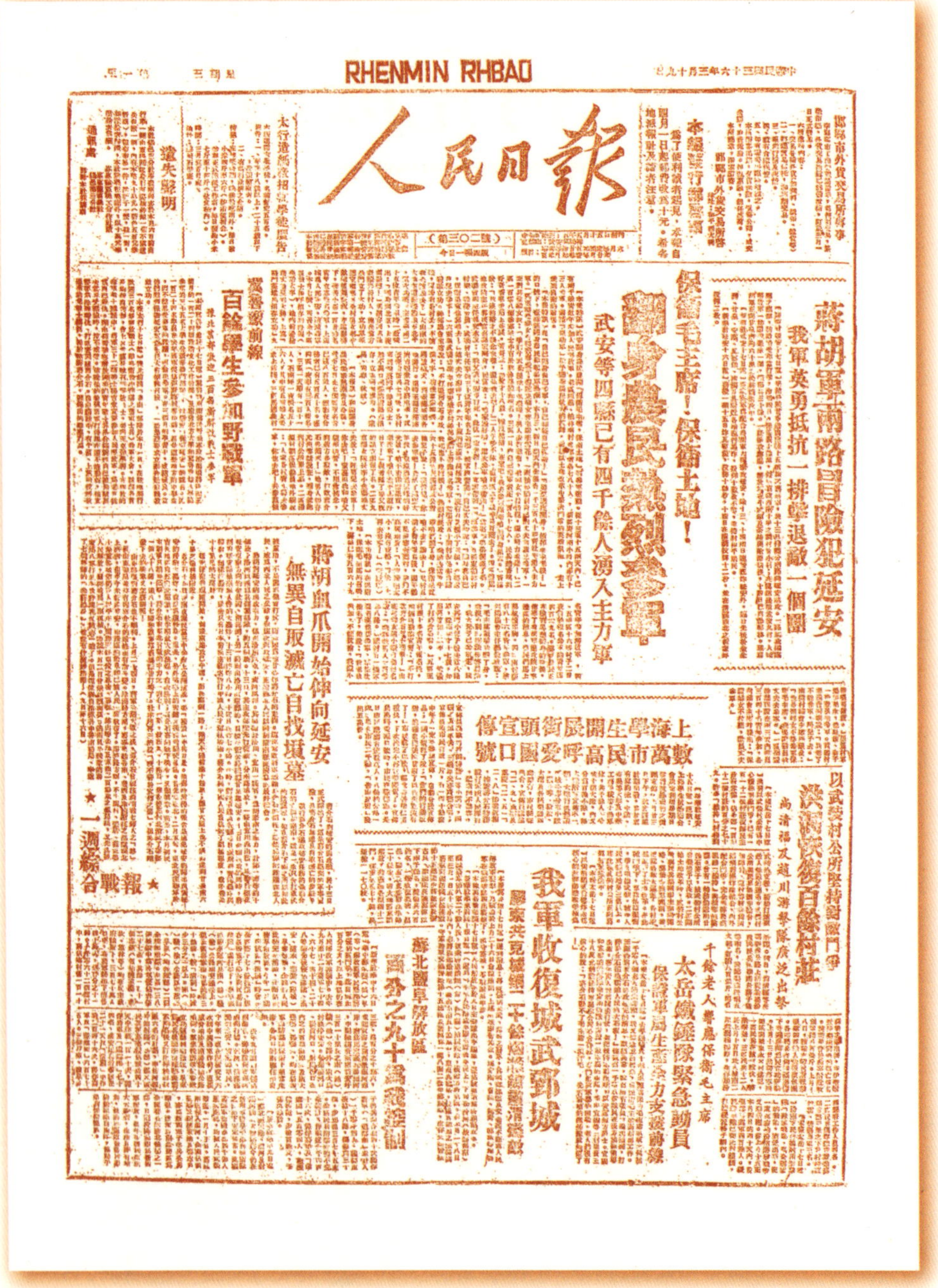
RHENMIN RHBAO

人民日報

蔣胡軍南路冒險犯延安

我軍英勇抵抗一排擊退敵一個團

保衛毛主席！保衛土地！

翻身農民熱烈參軍

武安等四縣已有四千餘人湧入主力軍

百餘學生參加野戰軍

蔣胡血爪開始伸向延安

無異自取滅亡自找墳墓

上海學生開展街頭宣傳

數萬市民高呼愛國口號

★一週綜合戰報★

我軍收復城武鄆城

大岳鐵路隊緊急動員

《人民日报》1947年3月19日第1版

【新华社延安十七日电】集结于陕甘宁边区南线十五个旅之蒋胡军，于十三日拂晓分两路向延安进攻。一路进攻固临县之临镇，该敌遭受相当打击，激战两日，仅进展十余里，侵占□□西南十里之刘村等小村；在临镇边境孟□□村，人民解放军一排即击退敌一团，毙伤其三十余。一路进攻鄜县，解放军在牛武镇及茶坊与敌激战后，十四日已自动转移。现蒋胡军正向甘泉南约六十里之榆林桥进攻中。

…………

延安保卫战，是1947年3月13日至19日，西北野战兵团为粉碎敌人对陕北解放区的重点进攻而进行的保卫延安和陕甘宁边区的防御作战。在7天7夜的运动防御作战中，抗击了胡宗南集团15个旅的猖狂进攻，胜利完成了战役掩护任务，保卫了党中央、延安机关学校的安全撤离和群众的疏散。

延安是中共中央所在地，被誉为“革命圣地”，一直是蒋介石的眼中钉。蒋介石把进攻陕北解放区的重任交给了胡宗南，命其对“匪军老巢”延安实行“犁庭扫穴，切实占领”。

当时，胡宗南统辖40多个师，总兵力达40余万人。而人民解放军在陕北战场全部兵力加起来不足3万人，而且装备很差。形势万分严峻。中共中央研究决定，必要时放弃延安，以时间空间换取敌我力量的逐渐改变，最终夺取西北解放战争的胜利。

对于中共中央决定放弃延安、转战陕北，广大干部战士想不通。延安保卫战打响后的一天晚上，中央书记处办公室主任师哲忧心忡忡地问毛主席，可否设法保住延安而不撤退？

毛主席点燃了一支烟，微笑着说：“你的想法不高明，不高明。不应该拦挡他们进占延安。你知道吗？蒋介石的阿Q精神十足，占领了延安，他就以为自己胜利了。……延安既然是一个世界名城，也就是一个沉重的包袱。他既然要背这个包袱，那就让他背上吧。而且话还得说回来，你既然可以打到延安来，我也可以打到南京去。来而不往非礼也嘛。”

18日下午，敌第61旅先头部队距延安只有15里了。黄昏时分，延安城里已可清晰听到枪炮声。彭德怀急坏了，喘着粗气跑进窑洞来，而毛泽东不紧不慢地说：“不要紧，来得及。大路朝天，各走一边。他走他的，我走我的。他在那个山头，我在这个山头，怕什么呀？”彭德怀有些火了，对警卫排长下了死命令：“主席再不走，你们弄副担架，抬也要把他抬走”。

此时，延安的党政机关、学校已安全转移，群众也已疏散完毕。在大家的一再劝说下，毛泽东才率中央机关和人民解放军总部，依依不舍地告别了居住10年的延安。经过7昼夜的激战，西北野战部队共歼敌5200余人，完成了预定任务，主动撤出了延安。

延安保卫战，西北野战兵团以较小伤亡，消灭蒋胡军大量有生力量，胜利完成掩护中央机关、人民解放军总部和人民群众安全转移的任务。随后，西北野战部队连续进行青化砭、羊马河、蟠龙三次战役，给胡宗南集团以沉重打击，稳住了陕北战局，并策应了晋冀鲁豫军区部队在晋南地区的反攻作战。

孟良崮战役：勇猛的"大功连"

华东总部公布孟良崮大捷战果

共歼蒋军两万八千

击毙正副师长 缴砲（炮）二百二十门

1947.5.25

人民日報

華東總部公佈孟良崮大捷戰果
共殲蔣軍兩萬八千
擊斃正副師長繳砲一百二十門

美械師長張靈甫
死在美國武器下

新華社時評
蔣介石的末路

吳滿有參軍
致書毛主席

蔣黨慘殺京津學生
全國學潮愈趨猛烈

北大清華百餘教授
聲援示威學生

《人民日报》1947年5月25日第1版

【新华社华东前线二十三日电】沂蒙山区孟良崮大歼灭战中共毙俘蒋军七十四师全部，八十三师十九旅五十七团全部，及其增援部队共二万八千余名。华东人民解放军总部第十九号公报公布此次战役初步战果称：（一）孟良崮之战，击毙蒋军七十四师中将师长张灵甫、副师长蔡仁杰、师参谋长魏振钺、（，）及该师五十八旅旅长卢醒等以下官兵九千余名，生俘该师副参谋长李运良、五十七旅旅长陈嘘云等以下官兵一万五千余名，共计二万四千余名（包括蒋军十三师八十九旅五七团全部）。（二）缴获山砲（炮）二十八门，战防砲（炮）十门，迫击砲（炮）二十一门，火焰喷射器十二具，六零炮一百六十一门，轻重机枪二千七百三十挺（内汤姆式、冲锋式一千八百六十二挺），火箭筒三十五个，战防枪一支，步枪五千六百支，短枪六十六支，战马千余匹，子弹七十余万发，及其它军用品甚多。（以上系根据不完全统计，详数尚在清查中。）（三）同时期内（五月十三日至十六日）我阻击部队连续击溃蒋军第七、二十五、六十五、八十三、四十八、十一等师多次增援，共歼俘其四千余名，并击毁敌坦克四辆。

孟良崮战役是华东野战军于1947年5月13日至16日，在山东省蒙阴县东南孟良崮地区进行的一次山地进攻战役。此役，全歼国民党军五大主力之首、被蒋介石视为“王牌中之王牌、嫡系中之嫡系”的“御林军”整编第74师，共3.2万余人，极大地鼓舞了解放区军民的信心，对改变华东战局的战略态势起到了重要作用。

孟良崮战役中，华东野战军第1纵队2师4团1营1连前进到540高地时，敌人正集中火力向兄弟部队射击，情况十分危急。连长沙苇、指导员张继当机立断，一面向上级报告，一面主动改变前进队形，机动迂回攻占540高地西侧的无名高地。敌人趁我连立足未稳，以2个连的兵力进行猖狂反扑。

1连指战员英勇顽强，奋起反击，指导员张继到各班阵地进行鼓动，

“为人民立功！”“人在阵地在！”“保卫延安！保卫毛主席！”的口号声，响彻夜空，回荡山谷。

连长沙苇接连2次负伤，仍坚持指挥战斗，带领全连打垮了敌人4次反扑。敌人不甘心失败，又开始了第5次冲锋。

5班班长曹相佐腹部中弹，肠子外溢，鲜血直流，整个下身浸在血泊之中。他毫无惧色，一手掩住涌出来的肠子，一手拿起手榴弹，用牙齿咬开弹盖，接连甩出了5颗手榴弹，带领全班将敌人打了下去。

3班班长赵良双眼中弹，身负重伤，坚持不下火线，躺在战壕里，鼓励战友奋勇杀敌，直到壮烈牺牲。

4连5班马思进小组，灵活机动，迂回侧击，占据了540高地一个小山包，用步枪、手榴弹连续打退了几十倍于己之敌的3次疯狂反扑。弹药耗尽了，马思进命令全组上刺刀与敌人拼杀。在马思进小组的顽强抗击下，残敌始终没有爬上山头。

6连2班在排长朱松林的带领下，披着夜幕，攀越陡壁，出其不意攻占敌阵地一角。敌人冲锋枪组猛烈反扑，6连2班依据石缝、弹坑顽强抗击，排长、班长、突击组长和几个战士都相继负伤，子弹也不多了，敌人还在往上涌，伤员们爬进敌人的工事搜集子弹，用敌人的子弹猛揍敌人的脑袋，坚守在突破口上。

战后，华东野战军第1纵队授予该连“孟良崮战役大功连”称号。

鲁西南战役：一举突破敌黄河防线

常胜将军刘伯承麾下大军

跨越黄河打向蒋管区

进迫郓城菏泽收复鄄城直指陇海路

蒋军三百里河防全线崩溃望风逃窜

1947.7.6

RHENMIN RHBAO

中華民國三十六年七月六日　星期日　第一版

人民日報

打過黃河去，打向蔣管區去，結束蔣介石的賣國獨裁統治！

向劉伯承將軍麾下英勇將士致敬！勝利，勝利，再勝利！

★人民解放軍大反攻光榮序幕順利揭開★

常勝將軍劉伯承麾下大軍 跨越黃河打向蔣管區

進迫鄆城菏澤收復鄄城直指隴海路

蔣軍三百里河防全線崩潰望風逃竄

蘇北軍民英勇苦鬥二十五天 殲敵千餘攻克響水口 粉碎蔣軍萬人「掃蕩」

熱河我軍殲敵兩千 收復煤礦中心北票

平漢北段展開勝利攻勢 我軍殲敵精銳六千 收復徐水滿城易縣三城

李昆崗在陝北被俘 西安胡軍恐慌不安

遼南再克大石橋 殲滅蔣軍二千

美國人民團體及學生教授 聲援中國學生運動

呼籲援救被捕學生教授記者

蔣黨大捕新聞記者

大公報也提出抗議要求釋放

蔣區實業等省 財政入不敷出

蔣介石宣傳機關 反蘇造謠破產

蔣介石政府 掩飾經濟危機

《人民日报》1947年7月6日第1版

【新华社冀鲁豫前线三日电】本社特派记者李普报道：刘伯承将军麾下大军，已于三十日晚在鲁西地区三百华里宽的正面横渡黄河。蒋军约近三百华里的河防战线全线崩溃，解放军乘胜深入蒋军纵深，截至发电时止，已达一百华里以上。人民解放军大反攻的光荣序幕就此顺利揭开。五十五师和六十八师等河防蒋军，虽经蒋记国防部一再严令坚守，但我解放军在强大火力掩护下，勇猛强渡，千军万马，声势豪壮，守河蒋军虚晃三枪，回头就跑；不及逃跑者，悉数被歼。仅在某一地区，被歼者即达一千人。五十五师师长曹福林和该师一部，正被围于郓城孤城中。一八一旅旅长米文和则于深夜十点钟仓惶放弃鄄城，连夜向菏泽逃去。西面解放军进驻鄄城后，乘胜长驱直入，于七月一日进到菏泽城郊，该地以北已无蒋军踪迹。其他各部解放军，正在分头前进中。回忆蒋介石于三月二十日破坏协议，提早在花园口合龙放水，大小喽罗（啰）们欢喜如狂，大说其黄河天险等于四十万大军的神话，满以为可以困阻刘将军于北岸。不料为时仅仅三个多月，所谓四十万神兵就如此迅速和无能地躺倒在人民解放军脚下，蒋介石的陇海路又一次暴露在解放军面前，更精彩的节目就在后面。三十日晚正是中国共产党二十六周年纪念日——“七一”的前夜，刘伯承常胜军以战胜相当于四十万蒋军的黄河作为给党的献礼，全体指战员莫不兴奋万分。

鲁西南战役是1947年6月底至7月底，晋冀鲁豫野战军根据中央军委的决策和部署，集中4个纵队13个旅共12万人，在山东鄄城、定陶、巨野等地区进行的一次大规模歼灭战。此役历时28天，歼敌9个半旅、4个整编师师部共5.6万余人，我军一举突破敌人自诩为可顶“40万大军”的黄河防线，粉碎了敌人的黄河战略，为挺进大别山开辟了通道，揭开了解放战争由战略防御转入战略进攻的序幕。

6月，中央军委指示晋冀鲁豫野战军主力于月底强渡黄河，先在鲁西南地区求歼敌军，而后向大别山进击，在鄂豫皖边界地区实施战略展开。邓小平和刘伯承对于中共中央和毛泽东的指示坚决照办，立即着手部署转入战略进攻的各项准备工作。

为保障渡河作战的秘密性、突然性，在主力渡河的前一天，我军以太行、冀南军区部队在豫北伪装主力发起攻势作战，以豫皖苏军区部队向开封以南地区出击，麻痹、迷惑敌人。

6月30日夜，渡河战役正式发起。晋冀鲁豫野战军4个纵队共13个旅12万余人，从山东阳谷以东张秋镇至菏泽以北临濮集间150余公里地段，正面强渡黄河。敌人虽然利用黄河水流湍急、河床宽阔等自然条件，依靠空军昼夜轰炸进行防御，但我渡河部队在炮火掩护和南岸2个独立旅接应下，以突然勇猛的动作，一举突破敌人黄河防线，使鲁西南地区之敌，直接暴露在我军强大的打击之下。

刘邓之举，大大震动了美蒋集团。美国驻华大使司徒雷登不禁骇然：这简直是惊人的事件！不亚于当年法国“马其诺防线”被攻破。美国记者杰克在《中国震撼世界》一书中写道：“我经历了多次战争，但从来没见过比共产党这次胜利渡黄河更为高明出色的军事行动，说它高明并不在于这次军事行动本身，而主要在于这一军事行动的构想——它的胆识、气魄，特别是他们创造性的想象力。”

鲁西南战役进行得十分艰苦，仗打得相当漂亮。战役结束后，刘伯承的心情相当激动，挥笔写下《记羊山集战斗》诗一首：“狼山战捷复羊山，炮火雷鸣烟雾间。千万居民齐拍手，欣看子弟夺城关。”

千里跃进大别山：扛枪的手拿起细小的针

八月七日至十三日

一周战况

1947.8.15

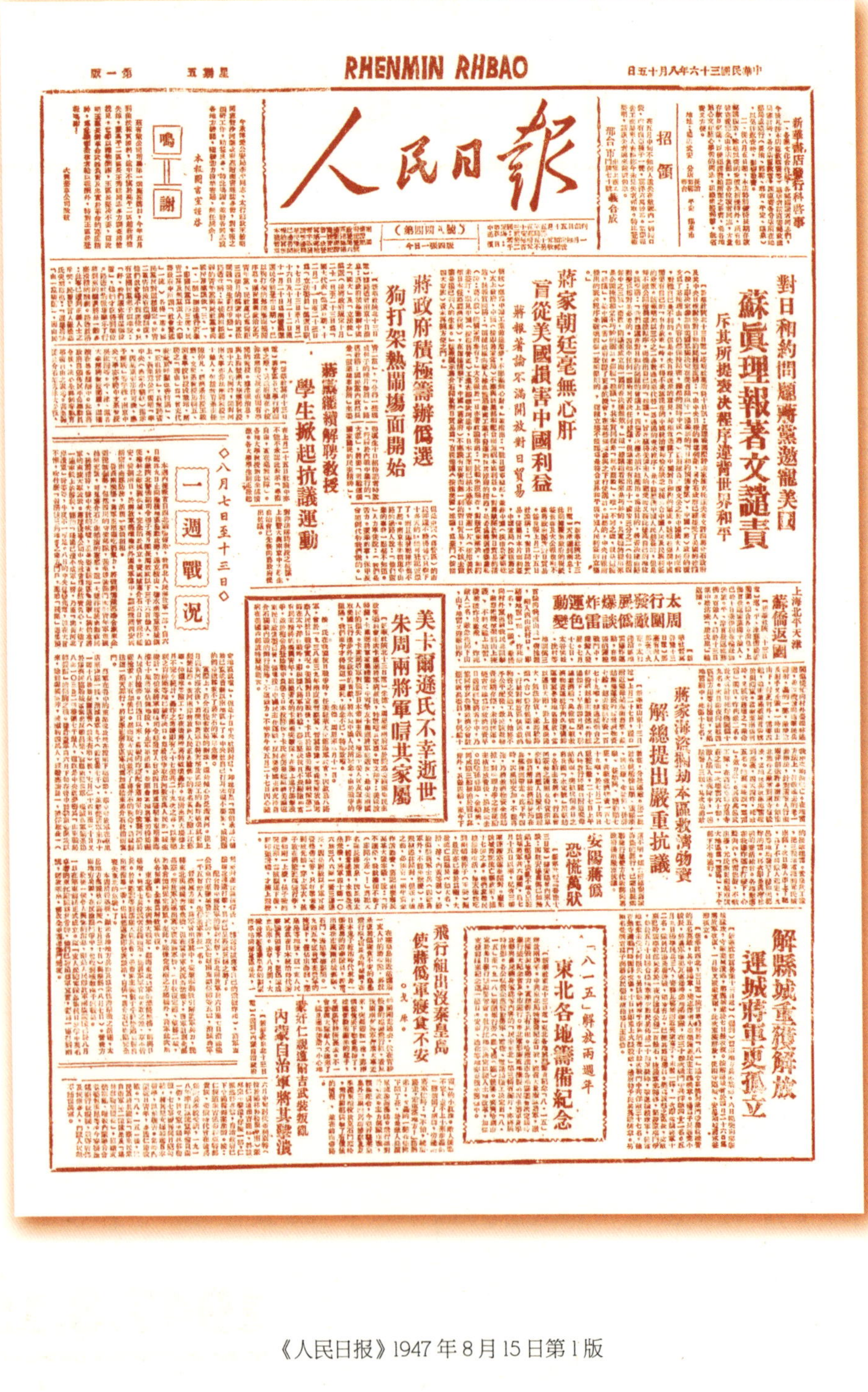
RHENMIN RHBAO
中華民國三十六年八月十五日
星期五
第一版
人民日報
對日和約問題蔣黨邀寵美國
蘇眞理報著文譴責
斥其所提表決程序違背世界和平
蔣家朝廷毫無心肝
盲從美國損害中國利益
蔣報著論不滿開放對日貿易
蔣政府積極籌辦僞選
狗打架熱鬧場面開始
蔣滬繼續解聘教授
學生掀起抗議運動
一週戰況
◇八月七日至十三日◇
美卡爾遜氏不幸逝世
朱周兩將軍唁其家屬
太行發展爆炸運動
周圍敵僞談雷色變
蔣家海盜劫本區救濟物資
解總提出嚴重抗議
安陽蔣僞恐慌萬狀
解縣城重獲解放
運城蔣軍更孤立
「八一五」解放兩週年
東北各地籌備紀念
飛行組出沒秦皇島
使蔣僞軍寢食不安
鳴謝

《人民日报》1947年8月15日第1版

本周内捷报首自西北战场传来，我西北人民解放军一部，自六日起迄九日止向榆横地区发动攻势，连克横山、乡水堡等重要城镇，俘敌陕北警备副司令张子英及团长周效武以下三千六百余人，迫使榆林之敌困踞孤城，完全陷于孤立。卖国贼蒋介石六日曾飞往延安，徘徊两日，于解放军痛歼榆林外围蒋军声中，黯然飞回西安与胡宗南商议防务，活现一副狼狈相。

鲁西南战场，蒋军正用尽吃奶气力，将破铜烂铁都凑合拢来企图挽回颓势，包括四川的守备部队，甚至连装饰门面的青年军也被抽来充数，可见蒋介石□肉补疮的窘态。这一大杂拌现统由顾祝同、孙震指挥，据中央社的吹嘘，说是要在该地区“钳击”刘伯承将军的南渡大军云云。蒋记造假公司中央社曾为此煞费苦心，大造了一连串纸上的胜利，诸如“残匪已溃不成军”呀，乃至“向黄河北岸溃窜”呀（，）等等，牛皮不一而足。八日的中央社徐州电，还在大言不惭，吹什么“封闭该三角地区之南方门户，压迫‘残匪’退集预定地区就歼”，但是十日中央社开封电，却说的是“刘伯承部六个旅已窜抵曹县以南地区”了。中央社自己打耳光还不要紧，成问题的倒是造谣救不了蒋介石的军事危机。

实际上，蒋介石挽救败局的办法，还是倾心于泛滥黄河。从上月底黄河涨水后，蒋机和蒋军蒋特对解放区堤工的轰炸破坏就更加频繁猛烈。黄河南岸解放区人民正在抢修中的著名黄河大险工江苏坝、仲堌堆等险工，昼夜遭蒋机蒋特破坏轰炸。我渤海区大堤据上月不完全统计，轰炸之蒋机即有九十七架共二十九次之多，以至垦利之肖神庙等地已被炸决口。为最后争取沿河数百万人民的一线生机计，刘伯承将军前线司令部发言人曾于四日郑重声明在东明至临濮七十里蒋军占领地段，停止军事活动，并照会当地蒋军勿得妨碍人民自由抢修。但连日以来，蒋机的炸堤配合着蒋军的偷袭河堤妨碍抢救，正有加无已。然而玩弄黄河救不了蒋介石的狗命，蒋贼制造这一滔天罪行，将更激起解放区军民为加速结束蒋介石统治而奋斗。

蒋军在鲁中的重点进攻现在证明下场颇惨，华东解放军在东里店至南麻一线，消灭蒋军九千（前□报七千），并击毙蒋军主力十一师十八旅旅长谭道善（□未查明）后，七月二十四日至三十日又于胶济线临朐城区奋勇反击昌乐、□县南犯蒋军，歼灭蒋军嫡系第八师一〇三□二□整团七千余人，这就是中央社梦呓为“山东战局转折点”的临朐之战。总计蒋军自六月下旬在鲁中发动重点进攻以来，除到处扑空外，被歼约四万人，被击毙旅长一，被俘旅长一（翟紫封在费县被俘后，转送时被蒋军自己的飞机炸死），蒋军重点进攻连遭打击，目前已呈再衰三竭之势了。

配合鲁中解放军的胜利反击，苏北解放军于六日至七日沿通榆公路东台至盐城发动攻势，攻克盐城南重镇伍祐（佑）等五处，消灭蒋军一千五百余人，生俘蒋军团长一名。

晋察冀方面，蒋军曾出扰冀中，妄想牵制吸引解放军兵力，挽转东北与南线蒋军危机，但在冀中军民沉着奋战下，蒋军计划全部落空。解放军于逐出冀中腹地蒋军后，一日收复定县、望都二城，蒋军仓惶向保定逃窜。至此，除保定西南之方顺桥外，蒋军此次所占各城镇，全部为解放军收复。

东北战场，本周无大战事，然而东北蒋军的恐慌动摇，则与日倍增，蒋军士兵投诚者接踵而至，而蒋军军官在大败之余，草木皆兵。于是陈诚等到沈阳大开其会，美帝国主义刽子手魏德迈也亲自出席指导一番，但魏德迈旋即发表谈话，自供“蒋介石已面临完全丧失东北的危机”了。

本周所得战报，显示各地地方兵团及群众性游击战之活跃，太岳地方部队收复襄陵（七月三十日）与解县（八月七日）。晋绥方面地方兵团，在反抢粮斗争中，也收到歼敌两千的战果。

最后一个令人兴奋的消息，即是人民解放军两广纵队已于八月一日在华东前线正式成立。这一支人民的军队是由抗日战争中英名卓著的东江纵队为其骨干，他们已发出进军宣言，誓为一直打到两广，解放华南，解放全中国而奋斗到底。

1947年8月7日，刘伯承、邓小平率领的晋冀鲁豫野战军4个纵队，分3路向南疾进，经过20多天的艰苦跋涉和激烈战斗，先后跨越陇海路、黄泛区、沙河、涡河、洪河、汝河、淮河等重重障碍，于8月末成功挺进大别山区，完成了一次以长驱直进插入敌人战略纵深为特点的特殊形式的进攻行动。

刘邓主力跃进大别山之后，与敌人进行着艰苦卓绝的斗争。进入秋冬季节，必须解决部队被服问题以备过冬。周恩来曾致电刘伯承、邓小平：被服如何解决？如困难过大，准备派10纵队护送。刘邓认为后方也很艰苦，缺乏棉花布匹，而且从解放区运送棉衣，山高路远，千里迢迢，通过敌人的重重封锁比较困难。刘伯承、邓小平决定自己动手，就地解决。毛泽东看到刘邓的回电被深深地打动，连说了3遍“刘邓有气魄，不简单”。

刘邓和后勤部门同志讨论如何解决被服的问题，后勤同志说：“棉花、布匹可就地解决，但裁缝难找。”后勤部门建议发动群众帮忙。邓小平说：“不能把眼睛盯着群众嘛，我们的指战员，来自人民，他们都是能工巧匠。把部队中能弹花、染浆、裁缝的集中起来，以他们为骨干，在每班、每排开起裁缝铺、被服厂怎样？”大家哈哈大笑，都觉得可行，没有再言困难。

命令传下来，各纵队分头行动，自制棉衣的热潮在全军展开。战士们有的用竹条、树枝弹棉花，有的用烟草灰、锅底灰染色，“八仙过海，各显神通”。连刘伯承、邓小平也拿起了针线，做起了衣服。

刘邓从这个连队到那个连队，从这个“作坊”到那个“裁缝铺”，看望、指导、鼓励战士们制作冬衣。有的战士不解地问：“司令员怎么什么都会，连缝衣服也过人三分？”邓小平笑着说：“司令员原是个裁缝出身，要不是投身革命，说不定是个好设计师呢！”

6纵18旅行动最快，刘邓来检查时，战士们都穿上了新衣，正在开总结大会。不久，部队流传起了一首《棉衣歌》：“此事古今无从闻，千古奇迹出我军；一切困难皆可渡，全在万众是一心。”

宜川战役：“拼刺英雄”刘四虎

西北我军空前大胜

消灭胡匪四个整旅

中共中央驰电祝捷

1948.3.5

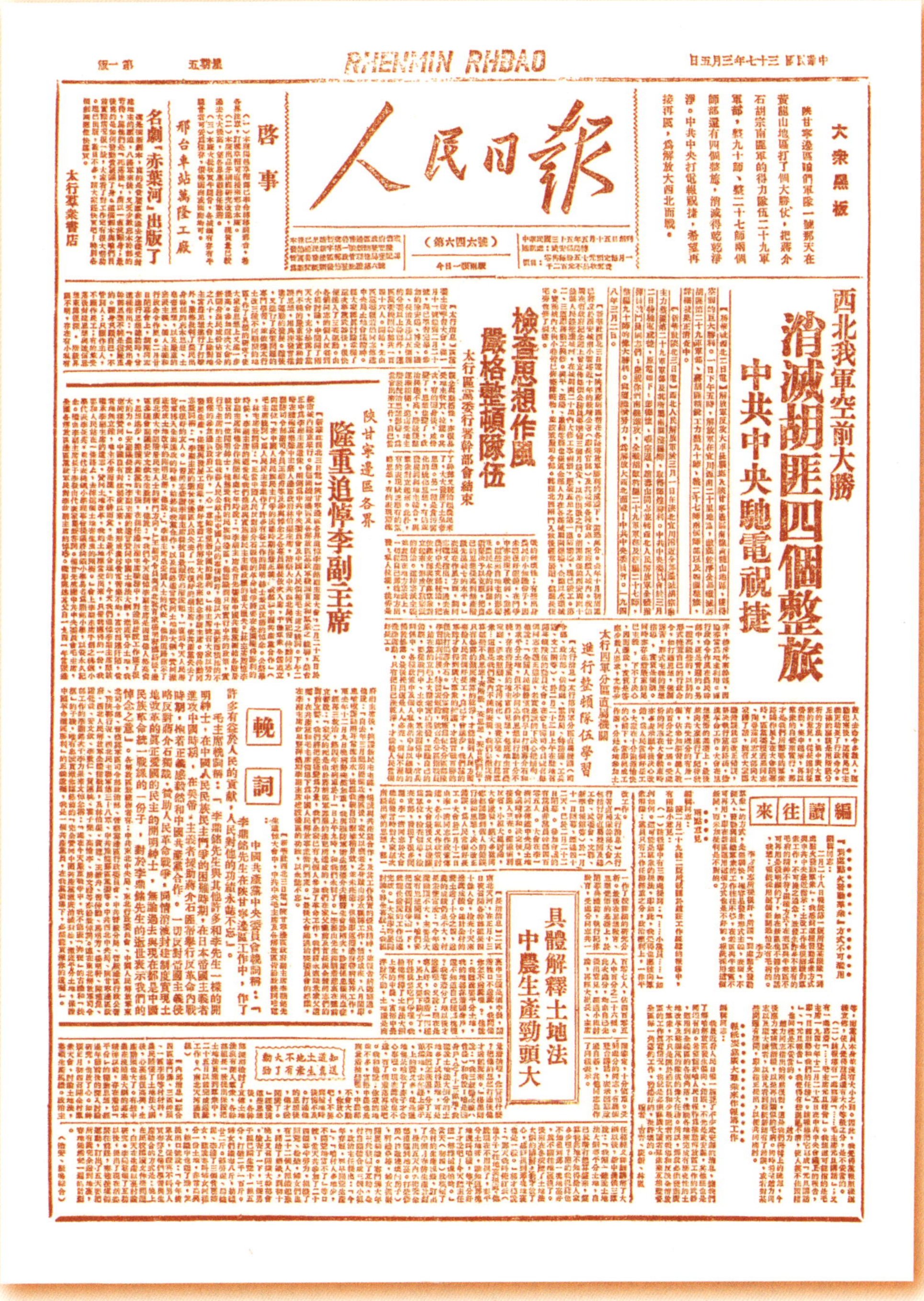

《人民日报》1948年3月5日第1版

【新华社西北二日电】解放军反攻大军长驱挺入陕甘宁边区南线黄龙山地区，获得空前的巨大胜利。一日下午五时，解放军在宜川西南二十里地区，彻底干净全部歼灭蒋胡匪第二十九军军部、蒋胡匪精锐主力整九十师、整二十七师两个师部以及四个整旅，详细战果正清查中。

【新华社陕北三日电】西北人民解放军于三月一日在陕北宜川附近全部歼灭胡宗南主力整编第二十九军军部及其所属两个整编师，取得辉煌胜利。中共中央委员会于三月二日特驰电祝捷，原电如下：彭德怀、张宗逊、赵寿山同志并转西北人民解放军全体指挥员战斗员同志们：庆祝你们南线进攻，全歼胡敌整编二十九军军部及整编二十七师，（、）整编九十师的伟大胜利。尚望继续努力，为解放大西北而战！中共中央委员会。一九四八年三月二日。

【新华社西北三日电】陕西蒋胡匪帮在各路解放军胜利的威震下，惊恐万分。去年十月初胡匪已将设于西安城南小雁塔近十年的绥靖公署（即长官部）及其城郊各种仓库、粮库搬入城内。祝绍周在省政府纪念周上曾宣布每个公务员要准备三个月粮食，以作困兽之斗。胡匪并强迫西安周围十余县人民赶挖环城河，在城周围二十里内大修工事碉堡，距城五里之第一道防御壕，现已竣工。第二、三道即将动工兴修。兴平、泾阳、凤翔等县也强逼全县人力在各县城周围掘壕，企图以水环城。宝鸡城内大街小巷皆已修筑障碍物，并设戒严司令部。乾县北西两门入秋后经常紧闭，伪县长住宅旁也修了碉楼。

宜川战役是西北野战军一次围城打援的歼灭战。此役，西北野战军歼灭胡宗南部1个整编军军部、2个整编师师部、5个旅共2.9万余人，其中毙伤7500多人，俘虏整编第29军参谋长刘振世、第27师副师长李奇亨、第90师参谋长曾文思等及以下2.1万余人。这是西北野战军转入战略进攻后的第一个大胜仗，粉碎了胡宗南集团阻止西北野战军南进的企图，改变了西北战场的攻防形势，打开了我军通向渭北平原国民党统治区

的大门。

1948年2月29日，敌我双方围绕瓦子街以南高地展开殊死争夺。小小的阵地上，双方死伤超过千人。西北野战军第358旅第714团团长任世洪、参谋长武治安，国民党军第53旅副旅长韩指针、第158团团长何怡新均战死在此。

在这场惊心动魄的血战中，第714团打出了一个只剩13个人的“硬骨头六连”和一个负伤11处、连续刺倒7名敌人的战斗英雄刘四虎。

当时，刘四虎带领突击班战士强攻2号高地。由于地形险峻，刚冲到崾崄凹部，遭敌强大火力阻击，4位战友即被敌击中倒下。刘四虎和另2位战士在手榴弹爆炸烟雾掩护下扑到距敌战壕只七八米远的一棵大树后，敌疯狂射击，2名战士受伤倒下，突击班只剩下刘四虎一人。他扔出4颗手榴弹，纵身冲到敌壕边，接连捅死4个敌人，又越过壕堑，紧追逃敌。敌指挥官发现解放军只有一人，便逼着逃跑的敌兵“抓活的”。敌兵还未掉头，就被追上来的刘四虎接连刺倒2名。敌兵回过神来将他团团围住，他紧握带刺刀的钢枪与敌肉搏。这时，1班战士从侧面冲了上来，但被敌分割包围起来。刘四虎为救被围的1班班长，又刺倒1个敌兵，由于用力过猛，栽倒在交通壕里。敌人十多把刺刀朝他的头部、身上乱刺。最后他因失血过多昏倒过去，战友们清理战场时才把他救醒。

刘四虎的英雄事迹很快传遍阵地，我指战员受到极大鼓舞，奋起作战拿下了2号阵地，又一鼓作气把敌人赶下了东南山，死死封住了敌军南逃的唯一缺口，为主力部队将敌3万余人全歼于瓦子街地区创造了条件。

战后，刘四虎被纵队授予“拼刺英雄”称号，西北野战军曾开展“学习刘四虎杀敌立功运动”。

洛阳战役：攻破“金城汤池”

我军又获伟大胜利

攻克洛阳歼敌万余

中共中央电贺四平洛阳之捷

1948.3.18

《人民日报》1948年3月18日第1版

【新华社豫陕鄂前线十五日急电】解放军十三日晚八时解放中原重镇历史古都洛阳城，全部歼灭守军蒋匪青年军二〇六师等部万余人。解放军系九日晚发起攻击，经四日夜激战，突破蒋匪层层布防的现代化集团工事，于十三日晚全部解决战斗，详细战果正清查中。

【新华社陕北十六日电】中共中央致电东北人民解放军林、罗、高、陈诸同志庆贺四平街大捷，原电如下：

林彪、罗荣桓、高岗、陈云诸同志及东北人民解放军全体指挥员战斗员同志们：庆祝你们收复四平街及在冬季攻势中歼敌八个整师并争取一个整师起义的伟大胜利，尚望继续努力为完成解放东北而战。

中共中央委员会　一九四八年三月十五日

【新华社陕北十六日电】中共中央致电南线人民解放军刘、邓、李、陈、粟、陈、谢诸将军庆贺洛阳大捷，原电如下：

刘伯承、邓小平、李先念、陈毅、粟裕、陈赓、谢富治诸同志及江淮河汉人民解放军指挥员战斗员全体同志，特别是攻洛兵团的同志们：庆祝你们解放洛阳，（、）全歼蒋青年军二〇六师的伟大胜利，我江淮河汉各军深入敌境英勇奋斗，歼灭了大量敌军，创立广大的根据地，解放了广大的受苦难的人民。此次又攻克洛阳，全歼守敌，特向我全体指战员同志表示慰问之意，尚望继续努力，为解放整个江淮河汉地区而战。

中共中央委员会　一九四八年三月十五日

洛阳战役，是华东野战军和晋冀鲁豫野战军各一部于1948年3月8日至17日在河南省洛阳市及其周围地区对国民党军进行的一次城市攻坚战。此次战役，是我军挺进中原后对敌坚固设防的中等城市进行的首次攻坚战，歼敌约2万人，有效地掩护了刘邓野战军主力的休整，有力地配合了西北野战军的作战行动。

洛阳是我国六大古都之一，处中原战略要地，为历代兵家所必争。国民党军在美国军事顾问团的指导下，利用有利地形筑有坚固的永久性工事，以西北运动场构成核心阵地，以城垣结合四关构成主阵地，以外围支撑点构成外围阵地，形成完整的防御体系，易守难攻。

洛阳城东门是敌人整个城防的重点，工事坚固复杂。从瀍河东桥头到瓮城门150米距离内，设有5道铁丝网、4道鹿砦和3层伏碉。过了瀍河是道城壕，其对面又有背靠瓮城的两座大梅花堡。瓮城门洞内塞有装满沙土的汽油桶，厚、高各5米。瓮城的后面是洛阳东门和高耸的城门楼。敌人凭借着坚固的工事和强大的火力，自以为“万无一失”，守城的青年军206师师长邱行湘，自认为洛阳已被他打造成为“铜墙铁壁”“金城汤池”，信心十足，在宴请洛阳地方头面人物时，声称“固守洛阳不成问题”。《洛阳日报》更是大肆吹嘘洛阳的双层袋形阵地“易进难出”，“共军如攻此城，无疑自投罗网”。

11日17时，攻城作战发起后，各攻城部队在强大炮火的掩护下，连续实施爆破，以东、西两面为重点对洛阳城垣发起围攻。第3纵队8师23团1营担任主攻东门的任务。攻城前，他们就详细侦察了城防设施，深入开展军事民主，反复进行了爆破、突击演习。他们根据敌人工事坚固和障碍复杂的特点，以3个突击连紧密配合，在30门火炮的支援下，采取连续爆破、连续突击的战术，1连炸开东城门占领城楼，2连越过城壕小桥突破瓮城门，3连冒着敌人的密集炮火连续爆破，摧毁敌人15道工事障碍，突破东门，团主力则紧随突击营之后，通过突破口，进入城内作战。经激烈战斗，攻城部队歼灭守军大部。战后，1营被华东野战军前方委员会授予“洛阳营”荣誉称号。

豫东战役：粟裕“斗胆直陈”

中共中央委员会

电贺豫东伟大胜利

1948.7.16

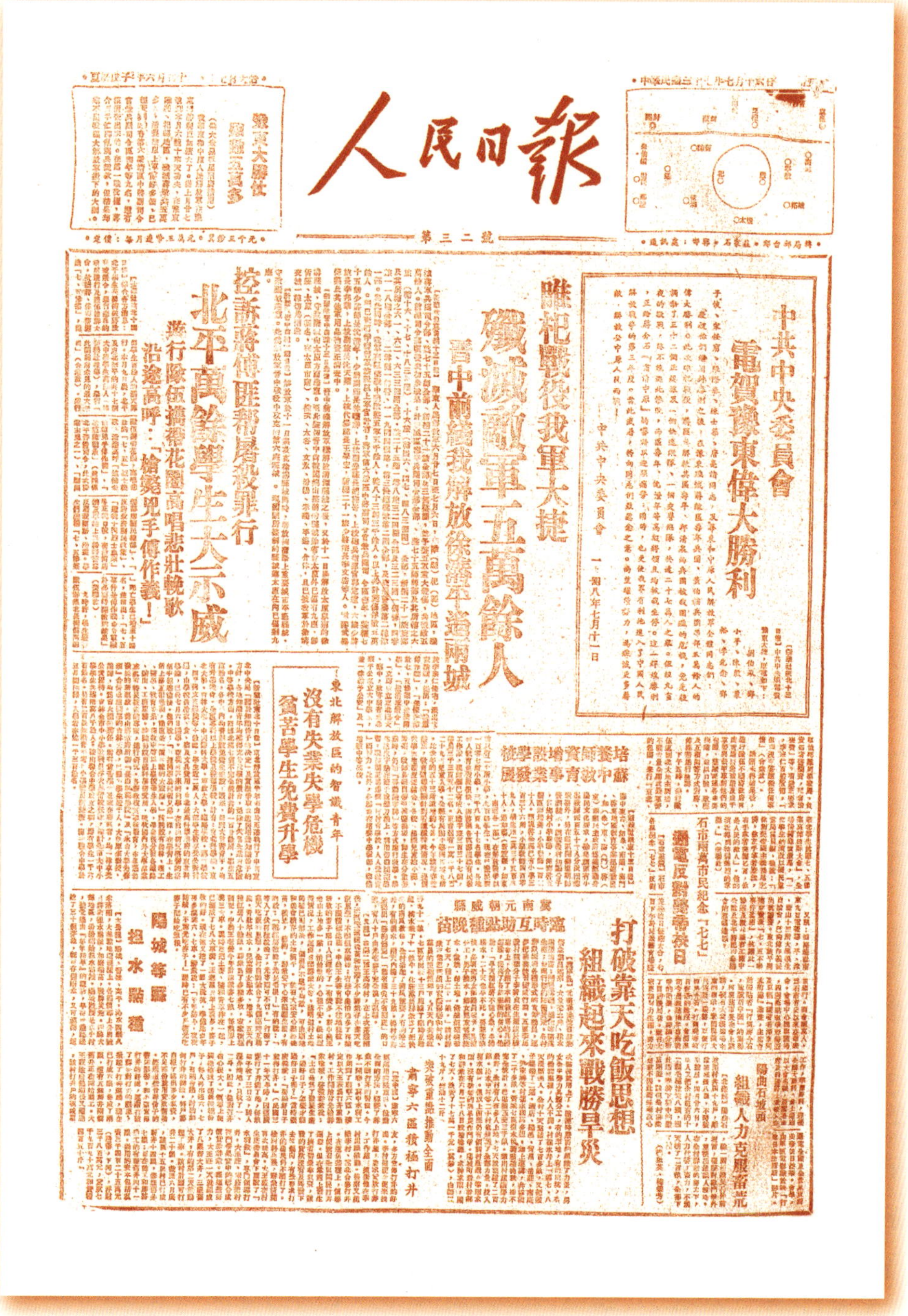
人民日報

第三二號

中共中央委員會
電賀豫東偉大勝利

睢杞戰役我軍大捷
殲滅敵軍五萬餘人
晉中前線我解放祁縣平遙兩城

控訴蔣傅匪幫屠殺罪行
北平萬餘學生大示威

東北解放區的智識青年
沒有失業失學危機
貧苦學生免費升學

打破靠天吃飯思想
組織起來戰勝旱災

《人民日报》1948年7月16日第1版

【新华社陕北十三日电】中共中央顷电贺豫东大捷，原电如下：

刘伯承、邓小平、陈毅、粟裕、李先念、邓子恢、宋任穷、张际春、陈士渠（榘）、唐亮诸同志，及华东和中原人民解放军全体同志（们）：

庆祝你们继开封胜利之后，在豫东歼灭蒋敌区寿年兵团、黄伯（百）韬兵团等部五万余人的伟大胜利。此次睢杞战役，蒋匪为解救其区寿年、邱清泉两兵团被我围歼的危机，竟先后调动了三十二个正规旅及一个快速纵队、一个交警总队，共达二十七万人之众。但经九昼夜的激战，终不能逃此惨败，而区寿年、沈澄年等高级将领且均被我生俘。这一辉煌胜利，正给蒋介石“肃清中原”的呓语以迎头痛击；同时，也更使我军有利地进入了中国人民解放战争的第三年度。当此盛暑，特向同志们致慰念之意。尚望继续努力，为歼灭更多蒋敌，（、）解放全中原人民而战！

中共中央委员会　一九四八年七月十一日

豫东战役，亦称“开封 - 睢杞战役”，是华东野战军外线兵团主力于1948年6月17日至7月6日，在河南省东部地区对国民党军进行的一次大规模的攻坚与运动相结合的歼灭战（会战）。此役，共歼灭国民党军9万余人，彻底粉碎了蒋介石“肃清中原”的企图。

1948年1月27日，粟裕收到中央军委电报，令其率华东野战军外线兵团渡长江南进，以吸引敌人20到30个旅回防江南，迫使敌人改变战略部署。渡江时间，可在2月、5月或秋季。

3月16日，粟裕率华野第一兵团北渡黄河来到了濮阳，进行渡江前的整训。但随着中原战场形势的变化，一个突出的问题摆在了粟裕的面前：华野一兵团是迅速渡江、争取把国民党军主力一部牵到江南去有利呢，还是暂不渡江，集中兵力歼敌主力于长江以北更加有利呢？两利相较取其大，粟裕逐渐形成一个主力暂不渡江南进而留在中原作战的构想。尽管这个构想有充足的根据，但他深知高层次的战略决策，关系到千千万万将士的生命，关系到解放大业的成败，对这么一个已经确定并正在付诸实施的战略决策，是不宜轻易提出不同意见的，尤其是在当时正十分强调组织纪律的情况下。

考虑再三后，粟裕以个人名义正式致电中央军委和华东局，详细陈述了自己的想法。在电报结尾处又特意注明：“以上是职个人不成熟的意见，加以对政局方面情况了解太少，斗胆直陈，是否正确尚祈指示。我们对南渡准备仍积极进行，决不松懈。”

收到粟裕的电报后，毛泽东也收到了刘伯承、邓小平发给中央的电报。刘邓在电报中表示：在此情况下，渡江南下以“迟出几个月为好”。毛泽东立即电令陈毅、粟裕尽快到中央当面汇报，以便中央对行动方针作出最后决策。在中共中央书记处扩大会上，粟裕直抒己见，汇报了暂不渡江南进、集中兵力在中原黄淮地区大量歼敌的方案，并详细说明了这个方案的依据。会议经过慎重研究采纳了粟裕的建议。

在战略转折的关键时刻，在涉及战争全局的战略决策上，粟裕一再“斗胆直陈”，提出不同于中央既定方针的建议，充分表现了他无私无畏、实事求是的作风。

襄樊战役：活捉特务头子康泽

我军攻克襄阳樊城

活捉特务头子康泽

1948.7.20

人民日報

我軍攻克襄陽樊城

活捉特務頭子康澤

我軍豫東攻勢作戰中

殲滅蔣敵一萬二千

毀敵「長勝號」鐵甲列車

緊急抗旱備荒

評我軍開封豫東之捷

黨員帶頭推動全村

分秧積極抗旱點種

遠征豫皖蘇勝利歸來

《人民日报》1948年7月20日第1版

【新华社中原前线十七日急电】襄河（汉水）前线解放军，于解放谷城、樊城之后，十六日攻克鄂北重镇襄阳城，全歼守敌。生俘蒋匪著名的法西斯特务头子及使用毒气的战犯、第十五绥靖区司令康泽与副司令郭勋祺。攻城战斗开始于十五日晚，仅五分钟即攻入城内，经一日激战后，于十六日完全消灭城内敌军，占领该城。详细战果正清查中。

…………

襄（阳）樊（城）战役是中原野战军第六纵队和桐柏军区部队主力及陕南第12旅，于1948年7月2日至16日在襄阳、老河口、南漳地区，以襄阳城攻坚歼敌为重点所进行的一次进攻战役。此役，历时14天，歼敌1.7万余人，毙伤敌3500人，收复襄阳、樊城、老河口、光化、谷城、南漳、宜城等城镇，扩大了中原解放区，有力配合了华东野战军在豫东战场的作战行动。

襄阳战略地位十分重要，是敌鄂北驻守重镇之一。蒋介石对此地区极为重视，1948年春在此设立第15“绥靖”区，指派其亲信特务头子康泽为“绥靖区”司令，率3个川军旅驻守。

刘伯承、邓小平亲自点将，把攻打襄阳这场硬仗交给了猛将王近山。战前，刘伯承、陈毅、邓小平就指示王近山：“康泽只能捉来，不能抬来，要活的。”为此，王近山命令攻城各部一定要活捉康泽。

战至7月16日上午，襄阳城内守敌大部被歼灭，只剩下据守杨家祠堂的第15“绥靖”区司令部。担负捣毁康泽司令部任务的第18旅第54团发起猛攻，冲进了杨家祠堂全歼守敌。奇怪的是，在祠堂内搜寻了一上午，就是不见康泽的踪影。生不见人，死不见尸，难道他飞了不成？

正在纳闷之际，搜寻部队发现并消灭了一股躲藏在坑道内的敌人，当场抓获第15“绥靖”区副司令官郭勋祺。起初大家误认为他就是康泽，谁知有个俘虏说：“康泽长得又白又胖，这个是副司令官，不是康泽。”团长、政委马上命令战士们：“一定要找到康泽，不抓住他，我们就没有完成任务，襄樊战役就不算全胜。”功夫不负有心人。战士们找来被俘的康泽卫兵带路，打着五节电池的大电筒，钻进底层坑道，将敌人死尸一个个翻开看。最后在死尸堆里，抓住了装死躲在那里的康泽。

活捉康泽的消息传开，全军一片欢腾。7月23日，中共中央发来贺电："庆祝你们在襄樊战役中歼敌两万余人，解放襄阳、樊城、老河口等七座城市，并活捉蒋介石法西斯特务头子康泽的伟大胜利。这一汉水中游的胜利，紧接着开封、睢杞两大胜利之后，对于中原战局的开展帮助甚大。尤其是活捉康泽，更给全国青年受三青团特务迫害者以极大的兴奋。尚望继续努力，为彻底解放中原而战。”

济南战役：生俘“王司令”

我大军直逼济南城下

吴化文率部一师起义

1948.9.24

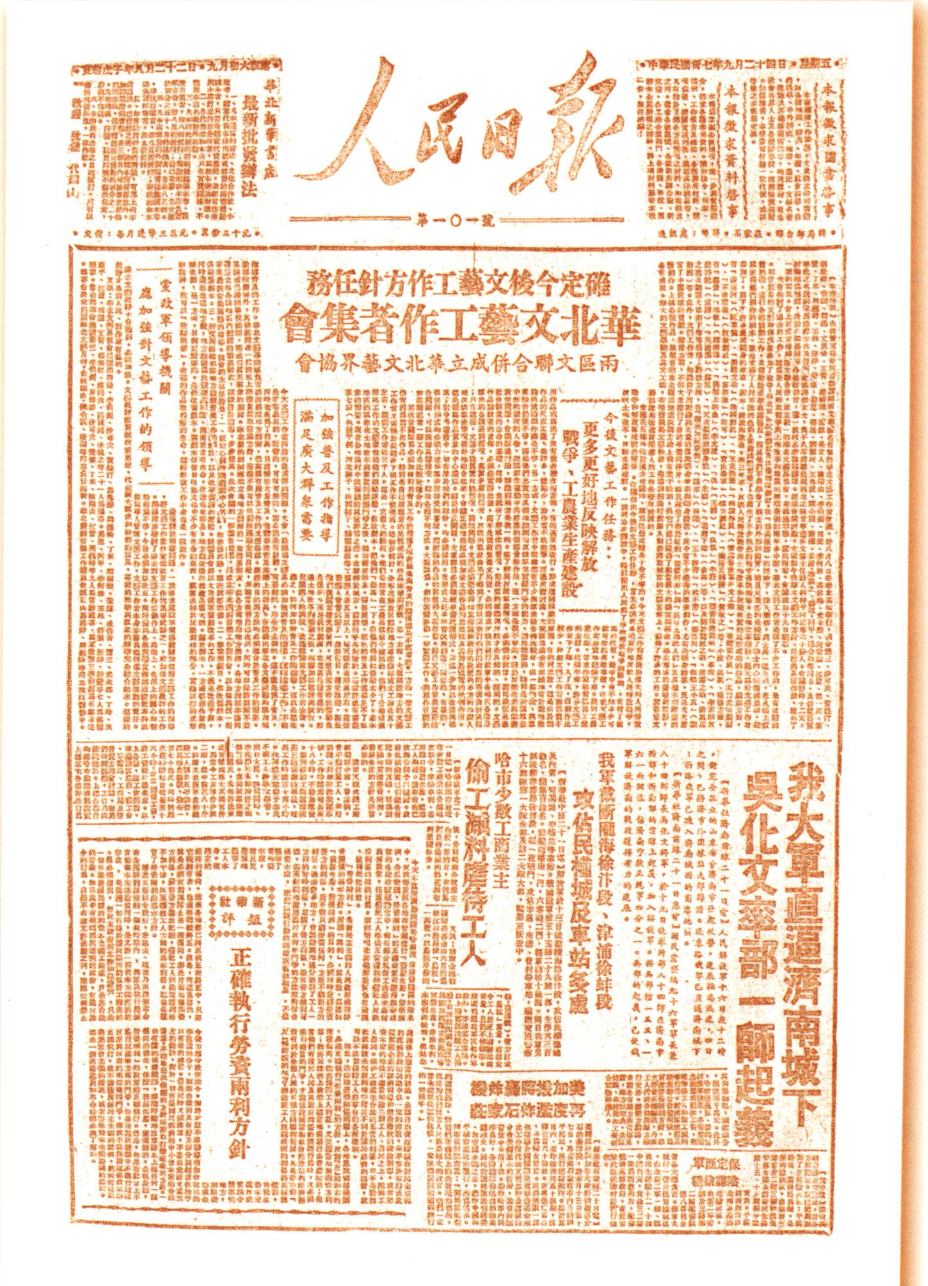

人民日報

第一〇一號

華北新華書店 長期批發辦法

本報徵求資料啓事

本報徵求圖書啓事

確定今後文藝工作方針任務
華北文藝工作者集會
兩區文聯合併成立華北文藝界協會

今後文藝工作任務：更多更好地反映解放戰爭、工農業生產建設

加強普及工作指導 滿足廣大群衆需要

黨政軍領導機關 應加強對文藝工作的領導

我大軍直逼濟南城下 吳化文率部一師起義

我軍截斷隴海徐汴段、津浦徐蚌段 攻佔民權城及車站多處

哈市少數工商業主 偷工減料虐待工人

新華社短評 正確執行勞資兩利方針

《人民日报》1948 年 9 月 24 日第 1 版

【新华社济南前线二十一日电】人民解放军十六日夜十二时，对完全孤立的山东省会济南市发起攻击，进展极为迅速，四日之间，已将济市外围据点大部扫清。现东路我军已直逼济南城下；西路我军已攻入济南城西的商埠地区。

【新华社济南前线二十一日急电】国民党整编九十六军军长兼八十四师师长吴化文将军，于十九日晚率所部八十四师在济南市西郊和西南郊的前线上起义，加入解放军。按吴部辖一五五、一六一两个旅，占济南守敌正规军四分之一。吴部的起义，已使我军解放济南的战役获得有力的进展。

济南战役，是华东野战军于1948年9月16日至24日，在山东济南地区进行的一次大规模城市攻坚作战。此役历时8个昼夜，全歼守敌10万余人，生俘国民党第2“绥靖”区司令官、山东省政府主席兼保安司令王耀武，沉重打击了实施“重点防御”的国民党军。

被生俘的王耀武后来回忆道：“9月24日上午11时，我看到局势已经绝望，就要全部被歼，即派15旅高子日团的1个营（团番号已记不起）及特务团的一部，由北极阁通过出城的坑道向北突围。该部突至约1华里半处，因受解放军的猛烈阻击，无力前进。在解放军集中精力与突围的部队作战时，我就在一个小村庄里化好装，并为了使我容易脱身，令突围的部队向后撤退。我乘解放军追击后退部队的时候，即向东逃去，虽逃出重围，但逃至寿光县（今寿光市），即被查出捕获了。”

据他回忆，国民党中央执行委员兼山东省党部主任委员庞镜塘，在解放军攻进商埠时，看见大势已去，就带着随从人员化装逃出济南，经济宁向徐州逃跑。庞以为自己是山东本省人，熟悉情况，可以混得出去，但是当他逃至临城一带快要逃入蒋管区的时候，就被解放军的侦察人员查出捕住了。

第2“绥靖”区副司令官牟中衍在19日吴化文部起义后，自知在抗战期间担任51军军长及山东省政府主席时与吴化文摩擦得很厉害，仇恨很大，如被捉住，吴化文将会杀掉他。因此，在19日夜带着卫士化装成难民，混出济南，经张店、益都向青岛逃跑，行至高密县（今高密市）即被民兵查获。

军管区副司令聂松溪在济南解放时，即换了便衣藏在老百姓家里，企图待机逃往蒋管区。他躲在城里的时候，亲眼看到解放军不拿老百姓一针一线，纪律良好。更使他感动的是，为了不使人民遭受损失，共产党还叫人民拿着已成废币的法币，照人民政府规定的比例，换取解放区通用的北海币。他还看到国民党军受伤的官兵均由解放军收容医疗。大受感动之下，他主动向济南解放军的司令部报到了。

辽沈战役：残酷的塔山阻击战

我军攻克锦州

全歼守敌十万

1948.10.18

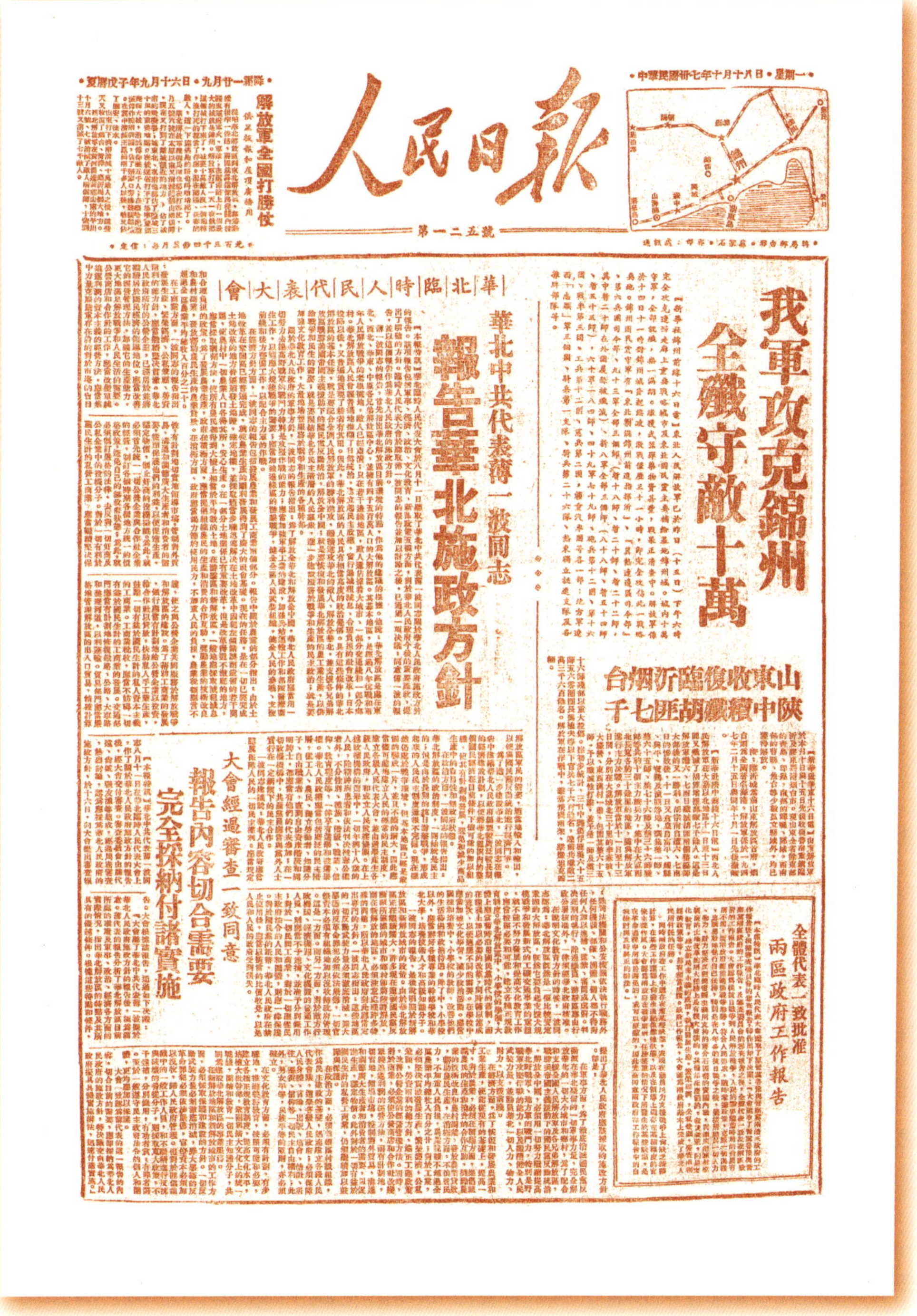

人民日報

第一二五一號

中華民國三十七年十月十八日 星期一

解放軍全國打勝仗

我軍攻克錦州 全殲守敵十萬

山東收復臨沂烟台 陝中殲胡匪七千

華北臨時人民代表大會

華北中共代表薄一波同志

報告華北施政方針

大會經過審查一致同意

報告內容切合需要 完全採納付諸實施

全體代表一致批准 兩區政府工作報告

《人民日报》1948年10月18日第1版

【新华社锦州前线十六日电】东北人民解放军已于昨日（十五日）下午六时完全攻克辽西走廊上重要战略城市及东北国民党主要补给基地锦州城。城内十万守军，全部就歼，无一漏网。缴获武器弹药物资甚丰，战果正清查中。解放军系于十四日十一时对锦州城发起总攻，激战仅历三十一小时，即完全攻占此一战略要地。锦州国民党守军有“东北剿总锦州前进指挥所”、“冀热辽边区司令部”、第六兵团司令部、九十三军全部三个师（暂十八师、暂二十师、暂二十二师，其中暂二十师在外围义县被歼灭）、新八军全部三个师（八十八师、暂五十四师、暂五十五师），（、）六十军一八四师、四十九军七十九师、砲（炮）兵第十二团、（和）第十六团、战车第三团、工兵第十二团、宪兵第二团，辎重汽车团等各一部、地方军辽西“志愿”军三个团、骑兵第一支队、骑兵第二十六队、热东独立挺进支队及各杂牌部队等。

辽沈战役，是东北野战军从1948年9月12日至11月2日，在辽宁锦州、沈阳地区和吉林长春地区同国民党军进行的第一次战略性决战。此役历时52天，全歼国民党军47.2万余人，实现了东北全境解放。塔山阻击战是辽沈战役中规模最大、时间最长同时也是最为残酷的一场阵地防御战。

1948年10月初，东北野战军对锦州形成合围，蒋介石派出侯镜如指挥的“东进兵团”和由廖耀湘统领的“西进兵团”驰援锦州。由于去往锦州的道路直接从塔山穿过，塔山因此成为唯一的防御制高点，也是我军堵截国民党援军的必争之地。东北野战军在塔山选择防御要点，抢修工事，建立了防御阵地，以迎击国民党军增援力量。

10日凌晨，“东进兵团”对塔山阵地全线发起猛攻，国民党军集中火力向塔山阵地进行了前后9轮冲锋，东北野战军第4纵队奋勇反击，与敌军进行殊死搏斗，将国民党军击退。之后，国民党军加强了地面炮火攻击并增加了海军、空军的火力支援，海陆空全方位策应，全力冲击我军的核心阵地。经过两天两夜激烈战斗，双方都付出了惨重的伤亡代价。

13 日天刚刚亮，国民党军就集结各方火力，分别向白台山、塔山等主要目标持续猛烈进攻，接替第 34 团防守塔山的第 28 团顽强抗击，付出了巨大的牺牲。第 1 连 100 余人战至最后只剩下 30 来人，而且全部挂了彩，但仍死死守住阵地。

此时，东北野战军攻打敌锦州主力部队的外围战斗已经结束，但总攻锦州的命令尚未下达。锦州城岌岌可危，蒋介石气急败坏，13 日晚致电侯镜如，称该军挟陆海空之绝对优势，攻击数日不能拿下塔山，诚我革命军人之奇耻大辱，并规定“拂晓攻下塔山，12 时占高桥，黄昏到达锦州”，否则军法从事。

14 日凌晨 6 时，侯镜如以 4 个师的兵力，向塔山发起轮番攻击，硝烟泥土四处飞扬，整个塔山阵地几乎被炮火犁了个遍。国民党军攻得猛烈，东北野战军守得顽强，双方在塔山展开反复拉锯战。

15 日，随着锦州城里的枪炮声渐渐零落，侯镜如心知锦州必失无疑，若再在塔山打下去，“东进兵团”难以全身而退，随即下令停止攻击，退回锦西、葫芦岛。

淮海战役：全歼黄维兵团

伟大的淮海战役全部结束

我全歼杜聿明匪部

徐州战场匪军已完全肃清

1949.1.11

人民日報

第二〇八號

今日新聞提要

偉大的淮海戰役全部勝利結束

我全殲杜聿明匪部

徐州戰場匪軍已完全肅清

永城東北大殲滅戰中

我軍緊縮包圍砲轟殘敵

火線上開展政治攻勢匪軍紛紛投降

津郊完成殲敵三千餘

蘇北我地方武裝殲敵五個營

太行去年軍事工作的成就

華北政府政務會議通過

陸續任命各部會負責人員

戰犯杜聿明匪軍血腥罪行

強迫學生入伍送死

女生慘遭敵軍輪姦

貫徹新區土改方針

太行、冀魯豫、冀東地方武裝

去年共殲敵六萬

《人民日报》1949年1月11日第1版

【新华社淮海前线十日急电】伟大的淮海战役，于今日上午十时全部胜利结束，战争罪犯杜匪聿明指挥下的邱清泉、李弥两兵团及孙元良残部，已被人民解放军在此次由六日下午三时发起的新的强大攻击中，迅速彻底干脆全部歼灭，无一漏网。战果正清查中。至此，南线最主要战场，徐州战场的国民党军队已完全肃清。

这份祝捷电报是1948年12月17日，时任中央军委主席的毛泽东起草并亲笔手书的，内容是祝贺华东野战军和华中野战军在淮海战役第二阶段中全歼国民党军黄维兵团。

黄维的第十二兵团，是蒋介石精锐嫡系部队，其第十八军是国民党军的“五大主力”之一，如此强悍之敌是怎么被解放军歼灭的呢？

此前，中原野战军（简称“中野”）首长刘伯承、邓小平向中央军委主动表示：考虑到华东野战军（简称“华野”）歼灭黄百韬兵团“刀锋似已略形钝挫”，亦须休整，打黄维就以中野为主。

11月24日上午，黄维兵团强渡浍河，钻进了中野布下的口袋阵，被包围在双堆集地区。

然而，要解决黄维兵团并不容易。中野与黄维兵团兵力相当，装备却远不如黄维兵团。27日，黄维突围失败后，调整部署，依托坦克、汽车构筑了许多掩体，形成环形防御阵地，转入固守。

中野于是及时改变战法，进行大规模近迫作业，稳步攻击，逐渐紧缩阵地，困死敌军。

华野除负责阻击黄维兵团的南、北援兵外，还抽出第七纵队、十三纵队和特纵炮兵一部参加围歼黄维兵团的作战。

这时，中野和华野部队紧密协同，形成了同时分割、阻击敌人杜聿明集团、黄维兵团、李延年刘汝明兵团三大集团的态势，被刘伯承形象地称为“吃一个、挟一个、看一个”。

为尽快解决黄维兵团，粟裕等决定增派华野3个纵队和炮兵一部加入包围黄维兵团作战，于13日晚抵达双堆集战场，由陈士榘率领，投入主攻战斗。

天一亮，黄维的部队惊讶地发现面前的地形变了，军装变了，枪声也变了。解放军连夜挖好了网状交通沟，地貌变了样；穿灰军装的中野，增加了穿黄军装的援兵；枪声变了，是因为援兵用的大多是美式自动武器。激战竟日，黄维兵团陷入崩溃。

战至15日，解放军全歼国民党第十二兵团，生俘黄维。

淮海战役的胜利，离不开广大人民群众的支持。

淮海战役中，几十万大军云集前线，需要有源源不断的粮食和军用物资的供应，需要有交通运输、伤病员治疗以及后方安全等的保障，后勤至关重要。整个淮海战役共出动支前民工543万人次。陈毅说："淮海战役的胜利，是人民群众用小推车推出来的。"而这其中，就有一个"支前小竹竿"的动人故事。

1948年秋，刚完成南麻战役支前任务的唐和恩，正在家乡山东莱阳参加秋收。得知村里要组织支前队给前线运送军粮的消息，他第一个报了名。启程时，他推着独轮车，带着根小竹竿当拄棍，加入浩浩荡荡的淮海支前大军中。唐和恩念过3年私塾，认识字，他突发奇想，运粮小分队每走到一个地方，就利用休息间隙，用南麻战役战场带回的锋利匕首，把地名刻到小竹竿上。这根1米长的小竹竿伴随着他冒风雪、忍饥寒，跋山涉水、日夜奔走，见证了他踏遍山东、江苏以及安徽3省的88个城镇和村庄，总计行程4000多公里，真实地记录了他运粮支前的路程。

有人问他为什么要在竹竿上刻字，唐和恩回答："我觉得咱们的队伍代表人民的胜利，一定要胜利。我想用小竹竿，把这胜利记录下来。""淮海战役一打完，毛主席、朱总司令就要开庆功大会。大会上，咱们毛主席要问：'你们山东民工一共走了多少路、经过多少村庄城镇呀？'到那个时候呀，我就把小竹竿往上一送：'都在上边刻着哩！您老人家看看吧！'"

唐和恩随身携带的那根小竹竿虽然非常普通，却是人民群众全力以赴支持淮海战役的一个生动见证，现在陈列在淮海战役纪念馆里，被视为“镇馆之宝”。淮海战役集中体现了人民战争的巨大威力。

平津战役：绝不让红旗倒下

我军完全解放天津

全歼守敌活捉匪首陈长捷

1949.1.16

人民日報

號三一二第

慶祝天津解放！

向前線將士致敬！

我軍完全解放天津

全殲守敵活捉匪首陳長捷

【新華社平津前線十五日下午三時急電】人民解放軍今日下午一時半完全佔領華北最大的工商業城市天津，守敵全部被殲。匪首天津警備司令陳長捷被生俘。市民對於天津的迅速解放，極為歡欣。對天津的攻擊開始於十四日上午十時，僅歷二十七個半小時即完全解決戰鬥。天津的迅速解放，給北平的傅作義和李文一個鮮明的教訓：如不接受解放軍的要求迅速率部投降，他們就只有等着做俘虜。

【新華社平津前線十四日十五點急電】我軍於本日十時開始攻擊天津，至十二時，已攻入市內，現正猛烈擴張中。

天津介紹

保證前線軍需民食 冀中創造隨軍商店

固安等縣羣衆熱烈參戰

星夜架起永定河橋

大批軍需物資運赴平津前線

便利平津前線支前民工 冀中廣設宿食站

廊房等車站秩序恢復 工人學生復工復課

華北大學全體教職學員 電慰清華燕京師生

察哈爾日報出版

河北日報 晉中日報 元旦創刊

《人民日报》1949年1月16日第1版

【新华社平津前线十五日下午三时急电】人民解放军今日下午一时半完全占领华北最大的工商业城市天津，守敌全部被歼。匪首天津警备司令陈长捷被生俘。市民对于天津的迅速解放，极为欢欣。对天津的攻击开始于十四日上午十时，仅历二十七个半小时即完全解决战斗。天津的迅速解放，给北平的傅作义和李文一个鲜明的教训：如不接受解放军的要求迅速率部投降，他们就只有等着做俘虏。

【新华社平津前线十四日十五点急电】我军于本日十时开始攻击天津，至十二时，已攻入市内，现正猛烈扩张中。

【新华社平津前线十三日电】自人民解放军平津前线司令员林彪将军、政治委员罗荣桓将军发出要求平津国民党军自动放下武器，以免两城人民遭受损失的广播之后，天津市参议会派出了四名代表，于十日出城谈判。人民解放军天津前线司令员刘亚楼将军接见了他们，当即向他们指出如下各点：（一）天津为华北主要工业城市，人民解放军甚望和平解决，借免遭受战争破坏。（二）一切天津国民党军队应自动放下武器，人民解放军保证这些军队官兵生命财产的安全及去留自便。（三）人民解放军停战二十四小时，等候天津守军的答复。（四）如果天津守军不愿自动放下武器，则人民解放军将发动进攻，天津守军的首领们应当担负使天津遭受战争破坏的责任，而受到严厉的惩罚，不能照小城市或乡村中战败被俘的军官同等看待。代表们回去后，人民解放军实行停战二十四小时。但是天津守军方面直至发电时止，并无自动放下武器的表示。如果敌方再无表示，人民解放军即将于十四日举行总攻击。

平津战役，是我东北、华北野战军在北平、天津、张家口地区对国民党军进行的一次规模巨大的战役。此役历时 64 天，除塘沽守敌 5 万余人由海上逃跑外，共歼灭和改编国民党军队 52 万人，解放了华北大部分地区及北平、天津、张家口等重要城市。

1949 年 1 月 14 日上午 10 时，攻城的大炮震撼着整座天津城，总攻开始了。在炮火的掩护下，战士们迅速向民权门突进。冲锋途中，年仅 16 岁的战士钟银根，看着举旗的战友中弹牺牲，心中燃烧着复仇的烈火，拿起战友手中的红旗，迎着呼啸的子弹冲上城头，迅疾将红旗插上了民权门。

敌人集中火力向钟银根射击，想要打倒他手中的红旗。“轰！”一发炮弹打来，钟银根双腿被炸断，倒在红旗下昏了过去。

这时，后续部队也跨过了护城河，与敌军正面交锋的战斗打响，刺刀见红的时刻到了！激烈的枪声，战士们的喊杀声，叫醒了昏迷的钟银根，他强忍剧痛，顽强地竖起红旗。

疯狂的敌人看见红旗又竖起来，又是一发炮弹，炸断了旗杆，炸伤了钟银根的胸部。但钟银根没有倒下，他伸出右手想再次竖起断了一截杆的红旗，“嗖！”又是一颗子弹，打穿了他的右手，红旗滑落在地上。

看着战友们奋力杀敌的情景，钟银根咬紧牙关，用尽全身力气支撑起自己的身体，两肘撑在地上，双手抓住旗杆，紧紧贴住自己的脸庞，用双手和面部夹住红旗的杆子，第 3 次把红旗坚定地竖了起来。

鲜艳的红旗布满弹痕，高高耸立在民权门上。“为钟银根同志报仇！”战士们喊声震天，在不倒的红旗引领下，英勇的 403 团指战员，与 404 团相互配合，浴血奋战，打退了敌人 20 余次进攻，取得了战斗的最后胜利，使后续部队顺利进入天津城内。

1 月 15 日 15 时，据守天津城北部、敌军战斗力最强的第 151 师，在我军重重包围之下宣布投降。至此，天津战役胜利结束。

钟银根牺牲了，他用生命和鲜血践行了自己出征前许下的“为了天津的解放，不怕流血牺牲”的诺言。战斗结束后，部队党委授予他“战斗英雄”称号，并颁发“毛泽东奖章”一枚。

渡江战役：
小船划出来的胜利

奋勇前进，解放全中国！

南京国民党政府拒绝国内和平协定

毛主席朱总司令命令全军

坚决彻底干净全部歼灭敌人

大军卅万昨日渡过长江

1949.4.22

人民日報

奮勇前進，解放全中國！

南京國民黨政府拒絕國內和平協定

毛主席朱總司令命令全軍

堅決澈底乾淨全部殲滅敵人

大軍卅萬昨日渡過長江

國內和平協定（最後修正案）全文

太原前線我軍發動攻勢

消滅閻匪六師

破壁壘區掃清環城路殘敵

三大野戰軍會師準備攻城

徐向前等將軍告困守太原敵官兵書

瓊崖人民解放軍

全面展開攻勢

長蘆鹽業公司在津成立

綏北新鄉殲敵二百

平市十六家報刊通訊社領得軍管會臨時登記證

《人民日报》1949年4月22日第1版

【新华社北平二十一日电】毛泽东主席、朱德总司令本日向人民解放军发布命令如下：

中国人民解放军第一野战军彭德怀、张宗逊、赵寿山诸同志，中国人民解放军第二野战军刘伯承、邓小平、张际春诸同志，中国人民解放军第三野战军陈毅、饶漱石、粟裕、谭震林诸同志，中国人民解放军第四野战军林彪、罗荣桓诸同志，太原前线人民解放军徐向前、周士第、罗瑞卿诸同志，各野战军全体指挥员战斗员同志们，南方各游击区人民解放军同志们：由中国共产党代表团与南京国民党政府代表团经过长时间的谈判所拟定的国内和平协定，已被南京国民党政府所拒绝。南京国民党政府的负责人员之所以拒绝这个国内和平协定，是因为他们仍然服从美国帝国主义及国民党匪首蒋介石的命令，企图阻止中国人民解放事业之推进，阻止用和平方法解决国内问题。经过双方代表团的谈判所拟定的国内和平协定八条二十四款，表示了对于战犯问题的宽大处理，对于国民党军队官兵及国民党政府工作人员的宽大处理，对于其他各项问题亦无不是从民族利益与人民利益出发作了适宜的解决。拒绝这个协定，就是表示国民党反动派决心将他们发动的反革命战争打到底。拒绝这个协定，就是表示国民党反动派在今年一月一日所提议的和平谈判，不过是企图阻止人民解放军向前推进，以便反动派获得喘息时间，然后卷土重来扑灭革命势力。拒绝这个协定，就是表示南京李宗仁政府所谓承认中共八个和平条件以为谈判基础是完全虚伪的。因为，既然承认惩办战争罪犯，用民主原则改编一切国民党反动军队，接收南京政府及其所属各级政府的一切权力以及其他各项基础条件，就没有理由拒绝根据这些基础条件所拟定的而且是极为宽大的各项具体办法。在此种情况下，我们命令你们：

（一）奋勇前进，坚决、彻底、干净、全部地歼灭中国境内一切敢于抵抗的国民党反动派，解放全国人民，保卫中国领土主权的独立与完整。

（二）奋勇前进，逮捕一切怙恶不悛的战争罪犯。不管他们逃至何处，均须缉拿归案，依法惩办。特别注意缉拿匪首蒋介石。

（三）向任何国民党地方政府及地方军事集团宣布国内和平协定最后修正案。对于凡愿停止战争用和平方法解决问题者，你们即可照此最后修正案大意和他们签订地方性协定。

（四）在人民解放军包围南京之后，如果南京李宗仁政府尚未逃散，并愿意于国内和平协定上签字，我们愿意再一次给该政府以签字的机会。

中国人民革命军事委员会主席　毛泽东

中国人民解放军总司令　朱　德

一九四九年四月二十一日

…………

渡江战役，是中国人民解放军在胜利结束作为战略决战的“三大战役”之后发起的大规模战略进攻战役。此役自1949年4月20日开始，至6月1日止，历时42天，歼灭国民党军46个师43万余人。

宋孔广，是第27军79师235团3连副指导员。1949年3月初至4月初，宋孔广所在的部队先后抵达安徽无为县的长江沿岸，做渡江南进的各项准备工作。当时，部队中的很多战士是北方人，不识水性，由于信息闭塞，加上国民党对长江天险“妖魔化”宣传，北方人眼中的长江是“无风不起浪，有风浪三丈”。为打消战友们的顾虑，使他们尽快掌握游泳技能，宋孔广带领他们在内河学游泳，没有救生圈，就抱着木盆、竹板天天练划水。

当时大部分船只被国民党带到江南去了，带不走的也全被炸毁了。为了征集渡江船只，宋孔广四处奔走。到3月底，成功征集到151只渔船，选调水手2467名。但征收来的民船都是渔用小木舟，船底较平，只有一对桨，航速不快。宋孔广和战士们经研究，决定在后船身加一对桨，条件好的船底再安置一个船橹。下水一试验，航速果真提高很多，这个办法立刻就被推广开了。

渡江战役发起后，宋孔广与渡江突击队的另外12名战士一起登上了排在首个冲击位置的排头船。由于队伍过长，当第一船移动船头调整方向时，后面的一些船以为开船了，开始向江对岸划去。此时比预定时间提前了15分钟，营长立即叫喊“回来！回来！”。宋孔广听到喊声时，感到掉头回去是不可能了，于是大声喊道：“咱们死也要死到南岸上去，同志们冲啊！”在岸上的团长发现情况有变后，立即命令：“开船！”全团的船都跟了上去。

宋孔广所乘木船一路领先，行至距离南岸百余米时，国民党守军开始用轻、重机枪疯狂射击。战士们冒着敌军炮火，迅速抢滩。面对近3米高的堤岸，宋孔广安排战斗小组掩护，急命架梯登岸。这时，敌炮火压制更加猛烈，情况危急，班长立即跳入江中，用肩膀扛起陷入江岸烂泥中的梯子，宋孔广火速带领突击队员登梯上岸，占领了敌军前沿地堡。

上海战役：树立模范的群众纪律

上海残匪已成瓮中之鳖

我军攻占吴淞宝山

大场北敌两师投降

1949.5.28

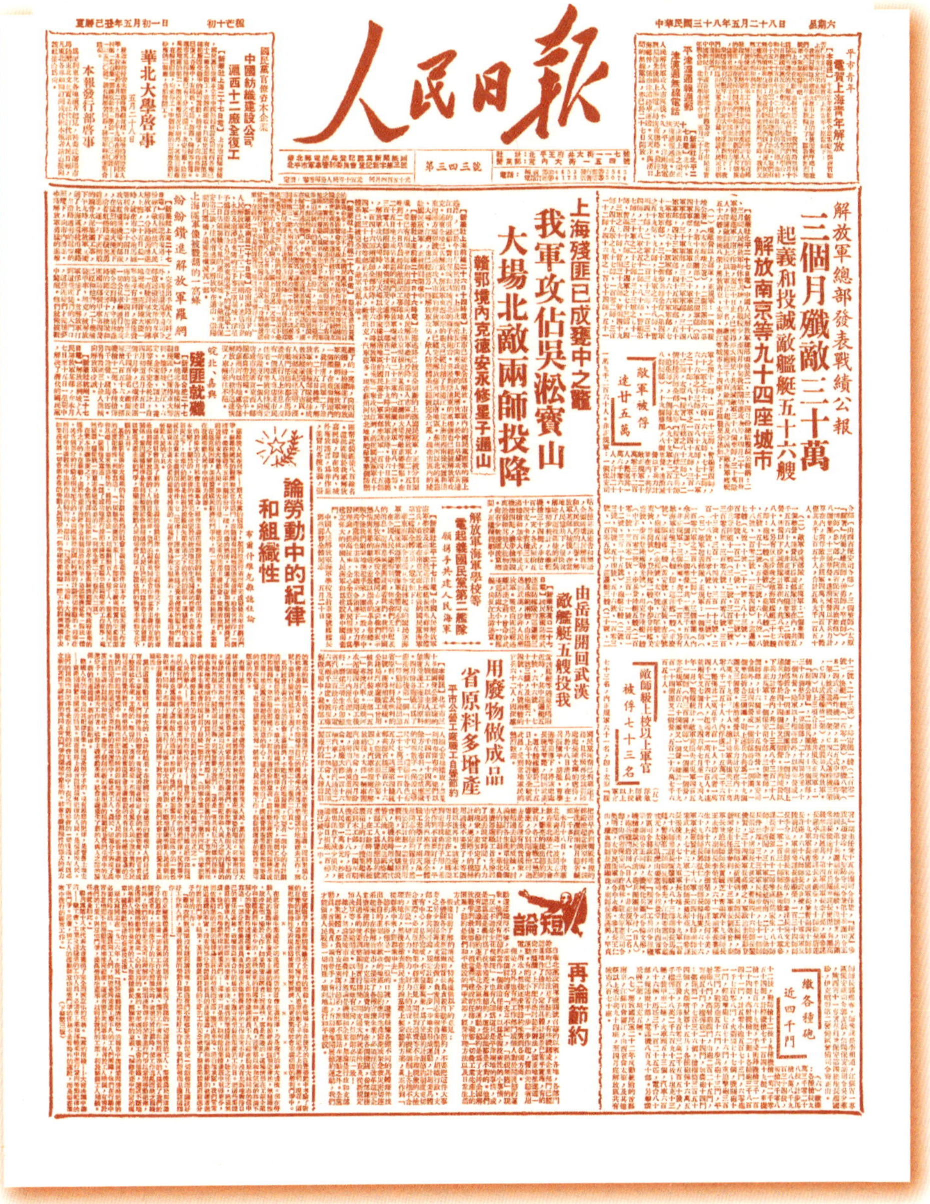

《人民日报》1949年5月28日第1版

【新华社上海前线二十六日十四时电】上海市已接近全部解放。市区内的国民党匪军的海上逃路，已于今日早晨被封闭。上海北面沿长江向东攻击的人民解放军，于今日早晨攻占黄浦江口的吴淞镇、宝山县城和该城西北的狮子林砲（炮）台。

吴淞对岸浦东的高桥镇也已经被解放军攻克。浦东全境已告解放。解放军东西两岸的砲（炮）火已经封锁了黄浦江。从上海市西南徐家汇和浦东周浦方面强渡黄浦江攻入市区的解放军，已经完全解放苏州河以南地区。苏州河以北的真茹、大场、江湾，也已经被另一路解放军攻占，敌人防御体系已经被完全打乱，现在市区内的残余国民党匪军，正被个别围歼中。

【新华社上海前线二十六日十六时电】陆海逃路已被完全切断的上海国民党军，正被分别围歼，并已有两个整师和两个师残部向人民解放军缴械投降。进入市区的人民解放军在二十五日晚到二十六日早晨粉碎敌纵深工事阵地。攻占京沪线上的真茹、江湾和大场等敌重要据点。在二十五日晚上攻占真茹的战斗中，解放军歼灭敌一百二十三军的一个团，该军一百八十二师、三百零八师两个师部率领残部及交通警察一部在二十六日上午九时向解放军投降。廿六日拂晓，解放军攻占大场时，困守大场以北李家楼以南地区的国民党廿一军军部率该军一百四十五师、一百四十六师两个师全部投降。廿六日六时解放军复乘胜一举攻占江湾，活捉国民党军五十四军、三十七军等部约五千多人，缴获坦克、汽车很多。现在苏州河以北地区的敌军整个防御体系已经被完全打乱，敌军混乱不堪。

【新华社上海前线二十六日电】战犯汤恩伯严厉的督战命令，阻止不了上海国民党军中下层广大官兵的自求解放。汤匪曾命令其政工处、谍报组和宪兵队等特务组织严密监视各部，并强迫各级官兵，于上下级及同级相互之间，实行所谓“纵横连坐”，从军到每个班都设了督战组织。这些督战人员具有生杀予夺之权。匪军第五十二军并强迫尉级以上的军官“写遗嘱一份”，“宣誓要死战到底”。但这些办法，丝毫不能挽回上海国民党军的崩溃。在解放月浦的战斗中，当解放军逼近碉堡进行喊话时，匪五十二军二六九师八八八团第一连便整排整班放下武器。同团第三、第九两连被解放军俘虏的在一半以上。该团第三营营长何鸥波及九连连长并首先投降。他们都是曾经写过“遗嘱”、宣过“誓”的。他们被解放后都说：“那还不是做做样子的！反正是上骗下，下骗上，混过一天算一天。”曾兼任匪督战官的八八七团九连副连长金魄，在被俘前就将包裹打好，并带着自己的碗筷。他说：“我怕解放过来，在前方一时不易找到碗筷，所以自己准备好了。”

…………

上海战役，亦称淞沪战役，是中国人民解放军第3野战军于1949年5月12日至5月27日在上海进行的一次大规模城市攻坚作战，开创了我军作战史上城市攻坚战的一大典范。此次战役历时16天，歼敌15万余人，缴获炮1300余门，坦克、装甲车110余辆，汽车1100余辆，舰艇11艘。上海战役的胜利，不仅加快了全国大陆解放的进程，而且完好地保全了上海这样一座举世闻名的大城市，为战后的顺利接管和经济建设创造了有利条件。

针对我军进入新区作战，特别是进入大城市的新情况，总前委要求各部队严格遵守城市政策：“树立模范的群众纪律，秋毫无犯，给新区人民一个很好的见面礼！”陈毅司令员亲署签发“入城三大公约十项守则”，要求“全军上下无例外，都要自觉来执行”，“谁敢故意来违犯，铁的纪律不留情”。

人民解放军进入上海市区后，严格执行政策，自觉遵守纪律。参战部队除担负警备任务者外，立即撤离了市区。进入市区的机关和部队，严格遵守城市政策纪律，把后方置于15公里路之外。各级指挥所不进民房，指挥员就在马路边、街道旁指挥作战。部队一面清扫残敌，一面维护社会秩序，严格保护人民群众和外侨的生命财产。指战员们不入民宅，不扰市民，谢绝馈赠。当时正值梅雨季节，部队露宿于阴雨连绵的街道上，睡潮湿水泥地，盖破麻袋。战士们乐观地说：“想上海，进上海，进了上海得到两条破麻袋，又有铺，又有盖，晚上睡觉怪凉快。”战士们吃的是从15公里路外送来的冷饭，喝的是凉水，这种“战斗饭”，用子弹箱盛饭，用钢盔打菜，用炸弹壳当碗筷。在货币制度变动未明确前，部队不买东西，没有菜吃，就用盐水拌饭，以实际行动扩大了中国共产党和人民解放军的政治影响。

部队严格遵守政策纪律，得到了广大群众和各界人士的赞誉，上海工人、市民感动地说，“这真是我们的好队伍”；外电报道，解放军“纪律严明，态度和蔼”，“为世界陆军第一”。广大指战员模范地执行政策纪律，进一步扩大了我党我军的政治影响，为向中南、西南进军直至解放全国，创造了更有利的条件。

扶郿战役：出敌不意的截击战

西安以南我发起攻击

歼匪军一个多团

1949.7.14

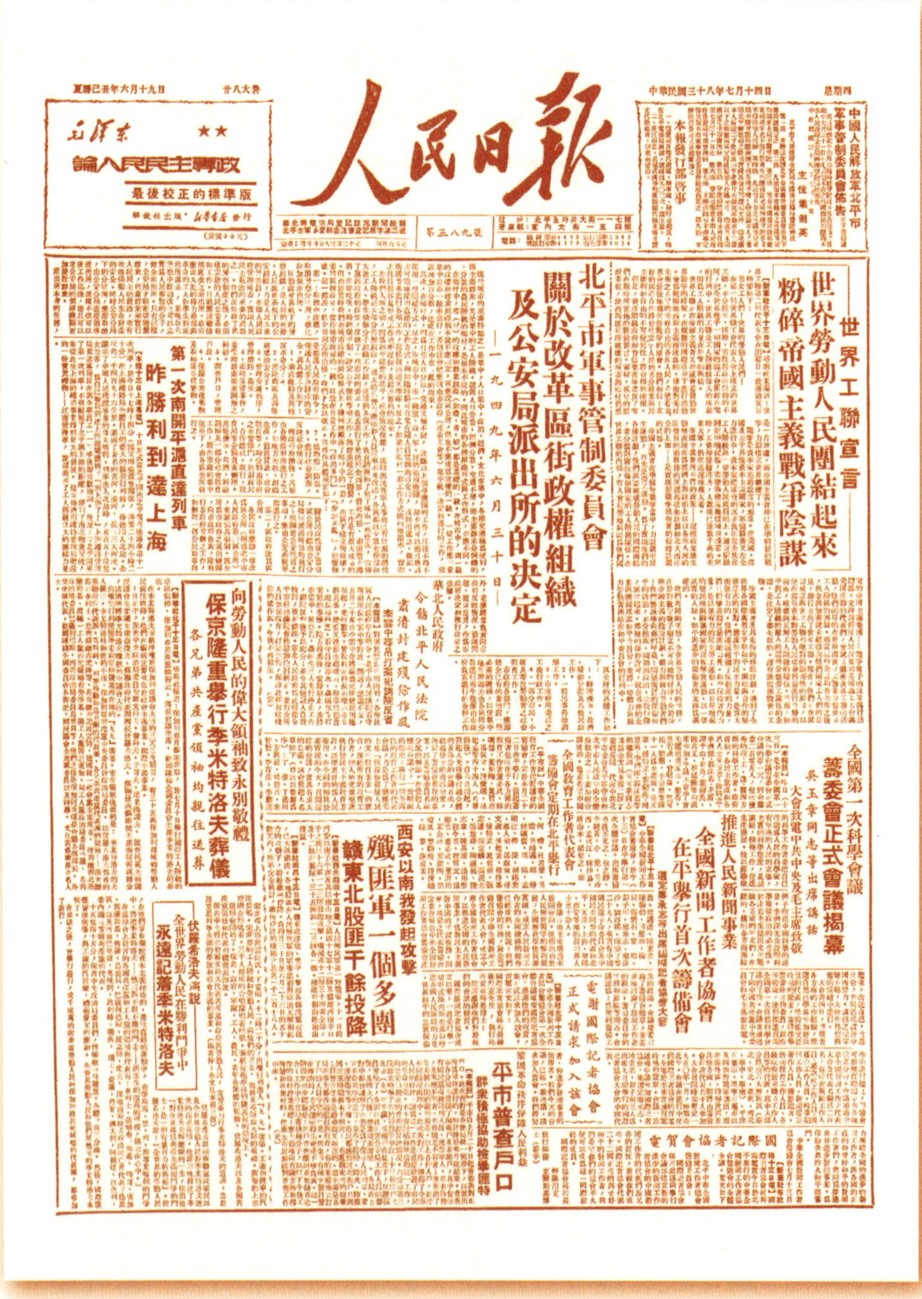

《人民日报》1949年7月14日第1版

【新华社西北前线十三日电】人民解放军第一野战军，十一日向西安以南子午镇及其以南山地之胡匪十七军十二师及盩厔（今作周至，编者注）西南辛口子之匪三十六军一二三师发起攻击，歼灭匪十二师三十四团全部，及十二师直属队、三十五团和一二三师各一部。残敌狼狈向终南山溃窜。

…………

扶郿战役，是第1野战军于1949年7月10日至14日，以相对优势兵力，在扶风、郿县（即眉县）地区，采取“钳马打胡、先胡后马”方针，重创胡宗南集团的作战。此役，共歼灭胡宗南集团主力4个军9个师约4.5万人。其中，罗局镇截击战，是整个战役关键性的一场战斗。

第二兵团第4军的任务是堵住敌人的后路，必须于7月11日夜晚接近敌人，12日拂晓以主力攻占益店镇，夺取罗局镇。11日下午4时，第4军3个师各自沿着预定路线前进，部队一出发就是急行军。连队指挥员按照道路情况，随时变换队形，行军纵队时大时小，行军速度时走时跑，千方百计争取时间向前赶。当太阳还挂在西方天边的时候，只见飞扬的尘土伴随着漫长的队伍，一眼望不见尽头，浩浩荡荡奔向战场。入夜，新月下只能看见近处的人影，战友们“刷刷”的脚步声就成为唯一的联络信号，大家自觉地跟上队伍。

当10师部队急驰赶路时，在前进路上遇到了一道较大的障碍，刚发洪水的渭河拦住了部队。战士们来不及寻找桥梁就涉水强渡，由于水深、浪急、岸陡，大家用绑带结成长练横挂两岸，然后手挽手拉着长练渡过了渭河。关中平原的盛暑天气，闲着都会汗流浃背，何况这是长途行军，战士们走得脚底冒火，口干舌燥，嘴唇裂口，虽然是浑黄的泥水，仍然像在荒漠中遇到了甘泉，大家痛饮了一顿，感到分外香甜。

黎明将临，一夜的急行军使大家极度疲劳，当向罗局镇塬上行进爬坡时，战士们两腿像灌了铅似的沉重，睡意阵阵催人寻梦，指挥员虽然不断发出“跟上！跟上！”的口令，然而大家多么盼望能就地休息一会啊！突然，从罗局镇方向传来了枪声，这是我侦察部队同掩护敌军撤退的敌方警戒部队打响了战斗。枪声顿时驱散了大家的睡意和疲劳，战士们精神抖擞，士气振奋，准备迎接战斗。这时天已蒙蒙亮，视界开阔，10 师先头营刚爬上坡就与敌遭遇上了，经 1 小时激战，全歼退却之敌。

第 4 军以迅速敏捷的动作，迂回到了敌人的后方，一夜之间冒着关中地区的酷暑奔驰 140 里，7 月 12 日拂晓突然出现在罗局、郿县车站等地，截断了敌人的退路。

兰州战役：砸碎“兰州锁钥”

我军解放兰州

控制黄河铁桥占领永靖县城

1949.8.28

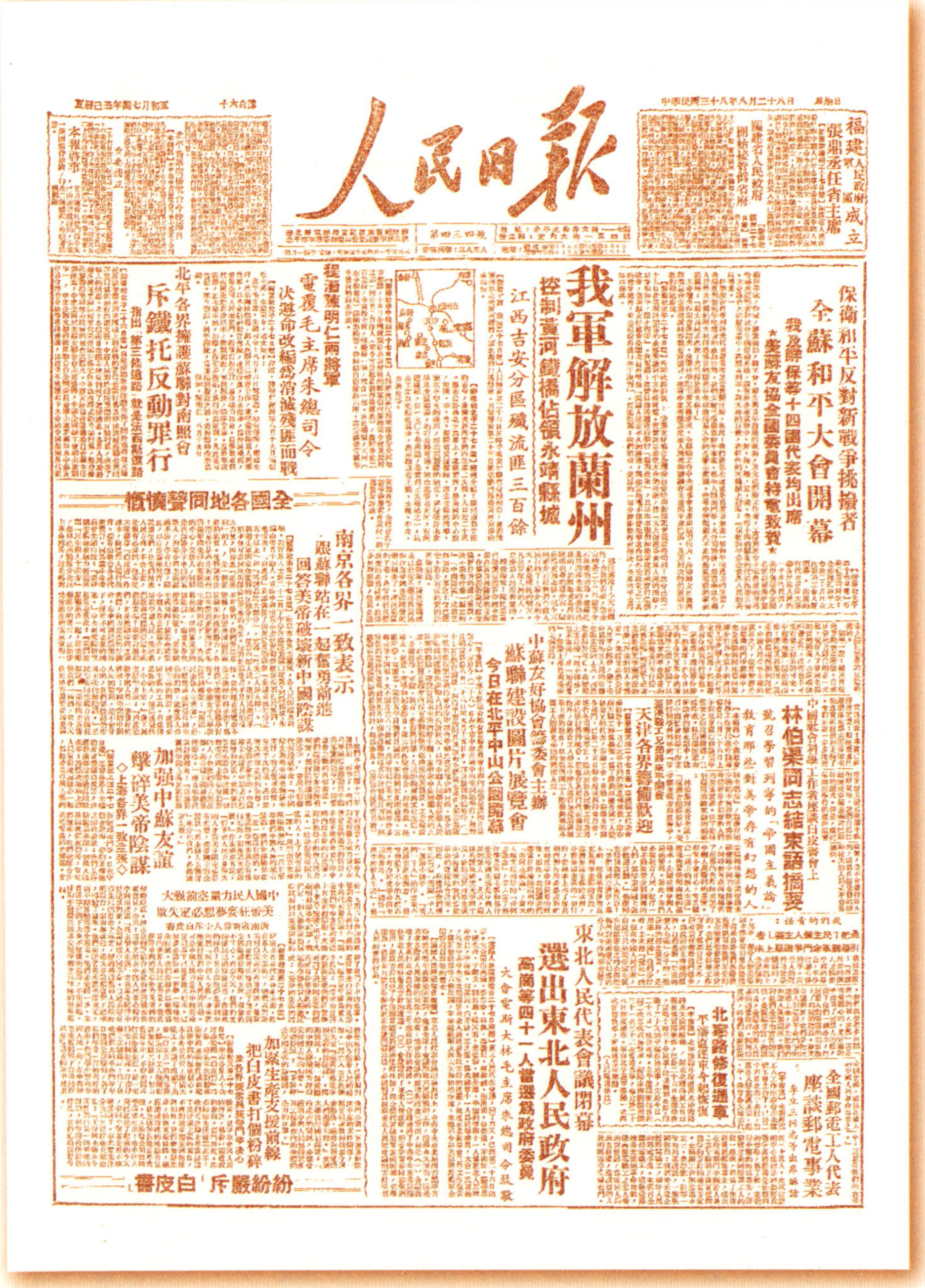

《人民日报》1949年8月28日第1版

【新华社西北前线二十七日电】人民解放军二十六日五时半攻克甘肃省会兰州市，并控制兰州以北的黄河铁桥，至此兰州已获解放。另部解放军二十三日进占兰州西南黄河南岸的永靖城。

【新华社北平二十七日电】兰州介绍：兰州市为甘肃的省会，是仅次于西安的西北第二大城，人口近二十万。兰市位于西北大高原上，北临黄河，居全国的中心点，握陕、宁、青、新诸省交通枢纽，西去青海的西宁，东北至宁夏的银川，西北至新疆的迪化，穿越柴达木盆地及戈壁瀚海，均有公路可达。城西北紧靠黄河，有镇远铁桥，为一九〇九年所造，是黄河三大铁桥之一。该市工业以毛织业为主，出产物品有土毡、土呢、羊皮、野兽皮等。

兰州战役是西北解放战争中规模最大、战斗最激烈的城市攻坚战。第1野战军于1949年8月12日至26日，歼灭马步芳匪军4.2万余人，解放兰州。这一战役是解放全西北的最后决战，为我军挺进河西、宁夏、青海、新疆创造了有利的条件。

马家山、营盘岭、沈家岭是马步芳匪军防御体系中的3个主要阵地，内有钢筋水泥筑成的明碉暗堡，明碉和暗堡互通，外有环形峭壁3道，每道高约丈余。峭壁外又挖有1丈多深的外壕，壕沿上都附有铁丝网、地雷群等防御设施，各阵地间火力可以互相联系。敌人称这3个阵地为“兰州锁钥”。要解放兰州，就得先把“兰州锁钥”砸碎。

8月25日拂晓，3发红色信号弹划过静谧的长空，我军总攻开始了！霎时，兰州城东、南、西3面的山头上万炮齐鸣，天崩地裂，敌阵地完全隐没在浓密的硝烟之中。我主攻马家山、营盘岭、沈家岭3个阵地的部队，像3支利箭一样插向敌前沿工事，把成捆的手榴弹、手雷投向敌人的工事里。指战员们举起步枪、冲锋枪，狠狠地向敌人杀去！太阳刚冒头，数面红旗就飞越敌人第一道防线的外壕、交通壕，在枪林弹雨中飘扬。

马步芳匪军为了保住“兰州锁钥”，不断调来大批部队，整团整营地向我军反扑。满山遍野的敌人光着膀子，穿着裤衩，背着火枪，提着马刀，凶神恶煞地横冲直撞，大呼小叫，扬言“要在皋兰山上活捉彭德怀”。敌人的狂妄嚣张，更燃起我军的怒火，同志们决心狠揍马匪。各级指挥员身先士卒，冲锋在前；广大战士奋不顾身，英勇杀敌。阵地上枪炮齐鸣，杀声冲天。我军如洪水卷沙，势不可当，表现出了无比的勇敢和顽强，涌现出了许多可歌可泣的英雄。在攻打营盘岭的战斗中，第50团4个连的兵力暴露在敌人的火力封锁之下，在这紧急关头，7连指导员、董存瑞式的英雄曹德荣抱起炸药包与敌人阵地同归于尽，使我军取得了突破敌人第一道峭壁的胜利。

经过激烈、残酷的战斗和反复的争夺，当日午夜，敌人吹嘘固若金汤的3大阵地全部崩溃，“兰州锁钥”终被我军砸碎了。

赣西南剿匪：共和国诞生日红旗飘扬井冈山

赣南连克龙南等五城

陕南股匪百余向我投诚

1949.8.29

《人民日报》1949年8月29日第1版

【新华社华中前线二十八日电】华中前线人民解放军十九日至二十一日三天中连克粤赣边境的龙南、崇义、安远、定南等四城并于二十三日占领钨砂产地大吉山。在此以前，解放军于十一日占领赣州西北的上犹城。现江西全省除东南边境的广昌、宁都、石城、瑞金、寻邬（今名寻乌，编者注）等少数城市外，其余地区均已获得解放。

【新华社汉口二十八日电】盘据（踞）陕南商县以东及西坪地区股匪任小秃部百余人，本月十日在副团长刘景春、营长相连芬等率领下向解放军投诚，缴出轻机枪两挺、步枪九十八枝（支）、手枪十枝（支）。又挺进湘西的解放军十二日在沣县东南别山、白台子一带歼灭正在抢掠的股匪暂一师第三旅，除毙伤外，生俘敌百余名。

1949年9月，我军解放赣西南之后，第48军主力在赣西南追剿股匪。以江西井冈“绥靖”区第1纵队司令萧家璧为首的股匪1500余人退到井冈山，妄想依据山险负隅顽抗。

吉安分区决定以425团和426团分南、北两路向井冈山区进剿。425团与当地群众、军烈属组成便衣侦察组，并在部队中抽出强悍人员编组5个搜剿队，每个队10余人，全部携带冲锋枪、短枪和手榴弹等短兵火器，并随身携带4天干粮，查明萧家璧活动情况。426团亦加紧进行准备。各路部队同时于9月20日开始向井冈山区进剿。

南路425团第一次行动被萧匪察觉，乘隙窜出我包围圈，因而部队扑空。萧匪逃出后在石公坑附近被我警卫连追及，因森林茂密，该连对山路生疏，使萧匪乘隙逃脱。此后，萧匪单人与我周旋，行动更加诡秘。我搜山部队在连续5天的搜剿中虽然经历了风吹雨淋、吃不饱饭、一连数夜不眠等困难，尤其是先后扑空了17次，但全体指战员在“打回井冈山，解放老苏区”的光荣任务激励下，情绪饱满，仍然夜以继日地积极搜捕，不给萧匪任何喘息之机。

在群众的帮助下，425团终于得到了准确情报，原来萧匪从大坑窜到中板坑、湖坑等地。为不失时机地行动，该团即将团直机关的人武部人员组织起来，分两路向上述各点合击。于28日拂晓前进到并层层包围了萧家璧的潜藏地点，当日天明便展开搜索。这时，萧匪仍想极力逃脱，当其正向山顶爬行时，被2连9班小组长发现，萧匪不顾一切滚下山底，往草丛里钻去，小组长亦立即跟随滚下山来，跟踪钻进草丛里进行反复搜索，终于在湖坑将20年来一贯与人民为敌的匪首萧家璧活捉。

426团在425团行动的同时，已由永新向井冈山搜索前进，冒雨不分昼夜地追剿残匪，将贺维贞、陈振华匪部大部歼灭，并迫使匪首王子华向425团缴枪投降。在此基础上，2营5连、6连向着井冈山主峰前进。山势陡险，杂树丛生，战士们匍匐前进，没有道路就用锹镐铲开，铲一步进一步，终于在10月1日，中华人民共和国诞生的那天登上了井冈山主峰。20年前毛泽东曾在这里竖起的红旗，重新飘扬在井冈山上。

开国大典：我们是一支不可战胜的力量

首都三十万人齐集天安门广场隆重举行庆祝典礼

中华人民共和国中央人民政府成立

毛泽东主席宣读中央人民政府公告

朱总司令检阅海陆空军 宣读人民解放军总部命令

1949.10.2

人民日報

首都三十萬人齊集天安門廣場隆重舉行慶祝典禮

中華人民共和國中央人民政府成立

毛澤東主席宣讀中央人民政府公告

朱總司令檢閱海陸空軍宣讀人民解放軍總部命令

中央人民政府委員會首次會議

正副主席及委員宣佈就職

中華人民共和國中央人民政府公告

毛澤東

中國人民解放軍總部命令

外交部周恩來部長

將毛主席公告送達各國政府

願與各國建立正常外交關係

新中國誕生

上海萬民歡騰

不可戰勝的人民國家

《人民日报》1949年10月2日第1版

【新华社北京 1949 年 10 月 1 日电】新华社记者李普报道：中华人民共和国毛泽东主席，今日在新中国首都宣布中华人民共和国中央人民政府成立。这是在北京庆祝中华人民共和国中央人民政府成立的典礼上宣布的。典礼在北京天安门举行，参加这个典礼的有中国人民政协全体代表和首都各工厂职工、各学校师生、各机关人员、市民、近郊农民和城防部队共 30 万人。主席台设在天安门城楼上，面对着列满群众和飘扬着红旗的人民广场。当毛泽东主席在主席台上出现时，全场沸腾着欢呼和掌声。

下午 3 时，中央人民政府委员会秘书长林伯渠宣布典礼开始。中央人民政府主席、副主席、各委员就位，乐队奏义勇军进行曲，毛泽东主席宣布说："中华人民共和国中央人民政府已于本日成立了。"毛主席亲自开动有电线通往广场中央国旗旗杆的电钮，使第一面新国旗在新中国首都徐徐上升。这时，在军乐声中，54 门礼炮齐鸣 28 响。毛主席宣读了中央人民政府公告。

毛主席宣读公告完毕，阅兵式开始。阅兵式由人民解放军朱德总司令任检阅司令员，华北军区司令员兼京津卫戍区司令员聂荣臻将军任阅兵总指挥。朱总司令驱车检阅各兵种部队后回到主席台上宣读了人民解放军总部命令。受阅部队随即分列经主席台前由东向西行进，前后历时 3 小时。受阅部队以海军两个排为前导，接着是一个步兵师、一个炮兵师、一个战车师、一个骑兵师，相继跟进。空军包括战斗机、蚊式机、教练机共 14 架在全场上空自东向西飞行受阅。在阅兵式中，全场掌声像波浪一样，一个高潮接着一个高潮。

阅兵式接近结束时，天色已晚，天安门广场这时变成了红灯的海洋。无数的彩色火炮从会场四周发射。欢呼着的群众在阅兵式完毕后开始游行。当群众队伍经主席台附近走出会场时，"人民共和国万岁！""毛主席万岁！"的口号声响入云霄。毛主席在扩音机前大声地回答着："同志们万岁！"毛主席伸出身子一再地向群众招手，群众则欢呼鼓掌，手舞足蹈，热情洋溢，不能自已。当游行的队伍都已有秩序地一一走出会场时，已是晚间9点25分。举着红灯游行的群众像火龙似的穿过全城，使新的首都沉浸在狂欢里直到深夜。

1949年10月1日凌晨，中南海。菊香书屋内灯火通明，毛泽东主席还在修改《中华人民共和国中央人民政府公告》。这篇即将向全中国、全世界发布的重要公告中，有这样一段话：

“幸赖我人民解放军在全国人民援助之下，为保卫祖国的领土主权，为保卫人民的生命财产，为解除人民的痛苦和争取人民的权利，奋不顾身，英勇作战，得以消灭反动军队，推翻国民政府的反动统治。现在人民解放战争业已取得基本的胜利，全国大多数人民业已获得解放。”

当天的庆典上，人民军队的功绩被载入史册。

就在不久前，中国人民政治协商会议第一届全体会议召开。毛主席在开幕词中宣布“占人类总数四分之一的中国人从此站立起来了！”，乐队奏起《中国人民解放军进行曲》，礼炮在会场外齐鸣，那是胜利的声音——是人民军队的胜利，更是人民的胜利！战斗英雄李国英、魏来国、刘梅村等人作为人民解放军代表登上主席台时，全体代表热烈鼓掌欢迎。陈毅将军发表讲话：“中国人民解放军随时准备着，听候中央人民政府的调用，为消灭残余敌人和保卫新中国的独立自由而奋斗到底！”铿锵的话语未落，全场掌声雷动。人们为这来之不易的胜利而欢呼，更向新中国的保卫者致以深深的感谢！

10月1日下午3时，在古朴壮丽的天安门城楼上，毛主席向全世界庄严宣告：中华人民共和国成立了！第一面五星红旗在北京上空冉冉升起。毛主席宣读《公告》后，阅兵典礼开始。阅兵总司令朱德戎装在身，稳步走下天安门城楼，跨上敞篷车，在《中国人民解放军进行曲》等军乐声中开始检阅部队。

马达轰鸣，战士们的口号响彻云霄。从南昌城头枪声响起到中华人民共和国成立已经过去了22年。在长期的革命战争中，人民军队在中国共产党的领导下进军井冈山，穿越金沙江，踏过雪山草地，行至宝塔山下，再到江南大地，与全国人民一起，用小米加步枪打败了国内外敌人，打出了血性，打出了志气，打出了威风，更打出了一个人民民主的新中国。一路走来，这支队伍浴血奋战，捷报频传，有多少人青丝变华发，有多少人热血洒疆场，又有多少人青山埋忠骨……今天，这支从战火硝烟中走出的队伍终于来到了天安门城楼下，与全国人民共同迎接中华民族的浴火重生！

检阅结束后，朱总司令宣读《中国人民解放军总部命令》，庆祝伟大的胜利，并命令全体指战员迅速肃清国民党反动军队的残余，解放一切尚未解放的国土。“在人民解放战争中牺牲的人民英雄们永垂不朽！”总司令的声音久久地回荡在广场上空。旌旗猎猎，凯歌高奏，人民军队必将从胜利走向胜利。

衡宝战役：
横跨开国大典的大战

耒阳衡山均告解放

我大军向衡阳市急进

1949.10.9

我大軍向衡陽市急進

耒陽衡山均告解放

廈門外圍掃蕩結束殲敵一萬四千餘

《新湖南报》1949 年 10 月 9 日

【十二分社讯】我南进大军乘胜追歼逃敌，于七日解放耒阳，粤汉铁路自高亭司（永兴西）至春江圩（耒阳北）一百五十华里已为我所控制。同日我军又解放衡山城。现我军正向衡阳市急进中。

衡宝战役是以人民解放军第四野战军为主，于1949年9月13日至10月16日，在湖南衡阳、宝庆（今邵阳）地区，对国民党军白崇禧集团进行的进攻战役，歼灭包括白崇禧集团王牌部队第7军在内的国民党军4.7万余人，解放了湘南、湘西广大地区，为第四野战军进军广西全歼白崇禧集团和第二野战军进军西南创造了有利条件。

此役历时34天，是横跨开国大典的大战。战役中，参战的各级党委和政治工作干部，以向新中国献礼的挚诚情感，深入细致地开展思想政治工作，确保了部队在艰难困苦的条件下，英勇奋战、顽强拼搏。第四野战军前委广泛开展“唱响军歌、立功创模”活动，在庆祝新中国成立之际举行隆重的授军旗典礼，向参战部队发出号召信，号召全体指战员以夺取衡宝战役全胜的实际行动，向10月1日这个伟大的日子献礼，有效激发了官兵的战斗意志。战斗中，广大指战员怀着对党和人民的赤胆忠心，英勇无畏，前仆后继，甚至在孤军深入、强敌围攻、处境险恶的情况下，仍然保持高昂斗志，以寡击众，奋勇杀敌，最终夺取战斗胜利，谱写了气壮山河的壮丽诗篇。

楔入敌后的第45军135师，任务是迎头阻击逃敌，迟滞敌人撤退的时间和速度，死死拖住他们的后腿，造成关门打狗之势。该师403团插至赤壁岭、神仙洞，其1营于拂晓前进至赤壁岭的岭口。当时，岭口两侧山头上的国民党军都在睡大觉，而该营是在搜索过程中无意间插进了岭口。至凌晨天蒙蒙亮时，他们才发现已误入敌人窝里，村里村外，山上山下，全是黑压压的敌人。他们立即上好刺刀，短兵相接，杀出一条血路，与师部会合。但在同乐坪战斗中，403团又被敌人分割，其1营被敌人切断，与师、团失去联系。该团在团长刘世彬、政委李济宗和军政治部组织部长林谦的领导下，表现了人民军队临危不惧、英勇顽强、艰苦奋斗的优良品质，三天三夜只吃了两顿稀饭，五天五夜不曾睡觉，许多人吃生米、喝凉水，但从不叫苦。

8日凌晨，403团突围向师主力靠拢，团警卫排50余人于黑暗中迷失了方向，误入敌阵，经过激烈拼杀，除10余人冲出重围外，指导员和排长洛文等40余人全部壮烈牺牲。他们在子弹、手榴弹全部打光后，砸坏枪支，不留给敌人；为了保密，把口袋里的笔记本也全都撕毁。就这样，135师与敌人纠缠了两昼夜，完成了迟滞敌人退却的任务，于8日下午奉命转移到黄土铺以西，配合中路主力围歼敌人。

图书在版编目（CIP）数据

捷报：1927—1949／关泠主编；王雁鹰副主编；
张金璐等撰．-- 长沙：湖南电子音像出版社，2024.
12. -- ISBN 978-7-83004-596-8

Ⅰ．E297

中国国家版本馆 CIP 数据核字第 2024GB7377 号

捷报 1927—1949

JIEBAO 1927—1949

出 版 人：黄永华
策 划 人：钟　可
主　　编：关　泠
副 主 编：王雁鹰
撰　　稿：张金璐　丁　力　孙晓莉　严　志
责任编辑：葛靖恒　刘德华　尹梦娜　周力文　张诗瑞　刘云陶　易凌云　朱　懿　左凌云
播　　讲：邱　茗
音乐创作：李雪晶
技术编辑：钟　瑛
装帧设计：格局创界文化 Gervision　张剑

出版发行	湖南电子音像出版社	开　本	710 mm×1000 mm　1/16
地　址	长沙市营盘东路 3 号	印　张	23.25
邮　编	410005	字　数	320 千字
印　刷	湖南印美彩印有限公司	书　号	ISBN 978-7-83004-596-8
版　次	2024 年 12 月第 1 版	定　价	98.00 元
印　次	2024 年 12 月第 1 次印刷		

营销电话：0731—82228018 （如发现印装质量问题请与出版社调换）